葑邪菁華錄

谢孝思署

葑菲菁华录

——历代采风问俗典籍钩沉

本书系辽宁省哲学社会科学重点学科民俗学之研究成果
学科带头人：曲彦斌

曲彦斌 著

中原出版传媒集团
大地传媒

大象出版社
·郑州·

图书在版编目(CIP)数据

蓺菲菁华录：历代采风问俗曲籍钩沉 / 曲彦斌著.— 郑州：大象出版社，2015. 3
ISBN 978-7-5347-8279-4

Ⅰ. ①蓺… Ⅱ. ①曲… Ⅲ. ①俗语—汉语史—研究 Ⅳ. ①H136. 4

中国版本图书馆 CIP 数据核字(2015)第 014891 号

蓺菲菁华录
——历代采风问俗曲籍钩沉
曲彦斌 著

出 版 人 王刘纯
责任编辑 郑强胜
责任校对 钟 骄
书籍设计 王 敏

出版发行 大象出版社(郑州市开元路 16 号 邮政编码 450044)
发行科 0371-63863551 总编室 0371-65597936
网 址 www.daxiang.cn
印 刷 河南新华印刷集团有限公司
经 销 各地新华书店经销
开 本 787mm×1092mm 1/16
印 张 18.75
字 数 282 千字
版 次 2015 年 3 月第 1 版 2015 年 3 月第 1 次印刷
定 价 38.00 元

印厂地址 郑州市经五路 12 号
邮政编码 450002 电话 0371-65957860-351

[自序]

《莳菲菁华录》缘起

这是一部前后历时三十多年的学术专著。尽管已经三十多年了,但还处于“进行时”状态。如此而言,有其缘故也。

二十几年前,我应中华书局之邀,以余当时已有的研究篇什为基础,参照当时刚刚出版的刘叶秋先生的《中国字典史略》,撰写一部《中国俗语辞书史略》。为此,中华书局语言文字编辑室编辑刘尚慈大姐曾风尘仆仆地专程莅沈一晤,至今想起仍十分感动。还记得,在随后的研究过程中,经刘大姐的引荐,还曾直接拜访过当时在商务印书馆参加《辞源》修订工作的刘叶秋先生,并借以与之通信请教有关书目版本。

本书最初的书稿,理应追溯至当年的《中国俗语辞书史略》。但是,由于当时的书稿篇幅写得过长等,一时难以拨冗删订,未能即时出版。其间,曾应日本禅文化研究所芳泽胜弘先生要求,将稿本借其带回日本复印作禅籍俗语言研究参考。后来,书稿副本还不幸遗失于沪上。其简本,选入《俗语古今》一书。随后全力进入民俗语言学和社会生活史(民俗史)的研究,将其暂时搁置下来,着手撰写《民俗语言学》等一系列专著。但可以说,这部没刊行的残稿一直在默默地发挥着作用。就是利用这部残稿,我指导几十位研究生分别把我认为有深入发掘研究价值的稀见文献或珍稀典籍,进行了许多具有开创性的研究。例如,《目前集》《俚言解》《常谈考误》《谈征》《刊误》《谚原》《证俗文》《土风录》,乃至《俚语证古》《通俗常言疏证》等。而且都是在整理点校原文的基础上进行专题研究。除都顺利通过了学位论文答辩外,还在本人主编的《文化学刊》开设专栏,先期发表了他们的一部分专题论文。直至21世纪初,方才“重操旧业”,并在国家社科基金的支持下,将此纳为国家社科基金研究项目,促使我着手接续进行这个久未完成“耿耿于怀”的系统研究。就文献而言,三十余年里,我又陆续发现或发掘了一些应纳入本项研究视野的新的珍稀文献,如《俚俗集》《俗语纪始》《梨园话》之类,仅是历代的“杂纂体”续作及“杂纂体”文专辑,就从当初作《杂纂七种》校注时的七种,又陆续发现了二十多种。也就是说,如今进入本项研究的珍稀文献文本多出了近三分之一,总计已达一百二十多种。现在这部书稿,即在本次研究成果基础上深化研究的结晶。

所谓“深化研究”,即在《汉语俗语辞书史稿》专著(专著初稿,国家社会科学基金项目“汉语俗语词辞书史及其语料库研究”成果之一)基础上,以“历代采风问俗典籍”为视点,择其典型和珍稀要籍,进行深入钩沉并加评议,陆续撰成本书,题曰《葑菲菁华录:历代采风问俗典籍钩沉》。

关于书名。“葑菲”者,语出《诗·邶风·谷风》“采葑采菲,无以下体”。大意是说,采集葑菲,不可因其根、茎味苦而连叶子都丢弃了。即如汉郑玄笺云:“此二菜者,蔓菁与葍之类也,皆上下可食,然而其根有美时有恶时,采之者不可以其根恶时并弃其叶。”于此,寓意方言土语等民俗语言文献,虽“俗”而不可无端尽弃。“菁华”者,精华、精要也。如《晋书·文苑传序》云:“《翰林》总其菁华,《典论》详其藻绚。”本书用意乃在于《尚书大传》卷一下所谓“菁华已竭,褰裳去之”。即选择历代采风问俗典籍和珍稀要籍予以钩沉。

本书的选题,是择要选取历代采风问俗典籍和珍稀要籍为文本进行钩沉。因而在主体内容结构上,除汉代选择了扬雄《方言》和服虔《通俗文》这两部开先河性的典籍外,其余则选取了唐代封演的《封氏闻见记》一种,明代的《净发须知》和《猥谈》两种,清代的《证俗文》《通俗编》《恒言录》《迩言》《俚俗集》和《土风录》六种,近代的《俚语证古》《方言音释》和《梨园话》三种,跨越唐、宋、明、清数代的李商隐《义山杂纂》及历代续仿之作,以及域外采风问俗典籍之例《清俗纪闻》和晚清以来图画报刊风俗画之例两种图录性典籍,作为本专题的研究文本。全书除自序外，总分七篇，多附有作为“书证”性质的书影等插图若干。除后两种为图画形式外，其他文本的一个共同特点，就是大都属于民俗语言珍稀文献。除辑入“图画篇”为旧著篇什外，其他诸篇皆所撰新稿。

显然，本书的研究文本除图画形式外，大多出自既有专著《汉语俗语辞书史稿（初稿）》研究文本的择要与衍生，然而已经是以采风问俗视点切入、重新结构和撰著的又一部学术专著，还可为原有书稿的修订、增补提供许多有益的新资源和支撑。一种学术专著可以衍生多种学术专著，乃其选题使然，相关研究的深化与扩展使然，学术研究之规律也。

如今，刘叶秋先生谢世已经二十多年了，《中国字典史略》作为一部学术经典著作也收入《中国文库》《国学入门丛书》多次重印。刘尚慈大姐，已年逾古稀，退休有年，余则终于再次推出一部缘于当年选题的仍属衍生性或“阶段性成果”的新著。值此本书付梓之际，本人亦期望得暇适时修订《汉语俗语辞书史稿（初稿）》，使之尽早面世，了却一桩学术心债。

凝聚几十年心血的又一部新著问世在即，油然想起年初书赠赵亚平先生为贺其六十九寿诞而辑自顾亭林诗句的寿联：“苍龙日暮还行雨，老树春深更着花。”亚平先生年长余五岁，转过年，其以七十进入“从心之年”，余则六十五可谓“耆老”矣。然而，一如亚平兄之精神矍铄、远无老气横秋之态，余亦自感学术激情尚旺、研究状态甚佳，似乎老之未至也。自信明后年还将有一些新著问世，不好学舞台艺术家那样吆喝“来点儿掌声，鼓励一下”，权且自励是也。

借说明本书选题缘由故实之隙，赘言几句以述心迹，袭文人旧习是也，余亦不免其俗是了。

甲午中秋前七日于雅俗轩

目　录

【清代篇】

【近代篇】

【图画篇】

采风问俗：古今中外源远流长的文化传统

在李商隐的《义山杂纂》中，“入境问风俗”被视为“有智能”，“入境不顺风仪”则是“不达时宜”。其所本，不过是《礼记·曲礼上》的“入境而问禁，入国而问俗，入门而问讳”古训。文化是个复杂的事物，尤其是处于深层结构层面的底层文化或民间文化，不经深入了解和解析处于社会底层隐性层面的民间文化就难以客观地把握社会。古往今来，采风问俗一直是一种考察民间文化的有效方法，久而久之，则成为一种文化传统乃至文化制度。

一、源远流长的古今中外采风问俗传统

除《圣经》外，诸如古巴比伦的《吉尔伽美什史诗》，古印度的《摩呵婆罗多》《罗摩衍那》，古希腊的“荷马史诗”（《伊利亚特》《奥德赛》），中古欧洲的《罗兰之歌》《贝奥武甫》《尼伯龙根之歌》，以及西非的《松加依史诗》等流传至今的世界著名民间口头叙事经典，无不是多代人采录和传承的文化结晶，无不印证着采风问俗是一种世界性的、跨种族的、跨文化的文化传统。

关注语言与民俗之间相互浸染凝聚的“涵化”性密切关联，将田野调查所获

得的方言土语、俗语谣谚等口碑资料纳入基本研究范畴，很早就是西方人类学、民俗学学者的基本研究方法。例如美国文化历史学派创始人、人类学家兼语言学家博厄斯 1886 年对太平洋东北岸温哥华岛印第安人部落的调查成果《美洲印第安语手册》《种族、语言和文化》，英国人类学家、功能学派创始人之一马林诺夫斯基 1914 年对大西洋特罗布里恩德群岛的调查，以及法国人类学家、西方结构主义学派创始人列维-施特劳斯 1934—1937 年间每周末对巴西圣保罗城郊印第安人的连续调查。三位学者专业领域的一个共同特点，在于都是民俗学家和语言学家，都取材于异乡绝域欧洲文明未到之地，都是把所谓“未开化民族”的风俗、神话和语言文化放在一起进行立体的综合性研究。为此，他们都到这些民族中生活若干年，学会说土著的语言，进而切身考察了解他们的风俗和传统。他们所调查和关注的民俗语言文本，主要就是民俗语汇。有所不同的是，分别由此抽象出各自的相关学说。博厄斯着重于语言的功能，马林诺夫斯基注意语言使用的场合，列维-施特劳斯则提出“结构”这个概念来贯通语言和风俗。这些学说不仅直接冲击了传统语言学理论，也在众多科学领域产生一定影响。如马林诺夫斯基的功能主义、列维-施特劳斯的结构主义，其影响之大、之广泛，是始料未及、不可低估的，甚至被视为科学领域的“革命”。

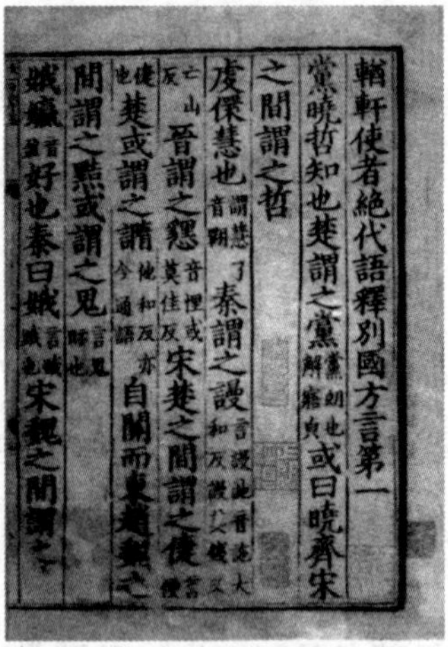
輶軒使者絶代語釋別國方言第一
黨曉哲知也楚謂之黨或曰曉齊宋
之間謂之哲
虔儇慧也秦謂之謾
晉謂之𢡆宋楚之間謂之倢
楚或謂之𪊄自關而東趙魏之
間謂之黠或謂之鬼
娥㜲好也秦曰娥宋魏之間謂之

国家图书馆藏南宋庆元庚申浔阳郡斋刻本扬雄《方言》书影

通常以为采风问俗、田野作业是五四新文化运动时伴随人类学、民俗学引入国门之后的现代人文社会科学方法，其实不然。中国历史上，一向有着透过民俗语汇等民俗语言考察社会文化与风尚的传统，《诗经》《乐府》《方言》《山海经》等，都是采风问俗的硕果。周秦之际，朝廷每于秋季派出一些使臣乘坐一种轻便小车至各地采集民歌、童谣与方言，作为考察风俗民情的材料。这也正是《方言》（全称《輶轩使者绝代语释别国方言》）的由来。对于这一背景，汉末应劭《风俗通义·序》里交代得尤为清楚：“周、秦常以岁八月遣輶轩之使，求异代方言，还奏籍之，藏于秘室。及嬴氏之亡，遗脱漏弃，无见之者。蜀人严君平有千余言，林间翁孺才有梗概之法。扬雄好之，天下孝廉卫卒交会，周章质问，以次注续。二十七年，尔乃治正，凡九千字。”这是关于《方言》成书始末记载的最早、最全面的一份史料。稍后，东晋曾担任成汉散骑常侍的史家常璩在其《华阳国志》卷十《先贤女士总赞论》中为此提供了更为明晰的重要佐证：“考八方之风雅，通九州之异同，主海内之音韵，使人主居高堂，知天下风俗也。扬雄闻而师之，因此作《方言》。”而且，《华阳国志》的这一记载，比《风俗通义·序》更为明确地阐明《方言》之作，在于“使人主居高堂，知天下风俗”。显然，通过采风采集歌谣、方言，在先秦时期是出于“使人主居高堂，知天下风俗”的统治需要的一项政治制度。再如《礼记·王制篇》的记载，“天子五年一巡守。岁二月，东巡守……命大师陈诗以观民风”，亦属此类。此后的《汉书·食货志》亦载，“孟春三月，群居者将散，行人振木铎徇于路以采诗，献之太师，比其音律，以闻于天子”，也属于这种制度化了的采风活动。上海博物馆藏战国楚竹书有一篇被学者总题名为“采风曲目”的《子奴思我》等六支涉及有关诗乐和调名等出土竹简实物及其记载，已经成为上述采风传统和制度的非常重要的佐证。特别是其中《孔子诗论》第三、第四两简整理出的部分释文，大意为：“邦风其纳物也，溥观人俗焉，大敛材焉。其言文，其声善。孔子曰：唯能夫。”“曰：诗其犹平门，与贱民而豫之，其用心也将如何？曰：邦风是也。”简文明确言及的采诗观俗，同其整理《诗经》之举相合。

上海博物馆藏战国楚竹书《孔子诗论》简

宫廷音乐、戏曲乃至文人画、宫廷画的形成，促使了歌行体样式的唐诗、宋词、元曲的兴起，这些文学样式乃至戏曲，无不一脉相承地继承了汉魏民歌、乐府传统，使之升华为代表各个时代精神的文化形式。竹枝词从民间艺术“雅化”生成为文人诗的事实，无不显示了“雅文化”的源头和总体生成轨迹。敦煌石窟大量隋唐之际“曲子词”写本的重新发现，更可谓词曲源于市井民间俗文学的实证。举凡诸多“大雅”文化艺术的生成，几乎多属“采风问俗”的结果。

可以说，诗经、乐府和两汉的《方言》《通俗文》，是中国历史上“采风问俗”里程碑式的重要成果。

二、竹枝词与民俗语汇之例

竹枝词是起源于巴蜀地区的一种融音乐、舞蹈为一体的民歌，后经中唐诗人刘禹锡等文人的倡导而流行各地，迄今未衰。关于竹枝词的题材、内容、特点，清初王渔阳（1634—1711）《带经堂诗话》卷二十九云：“竹枝咏风土，琐细诙谐皆可人，大抵以风趣为主，与绝句迥别。”清末倪绳中《南汇竹枝词·序》提出：“《诗》有六义，而风居其首。风有三义，曰风教、曰风俗、曰风刺；而风俗之风，实为国风之本义。”将竹枝词视为“风土诗”，已是今人的共识。例如，周作人说：竹枝词“可合称为风土诗，其以诗为乘，以史地民俗的资料为载，则固无不同”（《关于竹枝词》）。唐圭璋说：“宋元以降，竹枝词作者寖多，形式与七言绝句无异，内容则以咏风土为主，无论通都大邑，或穷乡僻壤，举凡山川胜迹、人物风流、百业民情、岁时风俗，皆可抒写。非仅诗境得以开拓，且保存丰富之社会史料。”（丘良任《竹枝纪事诗·序》，暨南大学出版社1994年版）施蛰存在20世纪90年代初写的一篇《关于“竹枝词”》短文里亦云“这是一种很有趣味的风土诗……是民俗学（或称谣俗学）的好资料”，并“建议诸位竹枝词的收集家，把众多的竹枝词筛选一下……在有注文的作品中选取其有民俗学资料价值的”。竹枝词的属性是“风土诗”，如此认识甚是贴切，准确到位。因为，即如人们每日都会耳闻不绝的一种天籁之声——叫卖吆喝市声之类“货声”似的，不仅仅“自成音节”，尚可“存古意”，还“可以辨乡味，知勤苦，纪风土，存节令”（语见闲园鞠农《燕市货声·序》）。古今竹枝词大都是出自“采风问俗”的结果。这一点，也是历代大多数竹枝词作者的自觉意识。

为躲避兵祸出生于江苏古镇盛泽观音弄、原籍浙江秀水（今浙江嘉兴）的清末秀才沈云（字秋凡，1864—1921），在所作《盛湖竹枝词》二百首最末一首中写道：“卜居十载困无聊，薄有遗闻琐且劳。只算巴人下里曲，敢陈问俗采风招。”

被誉为“盛泽参加南社第一人”的沈云，或因长期以教职为业难得分身以及生活极度贫困之故，他自参加南社直至 1921 年去世，从未参加过历年的南社雅集。不过，他不仅赞成南社事业，而且十分敬重南社的柳亚子等领袖人物。特别是同柳亚子的岳父郑式如、柳亚子夫人郑佩宜的姨父张嘉荣等都堪称莫逆之交。当其《盛湖竹枝词》二百首和《盛湖杂录》于 1917 年完稿之后，则邀柳亚子、陈去病、范烟桥、陈次青等多位南社人物为其书题诗填词。小沈云 23 岁对其执后学之礼的柳亚子，率先为之捐助出版费用。总共捐集的一百二十两白银中，柳亚子一人就捐了四十两，占全部费用的三分之一，居首位。于是，是书得以刊布流传。于此要说的是，在柳亚子为沈云《盛湖竹枝词》十首题诗中，有一句“采风问俗周详甚，应有辅轩异代求”，显然化自沈云《盛湖竹枝词》最后一首的“敢陈问俗采风招”。这也说明，早于施蛰存先生若干年，柳亚子等南社中人就把竹枝词视为出自“采风问俗”的风土诗了。

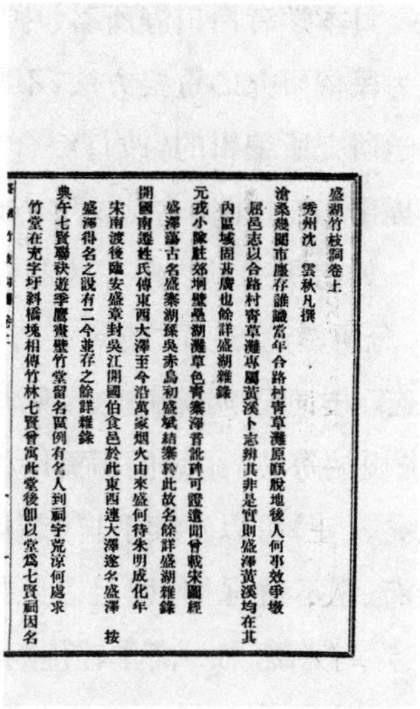
盛湖竹枝詞卷上
秀州沈　雲秋凡撰
滄桑幾閱市廛存誰識當年合路村膏草灘原甌脫地後人何事效爭墩
居邑志以合路村膏草灘專屬黃溪卜志辨其非是實則盛澤黃溪均在其
內區域固甚廣也餘詳盛湖雜錄
元戎小隊駐郊坰壁壘湖灘草色青寨澤音訛碑可證遺聞曾載宋圖經
盛澤蕩古名盛寨湖孫吳赤烏初盛斌結寨於此故名餘詳盛湖雜錄
開國南遷姓氏傳東西大澤至今沿萬家烟火由來盛何待朱明成化年
宋南渡後臨安盛章封吳江開國伯食邑於此東西連大澤遂名盛澤　按
盛澤得名之說有二今並存之餘詳雜錄
典午七賢聯袂遊季膺賚璧竹堂留名區例有名人到祠宇荒涼何處求
竹堂在充字圩斜橋堍相傳竹林七賢曾寓此堂後即以堂爲七賢祠因名

已故吴晓玲先生家藏 1918 年排印本《盛湖竹枝词》书影

民俗语汇，是各种反映民俗事象或涵化了民俗要素的语汇，是以某种民俗形态或具体民俗事象的概念、性质、源流、特征乃至名称等为语义内容，和与民俗有着某种特定联系的语词。在社会史尤其是社会文化史上，“民俗语汇”是印证人类社会各个时期历史文化的最重要的“语言化石”。20 世纪 70 年代苏联出版的《国俗语言学词典》和此间由英、苏学者合编的《英国国俗词典》，均属以采集辑录的俗语、民俗语汇作为主要文本进行研究的产物。自 1935 年开始，在被誉为“日本民俗学之父”的柳田国男教授的主持下，陆续编纂了诸如氏族、婚姻、祭祀、禁忌、服装、节日、居住、产育、农业、渔业、民生等多个专题的分类民俗语汇专辑，最终汇集成《综合日本民俗语汇》全卷，成为日本社会史尤其是社会生活史最重要的参考文献。

日本学者白川静所著《中国古代民俗》中也云“民俗语汇的收集，在我国被视为民俗研究的重要方法，不断努力加以采集和整理；昭和三十年(1955年)民俗学研究所编辑的《改订综合日本民俗语汇》五卷完成，利用起来非常方便”；而且提出“这在中国古代文字方面也是一样”。

如前所述，周、秦采风制度的功利性在于通过采集民间歌谣等考察民心民意，分析舆论，进而“辨风正俗”。不过，大约春秋之末这种制度便逐渐呈现式微之态。这对于期盼由此出现清明政治太平盛世的后世，不免有所失落。隋王通《中说·问易》：“诸侯不贡诗，天子不采风，乐官不达雅，国史不明变，呜呼，斯则久矣，《诗》可以不续乎！”《新唐书·陈子昂传》：“则莫如择仁可以恤孤、明可以振滞、刚不避强御、智足以照奸者，然后以为使，故輶轩未动，而天下翘然待之矣。”又《新唐书·高季辅传》：“为政之道，期于易从，不恤其匮，而须其廉，正恐巡察岁出，輶轩继轨，而侵渔不息也。”明刘若愚《酌中志·大内规制纪略》：“世之君子，当不讳之朝，思采风之义，史失而求诸野，闲中一寓目焉，未必不兴发其致君泽民之念也。”清钱谦益《南征吟小引》：“睢阳袁伯应(袁可立子)，以名臣子之牵丝郎署，负文武大略。博雅好古，散华落藻，輶轩问俗。”再如清王应奎《箬包船纪事》诗：“谁为采风者，听我歌此诗。”这些均反映出如此感触或心态。不过，有鉴于宋词、元曲的文学传统，诸如余怀《板桥杂记》到风月场中采风还在延续。清俞蛟《梦厂杂著·潮嘉风月》“采风问俗，纪载宜详；品翠题红，篇章争丽”的“采风问俗”，亦然。在汉籍文献中，“采风”和“问俗”早就见于周、秦时代。如果说清代陈盛韶的《问俗录》是首次将“问俗”直接用作书名的话，那么俞氏笔下的这个“采风问俗”一词，则是迄今见诸汉语文献的最早记载。

三、历代俗语、民俗语汇等民俗语言珍稀文献之例

出于官方“为政”的需求，采风问俗制度淡出了政治生活，作为一种文化传统却并未消逝，仍存在于历代的文学艺术和传统语言学等文化活动之中。即如章炳麟《〈新方言〉序》所言：“钱晓征盖志輶轩之官守者也，知古今方言不相远，及其作《恒言录》，沾沾独取史传为征，亡由知声音文字之本柢。”对于俗语、民俗语汇的探源考释，是两汉以来训诂学最基本的内容之一。当代民俗学家钟敬文

主编的《民俗学概论》第14章“中国民俗学史略”注意到，“明清时期，文人学者做了许多归纳民俗语言的工作，连钱大昕、郝懿行这样的著名学者都参加进来，撰写了《恒言录》和《证俗文》等著作。他们经过亲自调查，记录和保存了一批当时活在群众口头的民俗语汇，为后人研究前代语言民俗的传承情况提供了第一手材料”。历代俗语、民俗语汇等民俗语言珍稀文献，正是这个文化传统和政治传统理念下的深厚积淀的产物。

首先是历代训诂考订民俗语汇的准辞书和专辑。具体如汉代的《通俗文》，唐代的《匡谬正俗》《资暇集》《刊误》，宋代的《释常谈》《古今谚》，明代的《目前集》《俚言解》《常谈考误》《询蒭录》《俗言》《谚原》《俗呼小录》《（增定）雅俗稽言》，清代以来的《通俗编》《直语补正》《俚俗集》《土风录》《里语征实》《恒言录》《迩言》《恒言广证》《语窦》《吴下谚联》《乡言解颐》等，就笔者所见，至少可将100余种纳入这个视野。

其次是历代笔记杂著。传统文体中以“笔记”作为书名，发端于宋代宋祁的《宋景文笔记》。但笔记体著作自汉魏时期即已出现。今存中国历代笔记仅宋人笔记即有500余种，总量可达1000多种。历代笔记杂著大都采集辑释了十分丰富的俗语、民俗语汇。如宋代的《清异录》《靖康缃素杂记》《肯綮录》《学林》《鹤林玉露》《野客丛书》，元代的《析津志》《至正直记》，明代的《七修类稿》《宛署杂记》《文海披沙》《留青日札》《夜航船》《猥谈》等，甚至设有专辑。

最后，还应关注那些在学术视野中一向被边缘化的其他“杂著”，即历代的通俗字书、名物称谓、方言俗语、谣谚、市语行话等注重辑释俗语、民俗语汇的文献。例如，清唐训方《里语征实》，蔡士泮和陈他《戚林八音》，吴秋辉《齐鲁方言存古》《渔古碎金》（见于《侘傺轩文存》）；近代孔仲南的《广东俗语考》等方俗语著作；明陆嘘云《（新刻徽郡原板诸书直音）世事通考》、李翊的《俗呼小录》名物称谓类著作；唐佚名的《俗务要名林》《碎金》，明陈士元的《俗用杂字》，清马益的《庄农日用杂字》等通俗字书；唐李商隐《义山杂纂》及历代续仿的“杂纂体”之作；《圆社锦语》《绮谈市语》《六院汇选江湖方语》《行院声嗽》《金陵六院市语》《新刻江湖切要》《梨园话》等市语行话类准辞书或专辑；等等。这些无不是值得特别关注的文本。

此外，还应关注到海外汉学家们根据中国本土采风问俗资料整理编辑的相关文献。对中国古近代汉语民俗语汇专门文献的关注和辑录整理，首推日本古典研究会编辑、东京汲古书院先后出版的《唐话辞书类集》(20集，1971—1976)，包括《尔言解》《常话方语》《语录字义》《宗门方语》《碧严录方语解》《俗语解》《唐话纂要》《杂纂译解》《中夏俗语薮》《俗语译义》《诸录俗语解》等日本学者辑集的关于汉语俗语民俗语汇专著，是江户时代日本学者编纂的汉语民俗语汇专门文献的集大成。还有海外珍藏的有关汉籍文献，如日本已故"汉学家"长泽规矩也编修的《明清俗语辞书集成》(20种，1974—1977)，是其家藏的明清时期中国学者编纂的20种专书的影印汇集，多为珍稀版本。

历代竹枝词与民俗语汇，以及历代俗语、民俗语汇等民俗语言珍稀文献，无不显示着历代采风问俗传统的轨迹；同时，更是借以解读、探析和评价社会深层文化，认识、建构社会文化史的珍贵文本，是值得珍视和充分发掘利用的文化遗产。

开语言类采风问俗先河的《方言》

《方言》,是《輶轩使者绝代语释别国方言》的简称,始于《隋书·经籍志》著录;《旧唐书》与《新唐书》均题《别国方言》,通署汉扬雄撰。

扬雄,字子云,蜀郡成都(今属四川)人。生于西汉宣帝甘露元年(前53),卒于王莽天凤五年(18)。汉成帝时曾任给事黄门郎,王莽时升为大夫,校书天禄阁。自幼家贫,口吃不善剧谈,尤喜读书。精于文字学,多识古文奇字,而且兴趣广泛,于语言学、文学、哲学等方面均有较深造诣和建树,颇受当时名儒刘歆、桓谭等人钦佩。除《方言》外,他还曾著有《法言》《太玄》《训纂篇》《甘泉赋》《河东赋》《羽猎赋》《长杨赋》《反离骚》等,但多已散佚。明代曾有人辑有《扬子云集》(一作《扬侍郎集》),至清代又有人为之重编。汉代王充在《论衡》中曾数处称赞其作品,如《齐世篇》云:"扬子云作《太玄》,造《法言》,张伯松不肯一观。与之并肩,故贱其言。使子云在伯松前,伯松以为

明弘治十一年重刻本《历代古人像赞》所载《扬雄题跋像》

《金匮》矣。”桓谭答大司空王邑、纳言严尤问时亦赞道:“今扬子之书,文以至深,而论不诡于圣人,若使遭遇时君,更阅贤知,为所称善,则必度越诸子矣。”

除《隋书·经籍志》《旧唐书·经籍志》《新唐书·艺文志》《宋史·艺文志》等重要史书著录《方言》外,《唐日本国见在书目》《崇文总目》《中兴馆阁书目》《郡斋读书志》《直斋书录解题》,直至清人钱曾的《书目问答》等著名目录学专书,几乎无不载录此书。其中,尤以《四库全书总目提要》(以下简称《提要》)著录最为详赡。其中关于《方言》是否确出自扬雄之手这桩历史公案,考证颇有见的。《提要》据汉末应劭《风俗通义·序》及其所注《汉书》又曾引扬雄《方言》一条,以为“雄作《方言》,实自劭始”,并进一步指出:“魏晋以后,诸儒转相沿述,皆无异词。惟宋洪迈《容斋随笔》,始考证《汉书》,断非雄作。然迈所摘刘歆与雄往返书中,既称在成帝时,不应称孝成皇帝一条及东汉明帝始讳庄,不应西汉之末即称庄遵为严君平一条,则未深中其要领。考书首‘成帝时’云云,及后人题下标注之文。传写舛讹,致与书连写为一,实非歆之本词,文义尚厘然可辨。书中载扬、庄之名,不作严字,实未尝预为明帝讳。其严平君字,或后人传写追改,亦未可知。皆不足断是书之伪。惟后汉许慎《说文解字》,多引雄说,而且文皆不见于《方言》。又慎所注字义,与今《方言》相同者不一而足,而皆不标扬雄《方言》字。知当慎之时,此书尚不名《方言》,亦尚不以《方言》为雄作。故马、郑诸儒未尝称述。至东汉之末,应劭始有是说。魏孙炎注《尔雅》‘莫貈、螳螂,蝆’字,晋杜预注《左传》‘授师孑焉’句,始递相征引。沿及东晋,郭璞遂注其书。后儒称扬雄《方言》,盖由于是。”至于版本,《提要》又考称:“然劭《序》称《方言》九千字,而今本乃一万一千九百余字,则字数较原本几溢三千。雄与刘歆往返书,皆称《方言》十五卷。郭璞《序》亦称三五之篇。而《隋志》《唐志》乃并载扬雄《方言》十三卷,于今本同。则卷数较原本缺其二,均为抵牾不合。考雄《答歆书》,称‘语言或交错相反,方复论思,详悉集之。如可宽假延期,必不敢友爱’云云。疑雄本有此未成之书,歆借观而未得,故《七略》不载,《汉志》亦不著录。后或侯芭之流收其残稿,私相传述。阅时既久,不免于辗转附益,如徐铉之增《说文》,故字多余前。厥后传其学者,以《汉志》无《方言》之名,恐滋疑窦。而《小学家》有《别字》十三篇,不著撰人名氏,可以假借影附,证其实出于雄。

遂并为一十三卷，以就其数。故卷减于昔欤？反复推求，其真伪皆无显据。姑从旧本，仍提雄名，亦疑以传疑之义也。雄及刘歆二书，据李善《文选注》引‘悬诸日月不刊之书’句，已称《方言》。则自隋唐以来，原附卷末，今亦仍之。其书世有刊本，然文字古奥，训义深隐，校雠者猝不易详。故断烂讹脱，几不可读。钱曾《读书敏求记》尝据宋椠驳正其误，然曾家宋椠，今亦不传。惟《永乐大典》所收，尤为完善。检其中‘秦有娥之台’一条，与钱曾所举相符，知即从宋本录入。今取与近本相校，始知明人妄行改窜，颠倒错落，全失其初，不止钱曾所举之一处。是书虽存而实亡，不可不亟为厘正。谨参互考订，凡改正二百八十一字，删衍文十七字，补脱文二十七字。神明焕然，顿还旧观。并逐条援引诸书，一一流通证明，具列按语。庶小学训诂之传，尚可以具见崖略。并以纠坊刻之谬，俾无迷误后来。旧本题曰《辅轩使者绝代语释别国方言》，其文冗赘，故诸家援引及史志录皆省文谓之《方言》，《旧唐书·经籍志》则谓之《别国方言》。实即一书。又《容斋随笔》称此书为《辅轩使者绝域语释别国方言》，以代为域，其文独异。然诸本并作‘绝代’，书中以载亦无‘绝域重译’之语。洪迈所云，盖偶然误记，今不取其说焉。”云云，考证虽嫌烦琐，却精详可信，足资参考，至今各家所见仍大抵未出此限。

《方言》成书之后，未见单独刊行。今所见《方言》，则以晋人郭璞注本为最先。尔后，传世版本日多，仅邵懿辰撰、邵章续录的《增订四库简明目录标注》所著录，除四库本外即达二十三种之多，大致可窥源流：“《方言》十三卷，旧题汉扬雄撰。刻本讹不可读，今以《永乐大典》所载宋本校刊。《汉魏丛书》本、《格致丛书》本、《古今逸史》本、聚珍版本、抱经堂校刊本、戴震疏证本、微波榭刊本。朱修伯曰：宋曹毅之刊，有正德影钞传世，李孟傅重刊，抱经曾见之。正德丁卯华珵本，抱经亦只见影钞本。又有明海昌陈与郊类聚本，郑璞编子云集本。卢手校本，在姚若家。[续录]宋庆元庚申刊本、胡纹焕《白名家书》本、闽覆聚珍本、旧抄本。明陈与郊编《方言类聚》四卷，万历甲辰刊，依《尔雅》例，分十六门，颇易寻检，《四库》入存目中。《辅轩使者绝代语释别国方言》十三卷，昭文张氏藏影宋本，云即戴氏疏证所称曹毅之本也，末有正德乙巳夏五月得曹毅之宋刊本手影一行。江安傅沅叔藏宋刊本，为盛意园物，有华亭朱氏横经阁印、季沧苇印。又藏有明正得翻宋本,残,行款已经,且有脱误。清嘉庆六年樊廷绪刊本。清光绪十七年思贤讲舍刊本,清郭庆藩集释;附《续方言》二卷,清杭世骏辑;补一卷,程际盛辑。《小学汇函》本,据抱经堂本刊。民国间福山王氏天埌阁影宋刊本。民国三年江安傅氏影印宋刊本。"

此外,今人丁介民《方言考》中又著录有若干种版本,如:陶子麟复刻本,日本珂罗版精印本,上海涵芬楼《四部丛刊》影傅氏藏宋刊本,嘉靖间翻刻宋李孟傅浔阳郡斋本,正德己巳抄宋本,《说海》汇编本,《百子全书》本等。他认为:"卷帙之歧分,定在晋、隋之间,阙佚假借未可知。……唐日本国见在书目《方言》十卷,殆非完本。"①

1956年10月,科学出版社出版的周祖谟的《方言校笺》,是一时校理最善而又便查的一个通行本。是书以《四部丛刊》影印的宋李孟傅(文授)刻本为底本,参校以戴震、卢文弨、刘台拱、王念孙、钱绎诸本,另征引其他著作凡三十余种撰成。又一起编入了由吴晓铃编的《方言通检》,颇便于检索查阅。卷末附录有郭璞《方言注序》,刘歆与扬雄往复书信各一通,李孟傅《刻方言后序》,南宋朱质跋等,皆出校笺。2006年9月,中华书局出版的华学诚《扬雄方言校释汇证》(上、下册),成为迄今为止广泛吸纳前人研究成果、比较完备的一个最新版本。

今存《方言》为十三卷本,一万九千余字,大致仿照《尔雅》体例编次,类集就当时而言的"古今"各地同义方言词语(书中称为某地语、古今语、转语、代语等),与通语(书中称为四方之通语、通名、凡语等),或典籍书面语,加以比较。例如:

敦、丰、厖、乔、怃、般、嘏、奕、戎、京、奘、将,大也,凡物之大貌曰丰。厖,深之大也。东齐、海岱之间曰乔,或曰怃。宋、鲁、陈、卫之间谓之嘏,或曰戎。秦、晋之间凡物壮大谓之嘏,或曰夏。秦、晋之间凡人之大谓之奘,或谓之壮。燕之北鄙、齐楚之郊或曰京,或曰将。皆古今语也,初别国不相往来之言也,今或同。而旧书雅记故俗语,不失其方,而后人不知,故为之作

① 丁介民:《方言考》,台湾"中华书局"1969年版。

释也。(卷一)

嫁、逝、徂、适,往也。自家而出谓之嫁,由女而出为嫁也。逝,秦、晋语也。徂,齐语也。适,宋、鲁语也。往,凡语也。(卷一)

谩台、胁阋,惧也。燕、代之间曰谩台,齐、楚之间曰胁阋。宋、卫之间凡怒而噎噫,谓之胁阋。南楚江湘之间谓之啴咺。陈、楚之间凡人兽乳而双产谓之厘孳,秦、晋之间谓之健子,自关而东赵、魏之间谓之孪生,女谓之嫁子。(卷三)

苏、芥,草也。江淮南楚之间曰苏,自关而西曰草,或曰芥。南楚江湘之间谓之莽。苏亦荏也。关之东、西或谓之苏,或谓之荏。周、郑之间谓之公蕡。沅湘之南或谓之蓍。其小者谓之蘸菜。(卷三)

汗襦,江淮南楚之间谓之。自关而西或谓之祇裯。自关而东谓之甲襦。(卷四)

凡此,全书多以方言俗语以及通语之间类义比较的方式,辑释当时各地俗语和俚俗称谓,悉在"旧书雅记故俗语,不失其方,而后人不知,故为之作释也"。也正是这一主旨,奠定了《方言》作为俗语辞书的基本属性。

《尔雅》是迄今所见的中国第一部辑释训诂词义的汉语词典。有趣的是,东汉时刘歆、樊光、李巡几家《尔雅》注本久已亡佚,今存最早的注本也是注《方言》的郭璞所为。郭璞为《尔雅》作注,既以经传闻句证明雅训,又以今义释古义,还注意以晋方言释古语。如《尔雅·释诂》:"允、孚、亶、展、谌、诚、亮、询,信也。"郭注:"《方言》曰:荆、吴、淮、汭之间曰展,燕、岱、东齐曰谌,宋、卫曰询。亦皆见《诗》。"郭氏借《方言》注《尔雅》,既缘《尔雅》涉及方言俗语现象,又《方言》与《尔雅》体例相近,因而用以疏证,可顺手拈来,颇感方便。两者这种体例上的相近,略作比较即可看出。而且《尔雅》成书先于《方言》,流行较广,扬雄自然得阅,而受启迪,固以借鉴。于此,不妨比较《方言》与《尔雅》书中各一个释例。《尔雅·释诂》:"永、羕、引、延、融、骏,长也。"《方言》卷一:"修、骏、融、绎、寻、延,长也。陈、楚之间曰修;海、岱、大野之间曰寻;宋、卫、荆、吴之间曰融。自关而西,秦、晋、梁、益之间,凡物长谓之寻。《周官》之法,度广曰寻,幅广为充。延、永,长也。凡施于年者谓之延,施于众者谓之永。”两相比较,《方言》犹似《尔雅》的疏证。由此,郭璞引《方言》为《尔雅》作注自当必然;又两书之注均出自郭氏,或即先注《方言》而后注《尔雅》。清代学者王引之《经籍撰诂序》云:“训诂之学,发端于《尔雅》,旁通于《方言》。六经奥义,五方殊语,既略备于此矣。”王氏以训诂学为纽带,将《尔雅》与《方言》之间阐释为“发端”与“旁通”的关系,既是郭氏注二书的实践总结,也说明了《方言》体例与《尔雅》的客观联系。这一点,亦足以证明《方言》的出现与汉代学术环境的密切联系。

1304 年至 1305 年,意大利文艺复兴的先驱者、诗人但丁 · 阿里盖利(1265—1321),曾对本民族语言的历史与方言作过一番考察,写出了一部很有影响的书《论俗语》。他认为以方言口语为基础的俗语在言语交际及语言艺术中有着比较优越的特点,应当使俗语成为意大利文学与科学的语言,在世界文化史上产生了相当大的影响。然而,扬雄的科学实践要比但丁早一千二百多年,不过由于理论表述与概括方式上的文化差异,加之其他原因,扬雄《方言》的世界性影响则不及但丁《论俗语》那么大。这也暴露了中国传统学术的弱点与封闭性文化传统的弊端。

但是,《方言》问世以来在国内学术史上却始终稳居丰碑地位,被奉为重要经典,从晋郭璞起,历代校理、注疏之作层出不穷。除上面提到的外,至清末有数十种,例如:隋释智骞的《方言注》(已佚),宋吴梁辅的《方言释音》一卷(已佚),明陈与郊的《方言类聚》四卷,余皆集中见于清朝。清朝校疏《方言》的代表作有:杭世骏的《续方言》二卷,戴震的《方言校注》十三卷、《方言疏证》十三卷及《续方言》二卷,鲁文弨的《重校方言》十三卷、丁杰补遗一卷,王念孙的《方言校》《方言疏证补》一卷,刘台拱的《方言补校》一卷,钱绎的《方言笺疏》十三卷,程际盛的《续方言补正》二卷,赵齐婴的《广方言》一卷,郭庆藩的《方言校证合刊》十三卷,王仁俊的《方言佚文》一卷,程先甲的《广续方言》四卷、拾遗一卷,顾震福的《方言校补》十三卷、《方言佚文》一卷,王秉恩的《宋本方言校勘记》一卷,张慎仪的《续方言信教补》二卷、《方言别录》四卷,沈龄的《续方言疏证》二卷,徐乃昌的《续方言又补》二卷,王维言的《方言释义》十三卷(稿本),陶宪曾的《广方言》,等等。尔后,又有衷鹏图的《续方言》、丁惟汾的《方言音释》、吴予天的《方言注商》(附补遗)等。如同《尔雅》《说文解字》已成专门学问一样,亦可谓之《方言》学了。

纵览历代注疏《方言》之作,比较重要、为后世倍加推崇的是东晋郭璞的《方言注》、清戴震的《方言疏证》和钱绎的《方言笺疏》三种。

郭璞(276—324),字景纯,河东闻喜(今山西闻喜)人,生于西晋咸宁二年,卒于东晋太宁二年。《晋书·郭璞传》称:"……璞好经术,博学有高才,而讷于言论,辞赋为中兴之冠。好古文奇字,妙于阴阳历算。"是一位很有影响的文字训诂学家和文学家。除注《尔雅》《方言》外,又注有《三仓》《穆天子传》《山海经》《楚辞》等。他注疏的特点是能够疏通古训并旁采方言,创制以俗语释雅言,以今语释古语方法,因而《方言注》颇有特色,即以晋方言与扬雄所记汉方言进行比较,从而发现方言的历时流变情况。例如《方言》卷一:"虔、刘、惨、㪍,杀也。"郭璞注:"今关西人呼打为㪍。"又如卷六:"擘,楚谓之纫。"郭璞注:"今亦以线贯针为纫,音刃。"等等。其另一贡献,即因这一注本而使《方言》得以保存流传,今所见最早的宋刻本《方言》即郭氏注本。

戴震(1723—1777),字东原,安徽休宁人,生于清雍正元年,卒于乾隆四十二年,对经学及天文、历算、地理、音韵、训诂等都很有研究,是一位思想家、考据学家。曾参加纂修《四库全书》,著述有《毛郑诗考证》《声韵考》《声类考》《考工记图》等多种。他的《方言疏证》是清朝第一个为《方言》正讹补漏,并逐条疏证的专著。他以《永乐大典》本与明本校勘,并参订以各种古籍引用《方言》与郭璞《方言注》的文字,共计改正讹字 281 个,补脱字 27 个,删衍字 17 个,且辨析疑惑,援据确凿可信。是书不足与疏误之处,多由王念孙《方言疏证补》指正。

钱绎(1770—1855),原名东墉,字以成,一字子乐,号小庐居士,江苏嘉定(今上海)人,是著名学者钱大昭之子,生于乾隆三十五年,卒于咸丰五年。绎与兄东垣、弟侗均少承家学,潜研经史、小学,时有"三凤"之称。著述有《训诂类纂》《尔雅疏证》等。所著《方言笺疏》凡二十余万字,主要以《方言疏证》和卢文弨的《重校方言》为根据,参校以玄应《一切经音义》,旁征博引于史传、诸子、类书和古佚残篇加以考证,资料颇富,用力甚勤,但由于忽略了方言俗语的口头性而创见较少。尽管如此,仍以其征引资料之富而颇得《方言》学者注重。

独具特色堪与《方言》媲美的《通俗文》

《通俗文》一卷，东汉服虔撰，已佚。《隋书·经籍志》著录有此书，然与韵书辑列一处。今所见《通俗文》主要有三，一为前人评述，一为唐《一切经音义》、梁刘照注《续汉志》、唐李善注《文选》、唐徐坚等奉敕所编《初学记》以及宋李昉等奉敕所编《太平御览》等古籍所引《通俗文》，一为从诸书引文中辑录而成的《通俗文》佚文汇辑。各书中尤以《一切经音义》所引《通俗文》为最多。各书所引文，或称为《通俗篇》，或称为《风俗通》。如清任大椿《小学钩沉》辑《通俗文》：

耳珠曰珰《北堂书钞》卷一百三十五；《文选·洛神赋》注；傅长虞赠何劭王济诗注；《太平御览》卷七百十八。案：《书钞》《御览》引此皆作《风俗通》，乃《通俗文》之误。（卷下页五）

关于《通俗文》的性质与成就，刘叶秋先生提出："这是一部解释通俗用语的词典……它既释义，也注音，实为以实用为主的通俗词典之先河，对后出的字书、类书，有一定的影响。”①这一点，几乎为古今所公认。郝懿行《证俗文》自序即言：“命曰《证俗文》，盖慕服子慎《通俗文》，借取《儒林传》疏通证明之意云。”今学者段书伟《通俗文辑校》，可谓迄今治《通俗文》较为完善之本。（作者按：至为遗憾的是，是书印校不精，颇多校对错误）段氏是书前言云，《通俗文》“集中收集、解释俗言俚语、冷僻俗字为其特色，书中所收俗言俚语，真实地反映了汉代语词的情况，是研究汉语史的宝贵材料”。《通俗文》“一书在未亡佚之前，是很有实用价值的，可以称它为我国第一部俗语词典，它不仅开俗语研究的先河，也是后代各种俗语词典的滥觞”②云云，所言甚恰当。

段书伟著《通俗文辑校》封面

据《后汉书·儒林传》卷七十九所载，服虔字子慎，初名重，又名只，后改为虔，河南荥阳（今河南省荥阳市东北）人。少时清苦立志，入太学受业。后举孝廉。灵帝中平末，拜九江太守。有雅才，善著文论，治古文经学。其著述有《春秋左氏传解谊》《春秋隐义》《春秋成长义》《春秋音隐》《春秋左氏膏肓释痾》《汉书音训》，以及赋、碑、诔、书记及《连珠》《九愤》等多篇，多佚。服虔病死于战乱之中。事迹又见清谢启昆《小学考》卷四十六、卷四十九。生卒年未详。

服虔像

① 刘叶秋：《中国字典史略》，中华书局2004年版，第64—65页。

② 段书伟：《通俗文辑校》前言，中州古籍出版社1993年版，第1—3页。

《后汉书》所载服虔事迹未谈到有《通俗文》一事,北齐颜之推于《颜氏家训》卷六《书证第十七》中亦有质疑:“《通俗文》,世间(皆)题‘河南服虔字子慎造’。虔既是汉人,其《叙》乃引苏林、张揖;苏、张皆是魏人。且郑玄以前,全不解反语,《通俗》反音,甚会(一作为)近俗。阮孝绪又云‘李虔所造’。河北此书,家藏一本,遂无作李虔者。《晋中经簿》及《七志》,并无其目,竟不得知谁制。然其文义允惬,实是高才。殷仲堪《常用字训》,亦引服虔《俗说》,今复无此书,未知即是《通俗文》,为当有异?近代或更有服虔乎?不能明也。”云云。颜氏质疑作者,却赞其书“文义允惬,实是高才”。《颜氏家训》的《勉学》《书证》《音辞》篇亦一再引证《通俗文》。又清臧琳《经义杂记》卷一十七云:“案《隋书·经籍志》‘《通俗文》一卷,服虔撰’,次在梁沈约《四声》、李概《音谱》、释静洪《韵英》之下,则《隋志》亦不以为汉之服子慎所撰。《唐志》无服书,有李虔《续通俗文》二卷。《初学记·器物部·舟》第十一下引李虔《通俗》曰:‘晋曰舶,音泊。’则阮氏《七录》所言,信有征矣。然唐人书中所引,皆作服虔,《太平御览》《广韵》或讹作《风俗通》,又作《风俗论》。《文选·琴赋》:‘嗢噱终日。’李注引服虔《通俗篇》:‘乐不胜谓之嗢噱。嗢,乌没切;噱,巨略切。’名虽不同,要即一书也。”臧氏乃据《隋志》著录设疑,或以为非汉之服虔所撰。清马国翰(竹吾)《小学钩沉》辑《通俗文》分上下两卷,卷首引叙《颜氏家训》之说并有与臧氏说相近质疑,而后则认为:“然唐人书多引作服虔,汉服虔外,别无服虔,当是子慎作此书一卷,李虔续之为二卷。苏林、张揖皆出李氏所引。服与郑玄同时,玄以所注《春秋》与之。孙炎,郑之徒,正用用反切,则服书反语不足为异。又考《晋书·孝友传》,李密,一名虔,字令伯,则李虔即李密也。服为汉之名儒,李为晋之高士。书经两贤而成,宜颜黄门赞其允惬也。今原书散佚,掇拾成帙,仍依《隋志》题服虔。黄门又云,未知非服虔而轻之。求小学之宗,系慎勿蹈此辄焉。”马竹吾、圆释诸质疑而认为《通俗文》即出自汉服虔之手,后又经李虔续之。清洪亮吉《更生斋文甲集》卷一《复臧文学镛堂问通》亦认为:《通俗文》即服虔所撰,而由李虔续作,因名称相同,则为阮孝绪混而为一。至于反音,或为后人补入,或专指李虔续作书中之语,与服虔作《通俗文》无关。而且,各书征引中,无论称服虔《通俗篇》、服虔《俗说》,还是只称服虔者,均指服虔《通俗文》。

从上述著述征引《通俗文》情况可知，至晚于宋代李昉(925—996)奉敕编修《太平御览》时原书尚存。至于今所见《通俗文》，则是有清以来的各种辑佚本。例如：臧庸辑佚文一卷、叙录一卷，收入《邃雅斋丛书》。任大椿辑本二卷，曾经王念孙校阅，收入《小学钩沉》。黄奭辑本一卷，收入《汉学堂丛书》。马国翰辑本一卷，收入《玉函山房辑佚书》。顾櫰三辑本一卷，附补音一卷，收入《小壶堂斋丛书》二集。顾震福辑本，收入《小学钩沉续编》。此外，清人胡澍所撰《通俗文疏证》，已佚；据知郝懿行亦有一部《通俗文疏证》，未见。至民初，龙璋又有辑本，收入《小学搜佚》上编。

各家所辑佚文数量参差不一，据所见，较多的当是任大椿辑本，三百八十一条；马国翰辑本，三百八十四条；而两本之间又互有错综。举凡各家所辑佚文，多搜觅于《一切经音义》等唐宋以前诸书的引录之文，又以唐宋文献引文居多，因为在此之前的文献，征引《通俗文》者较少。如《颜氏家训》述及《通俗文》处颇有一些，直接引录原文者却寥寥几例：

卷第三《勉学》第八："穷访蜀士，呼粒为逼，时莫之解。吾云：'《三苍》《说文》，此字白下为匕，皆训粒，《通俗文》音方力反。'众皆欢悟。"

卷第六《书证》第十七："《月令》云：'荔挺出。'郑玄注云：'荔挺，马薤也。'《说文》云：'荔，似蒲而小，根可为刷。'《广雅》云：'马薤，荔也。'《通俗文》亦云马蔺。"

卷第七《音辞》第十八："《通俗文》曰：'入室求曰搜。'反为兄侯。"

《颜氏家训》对本书的作者提出质疑。其《书证》篇中说：

《通俗文》，世间(皆)题"河南服虔字子慎造"。虔既是汉人，其《叙》乃引苏林、张揖；苏、张皆是魏人。且郑玄以前，全不解反语，《通俗》反音，甚会(一作为)近俗。阮孝绪又云"李虔所造"。河北此书，家藏一本，遂无作李虔者。《晋中经簿》及《七志》，并无其目，竟不得知谁制。然其文义允惬，实是高才。殷仲堪《常用字训》，亦引服虔《俗说》，今复无此书，未知即是《通俗文》,为当有异?近代或更有服虔乎?不能明也。

刘叶秋《中国字典史略》对该书的有关评议值得关注。刘氏认为①:

继扬雄《方言》之后而出现的《通俗文》,是一部值得重视的古字书,它的作者相传为东汉时服虔。

(《通俗文》)是一部解释通俗用语的词典,和扬雄《方言》之考辨方言的不同。它既释义,也注音,实为以实用为主的通俗词典之先河,对后出的字书、类书,有一定的影响。

颜氏怀疑《通俗文》非服虔撰,理由有三:汉人述作,不会引魏人的说法;服虔时无反切,而此书有之;书目不见于晋人的著录。这三点是很有说服力的。

古人著作,被后人窜改增补,乃常有之事;书出服虔,而屡经众手,失去本来面目,非无可能。至于东晋殷仲堪引过的《俗说》,是否即《通俗文》的另一种本子,颜氏亦不能知,现在更无法断定。

各种辑佚本《通俗文》,大都是先具所见佚文,然后标注出所见文献名称、卷次和篇名。有的一书或多书重出,亦详加标注。如清任大椿辑本中的几例:

物坚鞕谓之硗确。(大方等《大集经》卷二一"音义",《长阿含经》卷七"音义";《出曜论》卷一"音义";《对法论》卷七"音义";《阿毗达摩俱舍论》卷一七"音义")

言不通利谓之謇吃。(《大威德陀罗尼经》卷一五"音义";《大智度论》卷二八"音义";《善见律》卷一五"音义";《佛本行集》经卷二六"音义";《大菩萨藏经》卷六"音义")

遮取谓之抄掠。(《大般涅槃经》卷三"音义";《瑜珈师地论》卷四八

① 刘叶秋:《中国字典史略》,中华书局2004年版,第62—65页。

"音义")

天子出虎贲伺非常谓之遮迾。(《文选》赭白马赋注)

凡此,《通俗文》辑释秦汉之际和汉代俚俗语词,兼或注音,颇具实用价值,难怪各书征引;又证明其搜讨极富,诠释及体例亦比较科学、可靠。同扬雄《方言》比较,自有特色,有些条目释文尤为详备。如《太平御览》卷三四六所引证《通俗文》的几例:"匕首,剑属。其头类匕,故曰匕首,短而便用。""床,三尺五曰榻板,独坐曰枰,八尺曰床。""容丽曰媌,形美曰婧,容美曰媗。南楚以好为娃,肥骨柔弱曰婀娜,颊辅妍美曰妩媚。"等等。

有研究指出①,以征引旧籍来注解《文选》是李善注的显著特征,也是李善注具有较高学术价值的原因。作为我国第一部解释俗言俚语的训诂专著《通俗文》,在李善注《文选》时曾被多次引用,以解决《文选》俗语词的训释。李善征引《通俗文》基本达到了其训诂目的,但也有某些不足之处,如应当征引却未征引,以及个别地方征引失误。考察李善注征引《通俗文》的情况,是完成《文选》训诂问题的课题之一。

尽管今已不能完整地见到此书原貌,但由此并联系北齐颜之推的评价,可以认为该书是一部独具特色并堪与《方言》媲美的古代汉语断代的俗语辞书。因而有人赞叹:"它的内容和价值实出《方言》之上,确是一部搜罗最富、解释最精的俗语辞典。"然未见原本全貌,又似显武断溢美。《通俗文》同《方言》一起开创了中国汉语俗语辞书先河,这是应予肯定的,其功昭昭。在期待考古出土发现奇迹的同时,有必要以诸家辑佚为基础,运用现代科学方法,进一步搜考、整理,编校出一部最详备的《通俗文》善本。

---

① 段书伟:《〈文选〉李善注引用〈通俗文〉评述》,《郑州大学学报》(哲学社会科学版)1997年第1期。另外,尚有几篇相关文章可资参考:韩卫斌《服虔及其〈通俗文〉》,《新乡师范高等专科学校学报》2007年第1期;林源《〈通俗文〉性质略论》,《古籍整理研究学刊》2004年第3期;陈建梁《〈通俗文〉作者考》,《文献》1995年第2期。

封演的《封氏闻见记》

唐代在中国历史上,无论政治、经济、军事,还是文化、外交诸方面,都有其重要地位。近三百年历史的唐代,是中国历史上为数不多的一个全盛时代,文学艺术空前繁荣,尤其唐诗,更是中国文学史上的重要里程碑。当时的许多大文学家多善以俗语采入诗赋文章,其间也流传下来一批诸如李商隐的《义山杂纂》、李匡乂的《资暇集》、颜师古的《匡谬正俗》、封演的《封氏闻见记》、李涪的《刊误》、苏鹗的《苏氏演义》等数种辑释有关民俗语汇、俗语和时俗风尚内容的笔记杂著。有的甚至兼具准辞书性质,成为后世考察辨析唐代社会风俗史的重要文献。

其中,封演记述考释有关唐代旧闻异闻、逸事掌故和典章故事的《封氏闻见记》,正是这样一部偏重于时俗风尚内容,而又兼具准辞书性质的笔记杂著,因其考释事物故事精审详洽,多有发明,被《四库全书总目提要》视为"唐人说部,自颜师古《匡谬正俗》、李匡乂《资暇集》、李涪《刊误》之外,罕其比偶"之作。

一、封演传世的唯一专著

封演,《旧唐书》《新唐书》均无传。就《封氏闻见记》有关记述可知,封演在德宗贞元后期仍健在。据岑仲勉《跋封氏闻见记》和余嘉锡《四库提要辨证》所考,封演曾于唐玄宗天宝末年中进士科,唐代宗大历初年在昭义军节度使薛崇手下做过邢州刺史,而后又曾在魏博节度使田承嗣、田悦手下做过司刑侍郎。《四库全书总目提要》云:"演,里贯未详。考封氏自西晋、北魏以来,世为渤海人,然《唐书·宰相世系表》中无演名,疑其疏属也。书中石经一条,称天宝中为太学生。贡举一条,记其登第时张绰有千佛名经之戏,然不云登第在何年。佛图澄碑一条,记大历中行县至内邱,则尝刺邢州。卷首结衔题朝散大夫、检校尚书吏部郎中兼御史中丞。而尊号一条,记贞元间事,则德宗时终于是官也。"成书于唐贞元年间(785—805)的《封氏闻见记》,是封演晚年的作品。除《魏州开元寺新建三门楼碑》一文外,也是迄今封演传世的唯一专著。

曾为玄宗天宝末年举进士及第的太学生封演,曾撰《古今年号录》《钱谱》各一卷,均已亡佚不存。即或是《封氏闻见记》,今所见亦非全本原貌。关于该书版本,《四库全书总目提要》著录称:"是书唐、宋艺文志、《通志》、《通考》皆作五卷,《直斋书录解题》作二卷,殆辗转传抄,互有分合。此本十卷,末有元至正辛丑夏庭芝跋,又有明吴岫、朱良育、孙允伽、陆贻典四跋。良育跋云,自六卷至十卷,友人唐子畏见借所抄,近又于柳大中借钞前五卷。第七卷中全局俱欠,只存末后一纸耳。今考目录所列凡一百一条,第一卷仅二条,不盈两纸,亦似不完。第三卷铨曹一条,缺其末。而风宪一条全佚,不止缺第七卷。第七卷中视物远近一条,海潮一条,北方白虹一条,西风则雨一条,松柏西向一条,皆全佚。蜀无兔鸽一条,佚其前半。月桂子一条,仅完其下。石鼓一条,弦歌驿一条,又缺。高唐馆一条亦不完。其上下温汤一条又缺其末,而目录此条之下注增字,亦非仅存末一页者,中间又颇多缺字。允伽跋称,借秦西岩本重校,意其与朱本小异欤。然称朱跋从秦本录出,则又不可解,疑久无刊本,递相缮写,又非复朱氏之旧矣。"就上述著录观点,余嘉锡先生在《四库提要辨证》作有长篇考证和订误,可资参考。

流传下来的,主要有清乾隆五十七年(1792)刻本,道光十年(1830)秦恩复刻《石研斋四种》本,1926 年封宝桢刻本等单行本;丛书本均为十卷,主要有清乾隆时卢见曾刊刻的《雅雨堂丛书》本、《学津讨原》本、《指海》本、《学海类编》

赵贞信校注本《封氏闻见记》封面书影

本、《畿辅丛书》本等。今行本主要有中华书局赵贞信校注本(1958),辽宁教育出版社《新世纪万有文库》第二辑(1998)李成甲校点本,以及学苑出版社《历代笔记小说小品选刊》张耕注评本(2001)。岑仲勉先生推测,除封演记述自己当时的见闻并加以评论外,还有相当一部分采自唐代官修的有关史书。

二、考释民俗故实精审详洽

清代学者卢见曾在《封氏闻见记序》中称赞该书"考据该洽,论辨详明"。今人刘叶秋在谈到考据、辩证类的笔记时一再指出,"唐封演的《封氏闻见记》是以考证为主,兼记故实的见闻杂录……于考据之外,并记故实",认为卢氏所言不虚,"确实是值得重视的"的一部著作。①

清人描述广东清明节的踏青野外游艺活动的一首竹枝词说到"拔河"情景:"上巳清明胜事多,金山绝顶试抛堶。万人欢处将标夺,又向笑场看拔河。"②"濯足扶桑客"(刘珏)《增注东洋诗史》另首竹枝词的注亦述及日本"国中有戴竿、上竿、走索、拔河、跳铃诸技民",以及"分朋角力曰相扑"(光绪二十九年闰五月二十九日第一次发印江阴中外书报公社印本),说明此戏已经传入东瀛,成为日本国的一项民间游艺娱乐习俗。注中考释"相扑"由来甚详,而未及"拔河"。说来,中国的"拔河"之戏源远流长,历代文献当属本书对此考释最详。

拔河,古谓之牵钩。襄汉风俗,常以正月望日为之。相传楚将伐吴,以为教战。梁简文临雍部,禁之而不能绝。古用蔑缆,今民则以大麻絚,长四五十丈,两头分系小索数百条,挂于胸前。分二朋,两朋齐挽。当大絚之中,立大

① 《历代笔记概述》,中华书局1980年版。
② 陈方平:《潮州诗萃》乙编卷二六。

旗为界,震鼓叫噪,使相牵引。以却者为胜,就者为输,名曰“拔河”。中宗时,曾以清明日御梨园球场,命侍臣为拔河之戏。时宰相、二驸马为东朋,三宰相、五将军为西朋。东朋人多,西朋奏“胜不平”,请复位,不为改,西朋竟输。仆射韦巨源、少师康休璟年老,随絙而踣,久不能兴。上大笑,左右扶起。玄宗数御楼,设此戏,挽者至千余人,喧呼动地。蕃客士庶观者,莫不震骇。进士河东薛胜为《拔河赋》。其词甚美,时人竞传之。(卷六)

可以说,《封氏闻见记》最突出的一个特点或优点,在于其对每一个进入视野的条目,无论雅俗,即或是俗语、俗语词也不例外,都一一详为考释。关注那些俗语、俗语词的历史掌故、民俗语源,是其重要的考据方法。无论“打球”“降诞”“花烛”“烧尾”“饮茶”,还是“幞头”“纸钱”“道祭”等,几乎都是每一民俗语汇条目用语的民俗语源探析。

清代一首扬州竹枝词描述清明节祭祀烧纸钱情形说:“风里纸钱飘落水,争如天上纸鸢飞。”(王仲儒《西斋编年诗》)此俗由来已久。即如该书所考释:

今代送葬为凿纸钱,积钱为山,盛加雕饰,舁以引柩。按,古者享祀鬼神有圭璧币帛,事毕则埋之。后代既宝钱货,遂以钱送死。《汉书》称盗发孝文园瘗钱是也。率易从简,更用纸钱。纸乃后汉蔡伦所造,其纸钱,魏晋已来始有其事。今自王公逮于匹庶,通行之矣。凡鬼神之物,其象似亦犹涂车、刍灵之类。古埋帛金钱,今纸钱皆烧之,所以示不知神之所为也。(卷六)

唐段成式《酉阳杂俎续集·贬误》:“予别著郑涉好为查语,每云:‘天公映冢,染豆削棘,不若致余富贵。’至今以为奇语。”何为“查语”?段氏无解。宋人王谠的《唐语林·补遗一》略云:“近代流俗,呼丈夫妇人纵放不拘礼度者为查。又有百数十种语,自相通解,谓之查语。大抵多近猥僻。”其实,王氏之说仅仅是节录了封演本书之说。可以说,迄今为止,唯此书“查谈”条于此故实所考释最为翔实:

宋昌藻,考功员外郎之问之子也。天宝中,为滏阳尉。刺史房绾以其名父之子,常接通之。会有中使至,州使昌藻郊外接候。须臾却还,云:“被额。”房公淡雅之士,顾问左右:“何名为额?”有参军亦名家子,敛笏而对曰:“查名该诃为额。”房怅然曰:“道额者已成可笑,识额者更是奇人。”近代流俗,呼丈夫妇人纵放不拘礼度者为查,又有百数十种语,自相通解,谓之“查语”。大抵近猥僻。(卷十)

唐段成式《酉阳杂俎续集·贬误》的“予别著郑涉好为查语,每云:‘天公映冢,染豆削棘,不若致余富贵。’至今以为奇语”,以及日僧遍照金刚《文镜秘府论》“调笑叉语,似谑似谶,滑稽皆为诗赘,偏入嘲咏,时或有之,岂足为文章乎”均可与此书互证。至于其“谈”、其“语”何以谓之“查”,封氏亦未予解释。看来,欲考求此解,已留待当今学者矣。

三、民俗事象的简明专门史

就此书的有些民俗语汇条目的考释而言,甚至可以说是某一具体民俗事象的简明专门史。且以“饮茶”“打球”两条为例。

中国向以茶产地著称于世,茶文化堪谓“国粹”之一。历代茶书纷繁,但此书仅以寥寥五六百字,便将源远流长的中国茶文化源流,要而不烦地梳理得十分简明清晰。此书“饮茶”条写道:

茶,早采者为茶,晚采者为茗。《本草》云:“止渴,令人不眠。”南人好饮之,北人初不多饮。开元中,太山灵岩寺有降魔师大兴禅教,学禅务于不寐,又不夕食,皆恃其饮茶。人自怀挟,到处煮饮。从此转相仿效,逐成风俗。起自邹、齐、沧、棣,渐至京邑。城市多开店铺,煎茶卖之,不问道俗,投钱取饮。其茶自江淮而来,舟车相继,所在山积,色类甚多。楚人陆鸿渐为《茶论》,说茶之功效并煎茶炙茶之法,造茶具二十四事,以都统笼贮之。远远倾慕,好事者家藏一副。有常伯熊者,又因鸿渐之论广润色之。于是茶道大行,王公朝士无不饮者。御史大夫李季卿宣慰江南,至临怀县馆,或言伯熊善茶者,李公请为之。伯熊著黄衫、戴乌纱帽,手执茶器,口通茶名,区分指点,左右刮目。茶熟,李公为歠两杯而止。既到江外,又言鸿渐能茶者,李公复请为之。鸿渐身衣野服,随茶具而入。既坐,教摊如伯熊故事。李公心鄙之,茶毕,命奴子取钱三十文酬煎茶博士。鸿渐游江介,通狎胜流,及此羞愧,复著《毁茶论》。伯熊饮茶过度,遂患风气,晚节亦不劝人多饮也。吴主孙皓每宴群臣,皆令尽醉。韦昭饮酒不多,皓密使茶茗以自代。晋时谢安诣陆纳,纳无所供办,设茶果而已。按此,古人亦饮茶耳,但不如今人溺之甚,穷日尽夜,殆成风俗。始自中地,流于塞外。往年回鹘入朝,大驱名马,市茶而归,亦足怪焉。《续搜神记》云:"有人因病能饮茗一斛二斗,有客欢饮过五升,遂吐一物,形如牛肺。置柈中,以茗浇之,一斛二斗。客云此名茗瘕。"(卷六)

足球运动遍及全球,轰轰烈烈久盛不衰,中国号称本项运动的发源国,自话自说是不行的,必须要有令世人信服的根据。此书的"打球"一条,不失为重要古籍史证文献之一:

打球,古之蹙踘也。《汉书·艺文》:"《蹙踘》二十五篇。"颜注云:"踘,以革为之,实以物,蹙蹑为戏。蹙踘,陈力之事,故附于兵法。蹙音子六,踘音巨六。近俗声说蹋踘为球字,亦从而变焉,非古也。"太宗常御安福门,谓侍臣曰:"闻西蕃大好为打球,比令亦习,曾一度观之。昨升仙楼有群胡街里打球,欲令朕见此胡,疑朕爱此,骋为之。以此思量,帝王举动岂宜容易。朕已焚此球以自戒。"景云中,吐蕃遣使迎金城公主,中宗于梨园亭子赐观打球。吐蕃赞咄奏言:"臣部曲有善球者,请与汉敌。"上令仗内试之,决数都,吐蕃皆胜。时玄宗为临淄王,中宗又令与嗣虢王邕、驸马杨慎交、武延秀等四人敌吐蕃十人。玄宗东西驱突,风回电激,所向无前。吐蕃功不获施,其都满赞咄尤此仆射也。中宗甚说,赐强明绢百段。学士沈佺期、武平一等皆献诗。开元天宝中,玄宗数御接观打球为事。能者左萦右拂,盘旋宛转,殊可观。然马或奔逸,时致伤毙。永泰中,苏门山人刘钢,于邺下上书于刑部尚书薛公云:"打球一则损人,二则损马。为乐之方甚众,何必乘兹至危,以邀晷刻之欢耶!"薛公说其言,书钢之言置于座右,命掌记陆长源为《赞美》,美之。然打球乃军州常戏,虽不能废,时复为耳。今乐人又有蹑球之事,戏彩画木球高一二丈,妓女登榻球转而行。萦回去来,无不如意,古蹋球之遗事也。(卷六)

虽不过五百余字,但"蹴鞠"的汉语词源、音讹变化、马球与蹴鞠的关系,从军事训练项目到游艺娱乐习俗事象的由来流变,作为宫廷娱乐项目与政治生活的关系,乃至吐蕃球技球赛与中国这项事物的关系,等等,尽在其中,甚是清晰明了。

四、古今观照:亲历见闻与文献互证

《封氏闻见记》有的条目内容直接以"采风"性质的目击为实证。一如余嘉锡《四库提要辨证》(中华书局 1980 年出版)所言:"演仕于昭义,为薛嵩僚属,故书中有记嵩事二条,卷六'打毬'条,永泰中,苏门山人刘钢于邺下上书于刑部尚书薛公云,打毬,一则损人,二则损马。又'道祭'条,昭义节度使薛公薨,绛、忻诸方并管内滏阳城南设祭,南至漳河二十余里,连延相次。嵩弟萼事一条,卷八'巨骨'条,太子少师薛萼为邢州留后,亦有大骨,云洺州人掘漳河所得。皆记其所目击也。"例如"道祭":

玄宗朝,海内殷赡,送葬者或当衢设祭,张施帷幙,有假花、假果、粉人、面兽之属。然大不过方丈,室高不逾数尺,议者犹或非之。丧乱以来,此风火扇。祭盘帐幙,高至八九十尺,用纸三四百张。雕镌饰画,穷极精巧。馔具牲牢,复居其外。大历中,太原节度辛景云葬日,诸道节度使使人修范阳祭,祭盘最为高大,刻木为尉迟鄂公突厥斗将之戏,机关动作不异于生。祭讫,灵车欲过,使者请曰:"对数未尽。"又停车设项羽与汉高祖会鸿门之像,良久乃毕。缞绖者皆手擘布幕,收哭观戏。事毕,孝子陈语与使人:"祭盘大好,赏马两匹。”滑州节度令狐母亡,邻境致祭。昭义节度初于淇门载船桅以充幕柱。至时嫌短,特于卫州大河中河船上取长桅代之。及昭义节度薛公薨,绛、忻诸方并管内阳城南设祭,每半里一祭。南至漳河二十余里,连延相决。大者费千余贯,小者犹三四百贯。牙相窥觇,竞为新奇。柩车暂过,皆为弃物矣。盖自开辟至今,奠祭鬼神未有之盛者也。(卷六)

也有的,记述的则是当时亲身经历或所见所闻。例如“降诞”:

近代风俗,人子在膝下,每生日有酒食之会。孤露之后,不宜以此日为欢会。梁元帝少时,每以诞载之晨,辄设斋讲经。洎阮修容殁后,此事亦绝。太宗曾以降诞日谓长孙无忌曰:“今日是朕生日。俗云:‘生日可喜乐。’以吾之情,翻感思。”因泣下。中宗常以降诞宴侍臣贵戚于内庭,与学士联句柏梁体诗。然则国朝已来,此日皆有宴会。玄宗开元十七年,丞相张说遂奏以八月五日为千秋节,百僚有献承露囊者。是日皇帝御楼张乐,倾城纵观,天下士庶皆为赏乐。其后又改为天长节。肃宗因前事,以降诞日为天平地成节。代宗虽不为节,犹受诸方进献。今上即位,诏公卿议。吏部尚书颜真卿奏:“准《礼经》及历代帝王,无降诞日,惟开元中始之。又复本意以为节者,喜圣寿无疆之庆,天下咸贺,放号节日。千秋万岁之后,尚存此日以为节,恐乖本意。”于是敕停之。(卷四)

再如关于当时婚礼过程中的“花烛”习俗:

近代婚嫁有障车、下婿、却扇及观花烛之事,及有下地、安帐并拜堂之礼。上自皇室,下至士庶,莫不皆然。今上诏有司,酌古礼今仪,使太子少师颜真卿、中书舍人于劭等奏。障车、下婿、观花烛及却扇诗,并请依古礼。见舅姑于堂上,荐枣栗腶修,无拜堂之仪。又毡帐起自北朝穹庐之制,请皆不设,惟于堂室中置帐,以紫绫幔为之。又除俗禁子午卯酉年,谓之当梁,嫁娶者云,妇姑不相见。按,起居郎吕才奉太宗诏,定《官阴阳书》五十卷,

并无此事,今亦除之。(卷五)

其中,亦含当时官场的有些习俗,如“烧尾”:

士子初登荣进及迁除,朋僚慰贺,必盛置酒馔音乐,以展欢宴,谓之“烧尾”,说者谓虎变为人,惧尾不化,须为焚除,乃得成人。故以初蒙拜授,如虎得为人,本尾犹在,体气既合,方为焚之,故云烧尾。一云新羊入群,乃为诸羊所触,不相亲附,火烧其尾则定。贞观中,太宗尝问朱子奢烧尾事,子奢以烧羊事对。及中宗时,兵部尚书韦嗣立新入三品,户部侍郎赵彦昭假金紫,吏部侍郎崔湜复旧官,上命烧尾,令于兴庆池设食。至时敕卫陈设,尚书省诸司各具彩舟游胜,飞栖结舰,光夺霞日。上与侍臣亲贵临焉。既而吏部船为仗所隔,兵部船先至,嗣立奉觞献寿,上问:“吏部船何在?”崔湜步自北岸促之。过户部双舸,上结重楼,兼胡乐一部,即呼至岸,以纸书作吏部字,帖牌上,引至御前。大悦,以为兵部不逮也。俄见风吹动所帖之纸,为嗣立所见,遽奏云:“非吏部船。”上令取牌探纸,见户字大笑。嗣立请科湜罪,上不许,但罚酒而已。(卷五)

亲历见闻与文献互证且“语必征实”,可谓作者撰写此书的最重要的方法,此亦正是此书获得嘉誉之根本所在。

凡此,由今及古,古今观照,“考据该洽,论辨详明”之誉,并非虚言也。

五、大半选入《唐语林》

《唐语林》是宋代王谠仿《世说新语》体例编撰的一部笔记体唐代文史资料集。是书八卷节录选辑50家唐人笔记小说中的唐代政治史实、宫廷琐事、士大夫言行、文学家逸事、风俗民情、名物制度和典故考辨等资料,分别为52门,依内容分门系事。《四库全书总目提要》认为“是书虽仿《世说》,而所纪典章故实,嘉言懿行,多与正史相发明,视刘义庆之专尚清谈者不同。且所采诸书,存者亦少,其裒集之功,尤不可没”。特别是其中所选辑的20余种著作今已失传,故因此书而保存下来的这部分资料殊为珍贵。遗憾的是,仅于卷首开列了采录书目,所采辑各条却未一一标注所出。当然,这也是今人不好苛求古人的事情。

据考察,《封氏闻见记》全书101条,被王谠节录采辑到《唐语林》之中的就有54条①,近乎大半。其中,有的被《唐语林》分拆为两条,如卷六之“饮茶”等。应该说,即或在全书采自50余种文献的1099条中(参看周勋初《唐语林校证》,中华书局2012年版),采辑本书的比例,亦十分可观。例如:

> 李封为延陵令,吏人有罪,不加杖罚,但令裹碧头巾以辱之。随所犯轻重,以日数为等级,日满乃释。吴人着此服出入,州乡以为大耻,皆相劝励无敢犯,赋税常先诸县。既去官,竟不捶一人。——原出本书卷九“奇政”
>
> 狄梁公仁杰为度支员外郎,车驾将幸汾阳宫,仁杰奉使修供顿。州长史李玄冲以道出妒女祠,俗称有盛衣服车马过者,必致雷风,欲别开路。仁杰曰:“天子行幸,千乘万骑,风伯清尘,雨师洒道,何妒女敢害而欲避之?”玄冲遂止,果无他变。上闻之,叹曰:“可谓真丈夫也。”后为冬官侍郎,充江南安抚使。其风俗,岁时尚淫祀,庙凡一千七百余所,仁杰并令焚之。有项羽庙,吴人所惮。仁杰先檄书,责其丧失江东八千子弟,而妄受牲牢之荐,然后焚之。——原出本书卷九“刚正”

此书大半选入《唐语林》,足可见其史料价值。这一点,还可从当代权威辞书《汉语大词典》中采辑其内容作为书证,可见一斑。不过,其有的直接采辑本书作为书证,有的却并非直接采辑本书,而是通过引用《唐语林》的相关内容作为书证的间接使用,所引证的一些《唐语林》书证,实乃原本出自更早的《封氏闻见记》。例如:《汉语大词典》卷六:“朋”之义项④释文“游戏或竞赛时临时组成的集体”。第三条书证宋王谠《唐语林·补遗一》“拔河,古谓之牵钩,分两朋,两向齐挽”,实当直引、径注《封氏闻见记·拔河》(见本文前所引录)。

---

① 王焕玲:《从〈封氏闻见记〉看〈汉语大词典〉的不足》,《南宁师范高等专科学校学报》2008年第2期。

《四库全书总目提要》评价《封氏闻见记》甚高："唐人小说，多涉荒怪，此书独语必征实。前六卷多陈掌故，七、八两卷多记古迹及杂论，均足以资考证。末二卷则全载当时士大夫逸事，嘉言善行居多，惟末附谐语数条而已。其中音韵一条，记唐韵部分为陆法言之旧，其同用、独用则许敬宗所定，为诸书之所未言。文字一条，论隶书不始程邈，援《水经注》为证。明杨慎矜为独见者，乃演之所已言。又颜真卿《韵海镜源》世无传本，此书详记其体例，知元阴时夫《韵府群玉》实源于此。而后人不察，有称真卿取句首字不取句末字者，其说为杜撰欺人。并知《永乐大典》列篆隶诸体于字下，乃从此书窃取其式，而讳所自来。月中桂一条，记桂子月中落一联为宋之问台州诗，足证计有功《唐诗纪事》骆宾王为僧之妄。他如论金鸡、露布、卤簿、官衔、石志、碑碣、羊虎、拔河诸条，亦皆原委详明。唐人说部，自颜师古《匡谬正俗》、李匡乂《资暇集》、李涪《刊误》之外，固罕其比偶矣。"

《封氏闻见记》作为一部札记式的笔记体小说，以其内容丰富、资料翔实，近年来受到了不同学科背景学者的关注。王焕玲的《〈封氏闻见记〉中的俗语词训诂》（《科教文汇》2008 年第 19 期）和《从〈封氏闻见记〉看〈汉语大词典〉的不足》两篇文章，前者探讨了《封氏闻见记》对俗语词的训诂，后者就《封氏闻见记》的训诂资料指出《汉语大词典》某些词条释义和例证方面的一些瑕疵。黄聪的《〈封氏闻见记·打球〉释义》（《成都体育学院学报》2008 年第 7 期），就《封氏闻见记·打球》全文的释义，指出了马球的起源，消除了以前的一些误识，使盛行于唐代的马球运动有了一条更加准确清晰的发展脉络。而万久富《〈封氏闻见记〉的语言文字学史料价值》（《古籍整理研究学刊》1998 年第 1 期）一文，则就《封氏闻见记》一些相关的民俗词汇条目，说明了此类习语与相关典制、掌故相联系。可以说，《封氏闻见记》的历史语言学、民俗语言学和语言社会学价值，已经开始获得学界的逐渐认知。

李商隐与《义山杂纂》及历代续仿之作

《义山杂纂》简称《杂纂》，两者既是一回事儿，又不是一回事儿。《义山杂纂》专指由唐代著名诗人李商隐分类辑录歇后语等俗语的专书。《杂纂》可作为其简称，但更主要是指发端于《义山杂纂》并包括其在内的历代续仿之作。例如，唐代的《敦煌写本杂钞》（佚名），宋代的《杂纂续》（王君玉）、《杂纂二续》（苏轼），明代的《杂纂三续》（黄允交）、《风俗粲》（徐树丕）、《西湖渔隐杂纂》（西湖渔隐主人），清代的《杂纂新续》（韦光黻）、《广杂纂》（顾禄）、《纂得确》（石成金）、《金园杂纂》（方绚）等，再加上未冠以"杂纂"名义的同类专辑，就笔者所发现并认定者，已经多达30余种。

一、《义山杂纂》及历代续仿之作的性质

中国古代文学史上的"小说"一词，最初是指浅薄琐屑的言论，如《庄子·外物》篇中的"饰小说以干县令，其于大达亦远矣"。《汉书·艺文志》将"小说"列于"九流"之末。尔后，凡丛杂著作多冠之以"小说"。这种"小说"，同今天我们所说的以演绎故事为本的小说迥然不同。明胡应麟曾将"小说"分作志怪、传奇、杂录、丛谈、辨订、箴规六类，《四库全书总目提要》将之分作叙述杂事、记录

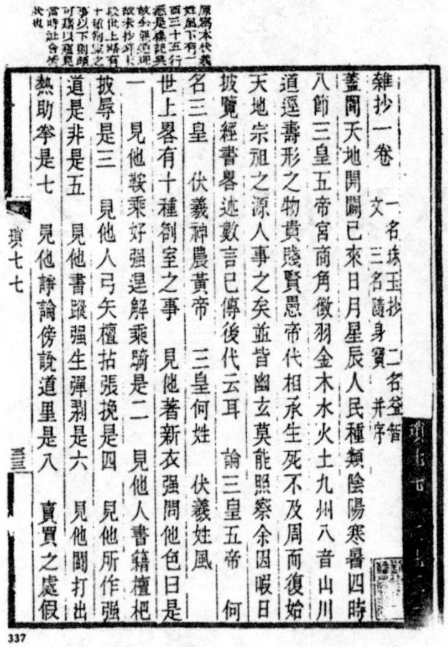

雜抄一卷 一名珠玉抄 二名益智文 三名隨身寶 并序
蓋聞天地開闢已來日月星辰人民種類陰陽寒暑四時
八節三皇五帝宮商角徵羽金木水火土九州八音山川
道逕壽形之物貴賤賢愚帝代相承生死不及周而復始
天地宗祖之源人事之矣並皆幽玄莫能照察余因暇日
披覽經書畧述數言已傳後代云耳 論三皇五帝 何
名三皇 伏羲神農黃帝 三皇何姓 伏羲姓風
世上畧有十種劄室之事 見他著新衣强問他色曰是
一 見他鞍乘好强退解乘騎是二 見他人書籍擅把
披辱是三 見他人弓矢擅拈張挽是四 見他所作强
道是非是五 見他書蹤强生彈剝是六 見他鬪打出
熱助拳是七 見他諍論傍說道里是八 實買之處假

刘半农《敦煌掇琐》辑录的
《杂抄一卷》书影之一

會鄧談是九 不執一文强酬物買是十已上十事並須
剗除 言十無去詐舀 不卸帽通喧凉一 言語多根
談二 不扣門直入人家三 主人未揖先上廳四 坐
他床椅交尻腳五 局席不慎咈噎六 主人未勸先舉
匙筯七 採手隔人取羹食八 眾人飯未了先卸匙九
不離坐便瀨口十 已上十事亦可除之 言五不達
時宜者 鬧市吟詩誦賦一 詐認貴人是親二 下賤
人前談書史三 鬧鬧之處弄孝人四 入境不鮮順風
俗五 已上五者子孫恨犯亦可削之 五無恥知者
喫人飲食無廉恥一 借他人物須人索二 得人物慚
愧三 到人家折他花果四 飯後不起妨主人五 已
上五者子孫恨犯亦可除之 五不自思度者 將領男
女登局席一 盤上取物與男女二 男女殘食却歸主

刘半农《敦煌掇琐》辑录的
《杂抄一卷》书影之二

异闻、缀辑琐语三类,又因之多取丛谈、杂俎、琐言、纂、编、论、话、语、说等笔记之体,故亦谓之“笔记小说”。今人刘叶秋先生认为:笔记的特点,以内容论,主要在于“杂”:不拘类别,有闻即录;以形式论,主要在于“散”:长长短短,记叙随意。他将魏晋乃至明清的笔记大致分为小说故事、历史琐闻和考据辩证三类(《历代笔记概述》)。在古代有关文献中,《杂纂》多作为“小说”予以著录。鲁迅先生将它列为“杂俎”在《中国小说史略》中进行论述。

从文学史视角去看,《杂纂》文体的语言风格犹如格言语录,简短、精警、幽默而寓意匪浅,是一种具有幽默讽诫功能的笔记小品。南宋陈振孙评价:“俚俗常谈鄙事,可资戏笑,以类相从。今世所称‘杀风景’,盖出于此。”元代马端临《文献通考》引巽严李氏语称:“用诸酒杯流行之际,可谓善谑。其言虽不雅驯,然所诃诮多中俗病。闻者或足以为戒,不但为笑也。”晚清宋泽元亦云:“《义山杂纂》一书沥于《唐人说荟》,家弦而户诵矣。惟王、苏二家续纂,世所罕覯。予爱其独能熟谙世味,曲绘人情,如鉴取形,如水照影,使读者粲然笑,憬然悟。可以资谈柄,可以助格言,可以作当头棒喝。岂不戛戛乎文章家滑稽之雄也哉!”

至现代，鲁迅在《中国小说史略》中评道："书皆集俚俗常谈鄙事，以类相从，虽止于琐缀，而颇亦穿世务之幽隐，盖不特聊资笑噱而已。"试看《义山杂纂》中几例：

必不来：穷措大唤妓女；醉客逃席；把棒唤狗；客作偷物请假；追王侯家人。

羞不出：新妇失礼；师姑怀孕；初落解；相扑人面肿；奴婢偷物败；犯奸；富人乍贫；重孝醉酒；子女豆瘢；处子犯物议。

不相称：先生不甚识字；贫斥使人；穷波斯；不解饮弟子；瘦人相扑；社长乘凉轿；瘦杂职；病医人；老翁入娼家；屠家念经；肥大新妇。

不得已：忍病吃酒；掩意打儿女；大署赴会；汗流行礼；为妻打骂爱宠；忍痛灼炙；为人题疏头；穷寺院待过客；被势位牵率；冒署迎谒；老乞休致。

迟滞：老长官上任；佐官勾追人；谒致仕官；新媳妇见客；休官后出入；穷汉醵率；老剩员传语；贫家作会；孕妇行步。

失本体：不学发遣书题，失子弟体；吊孝不哀，失凶礼体；不收拾捥器家事，口中不喃喃失老婢体；送客不下出门厅、不安排椅榻，失主人体；不阑腰、不自持刀砧，失厨子体；不点检学生作课，不念书，失先生体；不口打口骂，失节级体；早晚不礼拜念佛，失僧尼体；仆子着鞋袜衣裳宽长，失仆子体；不听呼唤、不会传语，失院子体；逃席后不传语谢主人，失宾客体；唱小喏、行步迟缓，失武官体。

煞风景：松下喝道；看花泪下；苔上铺席；斫却垂杨；花下晒裈；游春中载；石笋系马；月下把火；不行将军；背山起高楼；果园种菜；花架下养鸡鸭；妓筵说俗事；清泉濯足；烧琴煮鹤；对花啜茶。

再如宋代王君玉《杂纂续》的《不济事》：

将女嫁内官；仕赌掷浑花。

饭后请吃茶；持斋日作客；打杀人后戒酒。

无钱断赌；大斧伤人手摩挲；临死许修善。

断案了赦到；船行借得鞍马；酒尽伶人来。

临老了及第；落解后，试官道好程试。

临渴掘井；江心补漏。

《义山杂纂》及历代续仿之作，作为幽默讽诫性笔记小品的文学性质，在小品这种文学样式空前发达的明清时期得到进一步的强化。例如李诩《戒庵老人漫笔》中的《十可笑》，许次纾的《茶疏》，陈继儒的《书画金汤》，田艺蘅的《醉乡律令》，袁宏道的《瓶史》，程羽文的《清闲供》，屠本畯的《文字引》，黎遂球的《花底拾遗》，张潮的《补花底拾遗》，陈皋谟的《半庵笑政》等，均属此类。

二、《义山杂纂》及历代续仿之作的作者

《义山杂纂》，一作《李义山杂纂》，或经题为《杂纂》，是此后历代《杂纂》的滥觞之作。《新唐书·艺文志》不见著录，而见于《宋史·艺文志》小说家类，署李商隐；并同时著录有李义山《杂稿》一卷，疑为一书。《直斋书录解题》《文献通考》均著录于小说家类。今传《义山杂纂》版本，初见于明钞本《说郛》（鲁迅曾见此本），其他还有涵芬楼"据明钞本"《说郛》本，宛委山堂刻《说郛》本，《五朝小说》本，《五朝小说大观》本，《唐人说荟》本，《唐代丛书》本，《古今说海》本，《格致丛书》本，《忏花盦丛书》本，《丛书集成初编》本，清周春手抄本（原题下注有"原本"字样），川岛编辑的北新书局《杂纂四种》本，以及笔者的《杂纂七种》校注本，多达十余种。

如今所传《义山杂纂》已非原本。宋胡仔《苕溪渔隐丛话前集》卷二二引有宋蔡绦《西清诗话》："《义山杂纂》，品目数十，盖以文滑稽者。其一曰杀风景，谓清泉濯足，花下晒裈，背山起楼，烧琴煮鹤，对花啜茶，松下喝道。"其中"清泉濯足""烧琴煮鹤""对花啜茶"三则，今所见诸本均无。宋龚颐正《续释常谈》："李商隐《杂纂·七不称意》内云'少阿奶'。"亦不见于今传诸本。据此推断，今传诸本或非唐宋真本。鲁迅先生认为"明钞本"《说郛》较好和可靠一些，当指就今可见诸本相对比较而言。唐宋三种《杂纂》的今见传本，大致分为两大流传支系。其一，为"明钞本"支系，即据称出自明钞本的涵芬楼藏版《说郛》本。我

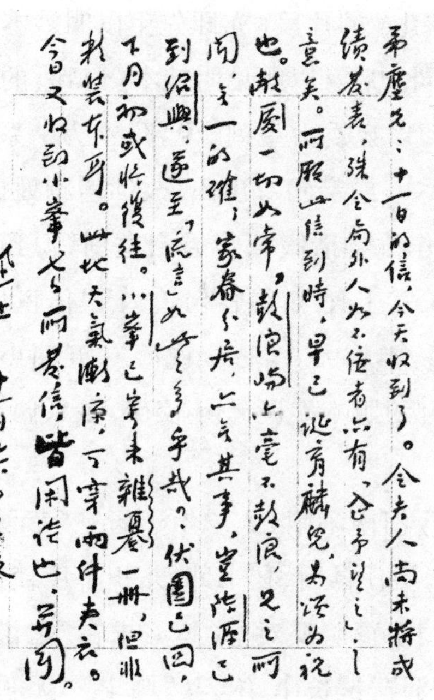
矛尘兄：十一日的信，今天收到了。令夫人尚未将成绩发表，殊令局外人也不佳，有"企予望之"之意矣。所报喜信到时，早已诞育麟儿，为颂为祝也。敝厦一切如常，鼓浪屿也毫不鼓浪，兄之所闻，乃一的谣；家眷不在，亦无其事，岂陈源已到绍兴，遂至"流言"如此之多乎哉。伏园已回，下月初或将复往。小峰已寄来《杂纂》一册，但排装太平。此地天气凉，可穿两件夹衣。今又收到小峰七日所寄信，皆闲话也，再谈。

迅上 十一月十六之夜

鲁迅致章廷谦(川岛)谈《杂纂》信，

1926 年 11 月 16 日

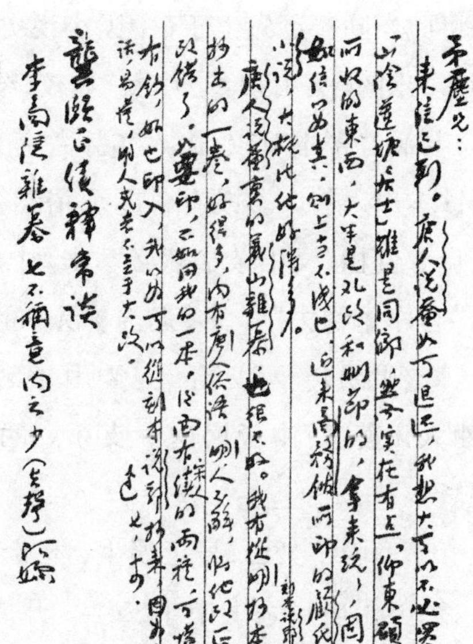
矛尘兄：

来信已到。《唐人说荟》如可退还，我想大可以不必买，编者"山阴莲塘居士"虽是同乡，然而实在有点"仰东硕杀"，所收的东西，大半是从《说郛》和《顾氏文房小说》中抄来的，而错误甚多，倘上当不浅也。近来商务所印的《顾氏文房小说》，大概比他好得多了。《唐人说荟》里的《义山杂纂》，也很不好。我有从明钞本《说郛》抄出的一卷，好得多，内有唐人俗语，明人不解，将他改正，可是改错了。[illegible]

迅 七，十四

鲁迅致章廷谦(川岛)谈《杂纂》信，

1926 年 7 月 14 日

川岛(章廷谦)辑《杂纂四种》封面书影

曲彦斌校注《杂纂七种》封面书影

(上海古籍出版社 1989 年版)

曾将此本同鲁迅先生于《中国小说史略》中引录的片段（亦即先生以明钞本《说郛》录出的《义山杂纂》片段）对校，结果相同。后又以所见明钞本《说郛》的《杂纂》与涵芬楼本对校，出入亦甚微。其二，即以宛委山堂刻《说郛》本为一系，与明钞本出入甚大。或有各题下俗语条数不一，或字句有出入，改动增删处比比可见。例如《义山杂纂·必不来》中的“客作偷物请假”，宛委山堂刻《说郛》本作“客作偷物去”。又《迟滞》题下的“老长官上任”“佐官勾追人”“休宦后出入”“老剩员传语”四条，宛委山堂刻《说郛》本均无。《古今说海》《五朝小说》《唐人说荟》等本皆属这一支系。两系各自的版本之间差异较少，多系偶然刊误。

李商隐字义山，号玉溪生，怀州河内（今河南沁阳）人。生于唐宪宗元和八年，约卒于唐宣宗大中十二年。开成进士，历任县尉、秘书郎、东川节度使判官等职，曾为牛李党争牵累而遭排挤潦倒终身。商隐反对“学道必求古”之说，认为：“夫所谓道，岂古所谓周公、孔子者独能邪？”擅长律、绝，其“咏史”“无题”诗等颇有影响，是中国古代文学史上的一位关心现实政治的著名诗人。关于《义山杂纂》作者，鲁迅先生曾于《中国小说史略》第十篇《唐之传奇及杂俎》中提出质疑：“中和年间有李就今字衮求，为临晋令，亦号义山，能诗，出举时恒游倡家，见孙綮《北里志》。则《杂纂》之作，或出此人，未必定属商隐，然他无显证，未能定也。”对此，周一良先生认为：“《杂纂》即非玉溪生之作，亦必为唐人旧本也。”①至今鲁迅先生这一质疑仍无显证，而且《直斋书录解题》等均以为“唐李商隐义山撰”，商隐又力反“学道必求古”的迂腐思想，仍当属其所为，而非另者。周作人认为：“李义山的《杂纂》，《新唐书》不著录，但《直斋书

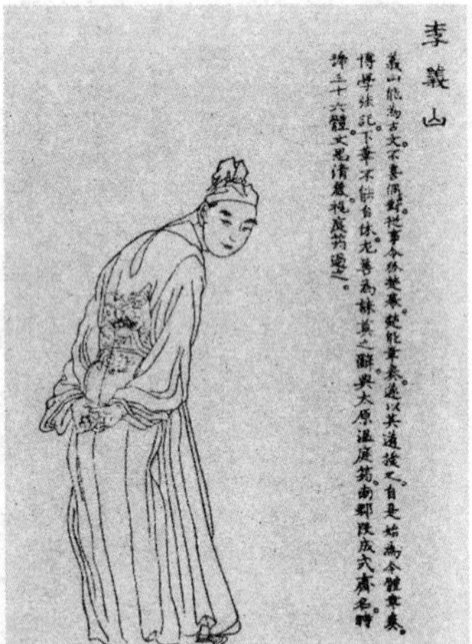

李商隐（载清顾沅辑道光十年刻本《古圣贤像传略》）

① 《敦煌写本杂钞考》，《燕京学报》1948年第35期。

录解题》中有之，以为系李商隐作，可见在宋朝已有此说了。”而且，宋人蔡绦《西清诗话》及宋代龚颐正《续释常谈》等著作中，引录、述及《义山杂纂》时亦称李商隐撰。凡此，亦是《义山杂纂》本出自李商隐之手的可靠佐证。

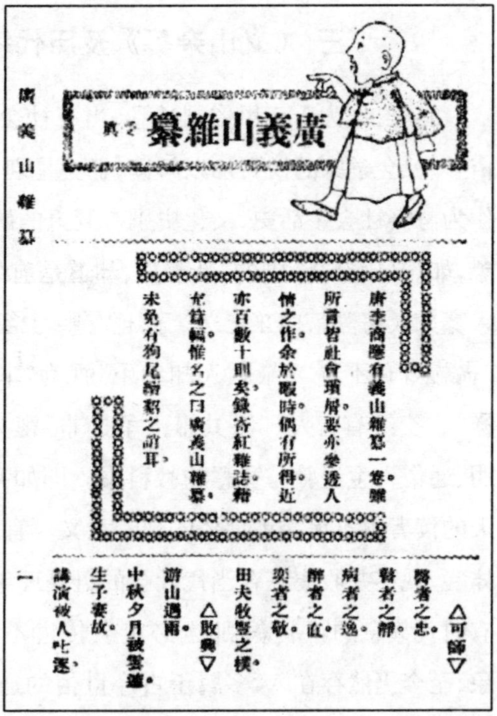
廣義山雜纂 受真

唐李商隱有義山雜纂一卷。雖所言皆社會瑣屑。要亦參透人情之作。余於暇時。偶有所得。近亦百數十則矣。錄寄紅雜誌。藉充篇幅。惟名之曰廣義山雜纂。未免有狗尾續貂之誚耳，

△可師▽

賢者之忠。醫者之靜。病者之逸。醉者之直。奕者之敬。田夫牧豎之樸。

△敗興▽

遊山遇雨。中秋夕月被雲遮。生子妻故。講演被人吐逐，

廣義山雜纂 一

《红杂志》1923 年第 2 卷第 51 期所刊武受真《广义山杂纂》书影

可以断定的一点是，一如东北地区广泛流行的《四大辣》（胡椒面儿、小人心、羊犄角、辣椒老姜根）、《四大黑》（胡敬德、猛张飞、包大人、脸蛋锅底灰）、《四大嫩》（春小韭、花下藕、新娶的媳妇、黄瓜纽）之类“四大”体歌谣，《杂纂》原创于民间，原本无名氏的“天籁之声”，后由李商隐、苏东坡等“文化人”、知识分子们采集、辑录及梳理。早在《义山杂纂》产生之际的唐代，已有敦煌唐钞本《杂钞》（又名《珠玉钞》《益智文》《随身宝》或《珠玉新钞》）流传。无论《杂纂》取自《杂钞》，或《杂钞》为《杂纂》辗转之遗，均无显证，然可互为印证，皆属当时民间的口耳相传。至于后世的续仿之作，则不乏以此为基础的续仿性再创作。例如清代石成金《纂得确》两集，已很少直采俗语辑入，多了些书卷气和说教色彩，然而语言仍通俗浅白，体例依旧以类相从。其例如《纂得确二集 · 惜念》：“不起愁过虑；不妒人有、笑人无；不怨天尤人；不念旧恶；不忘想远大事。”民国初，仍有文人雅士仿作新品，如《红杂志》1923 年第 2 卷第 51 期所刊武受真的《广义山杂纂》的《不相称》：“少女烧香；风雅士不解音律；市侩谈文；老翁续弦；着西装作揖；家贫衣华服；丑妇满头珠翠。”

三、《义山杂纂》及历代续仿之作的文化史价值

首先,作为千年风俗画长卷,当有社会生活史和民俗语言化石的价值。从民俗学、社会学家的视野加以解读,它更是别有情趣的古今世俗人情风俗画长卷,可作为考察社会生活史、文化史别有洞天的研究文本。个中所及的一些习俗礼仪现象,如《义山杂纂》中的"新娶妇,却道是前缘,必是丑""母在呼舅作渭阳""不得独入寡妇人房"等,由来已久。而且有些习俗戒约至今仍在流行,如《义山杂纂》中的"傲慢尊长不拜""祭亡人却动乐"视为"非礼","对丈人丈母唱艳曲"视为"恶模样","交结有智人""不共愚人争是非"视为"有智能"等。同时,其还堪称是最简明、通俗人生经验与智慧的教科书。即如有人所言,"如剔除其封建性糟粕,对今天的读者也不无警世惩俗的现实意义。有志于此的作家如能推而广之,去敏锐地体验、观察并收集综合当代社会的斑斓现象,仿其体例,整理或创作出一部生动而有时代气息的新杂纂,那也必定会传世不泯,功在不朽的"①。其中许多世俗事象,至今仍然存在,大多属于古今世俗的通病,这也是其至今仍颇受青睐之所在。所言仍切中现实社会生活习见之弊,不乏其训诫、规劝功能。例如明代署名西湖渔隐主人《西湖渔隐杂纂》的《杀风景四十八事》:

花间喝道;对大僚食咽;妇女出街上骂詈;
斫却垂杨;孝子说歌曲;有美味悭藏臭腐;
果园种菜;骂他人奴婢;好妾驱使粗重事;
苔上铺席;筵上乱叫唤奴家;筵上说俗事;
看花泪下;仆妾搀言语;花架下养鸡鸭;
背山起楼;处子犯物议;作客撞翻台桌;
游春重载;口吃人相骂;新女婿浑身新;
花下晒裈;重镌石铜器;落第举子骂主师;
衣裹坠马;行奸被窘辱;恶札人爱使笺纸;

① 曹光甫文,见1989年3月6日香港《大公报》。

尼姑怀胎；赏花处赌棋；问人及第何年叨幸；
玉器失手；盛衣冠入厕；坐上遗大小二便；
对客泄气；代势豪饮酒；赏花逢债主索逋；
驴吃其丹；作清态举止；玩月闭户张灯；
鹤吃金鱼；醉吟道学诗；赏花处欢算货殖；
沥酒作咒；醉客坠泥中；居乡摆执事看马；
歌妓被决；长官撒酒风；花棚说俗事强办。

其次，形成了一种独特的文体。就文体学角度言之，业已形成一种独特的汉语文章体裁——“杂纂体”。其特点，是将俗语、歇后语或格言以类相从加以辑录。例如《义山杂纂》的《相似》：

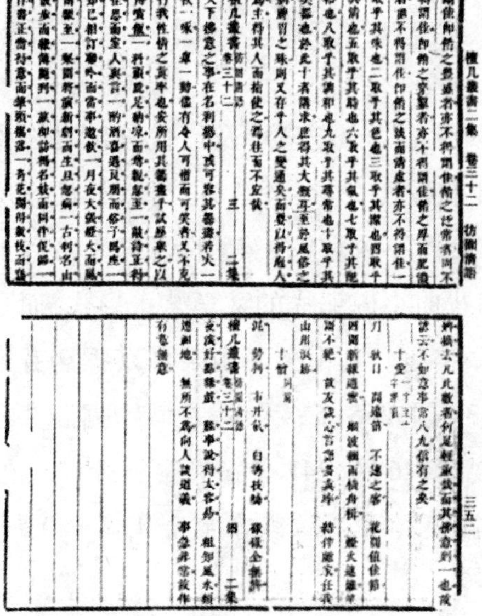

《彷园清语》之杂纂体《十爱》
和《十憎》书影

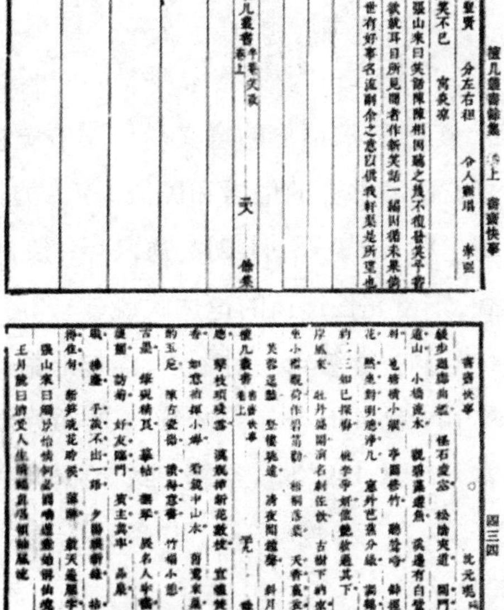

《檀几丛书》之杂纂体
《书斋乐事》书影

老鸦似措大,饥寒则吟;穷亲情似破袖肘,常自出;
婢似猫儿,暖处便住;京官似冬瓜,暗长;
印似婴儿,长长随身;馒头似表亲,独自相亲;
燕子似尼姑,有伴方行;县官似虎狼,动要伤人;
尼姑似鼠狼,入深处;乐官似喜鹊,人见不嫌。

清代顾禄《广杂纂》的《不识羞》:

拉富贵作亲戚;高吟自作诗文;
广场中唱曲;恶书画对客挥毫;
珍藏赝名家笔画;市儿讲典故;
帖自写报单。

最后,汉语史的意义。从汉语史视角观之,《义山杂纂》及历代续仿之作是具有准辞书性的俗语和民俗语汇"类义"性的系列专辑。《杂纂七种》校注本所辑七种《杂纂》总计 211 题,1451 条,体例大体一致。《杂纂》的语言风格和形式,不是冗长连篇的论述式说教,或者诗词戏曲小说那样的文学艺术形式,而是按不同主题纂辑一时俗语,类如通俗的语录格言。其中:《义山杂纂》(据涵芬楼本)44 题,430 条;《杂纂续》(据涵芬楼本)39 题,265 条;《杂纂二续》(据涵芬楼本)25 题,149 条;《杂纂三续》(据五朝小说本)46 题,241 条;《杂纂新续》25 题,95 条;《广杂纂》12 题,30 条;《纂得确》(据道光甲午重镌家宝全集本)20 题,241 条。

传承千年,续仿不绝。自唐至清,除元代外,在大约 10 个多世纪长达 1000 多年中,《义山杂纂》之续、仿之书不绝,迄今多达 30 余种,间或还出自名家之手,但其内容、体例及格调大体一致,一脉相承。尽管后世有些续仿之作比如《风俗粲》,连"纂"字亦未冠之,但体例仍沿行如初,这一现象在中国古代笔记小说中至为罕见,无论在辞书史、俗语辞书史,以及中国古代笔记小说林,均属罕见,堪称“旷世未有”,足见其影响之深远。《杂纂》所辑某些俗语,如“煞风景”“包弹”等,不只为明人的《目前集》、清人的《土风录》等俗语辞书考订语源,引作书证,乃至当代新版的《辞海》《辞源》亦如此。

四、《义山杂纂》及续仿之作在日本和朝鲜的影响

中国古代一向有尚雅忌俗之风,评论诗文时很注意挑剔是否用了俗语,故而大都避俗就雅,此习至今仍存。文人雅士捧读通俗小说,吟唱俚曲、戏文,总是受时人耻笑的。然而,《杂纂》的命运却要好得多,非但千载传诵、续仿不绝,每登“大雅之堂”,而且还在日本、朝鲜等邻邦备受青睐。区区“杂纂”似无轻重,而其流传之广,影响之久远,却是令人咋舌的。语虽俚俗,却于海内外颇有些影响。在东邻日本,早有《杂纂》传入。今所见日本宝历十二年(1753,相当于清乾隆二十七年)秋,由玉树堂发行(末署“平安书肆,唐本屋吉左卫门”)的冈田白驹 1763 年所作《杂纂译解》刻印本,即为明证。是书辑译注释了从《义山杂纂》至“三续”,计四种。是书卷首一篇末署宝历壬午之秋河子龙撰的《小引》说:“李商隐因俚谈以驾其滑稽,三子续之,厥有四续。其嘘枯吹生,风流谑浪,谐辞以会意,谲譬以指事,平子为之绝倒,丞相为之忘疲。然而言之不雅驯也。虽喙之长,如笔之短何!其唯巷谈街说,俚俗鄙事,重所呵诮,或砭针俗病,或切劘人情,会义适俗,意在讽诫。君子采之,亦可以观焉,乃所取则此。尔若以巷谈鄙斥之,采诗之及田夫红女,其谓之何!夫蚕蟹鄙谚,狸首淫哇,见诸经籍,载之礼典。片言寓箴,单看取喻,兹言虽小,可以喻大,兹编实有焉。其岂游戏笔端,胡诌扯谈,资话靶而供笔柄!”正是有鉴于此,《杂纂》很早就传入日本,并受到青睐。此外,早稻田大学图书馆还藏有明代青藜馆刊本《杂纂》。据日本著名汉学家诸桥辙次认为,成书于李商隐死后一百多年的日本平安时代女作家

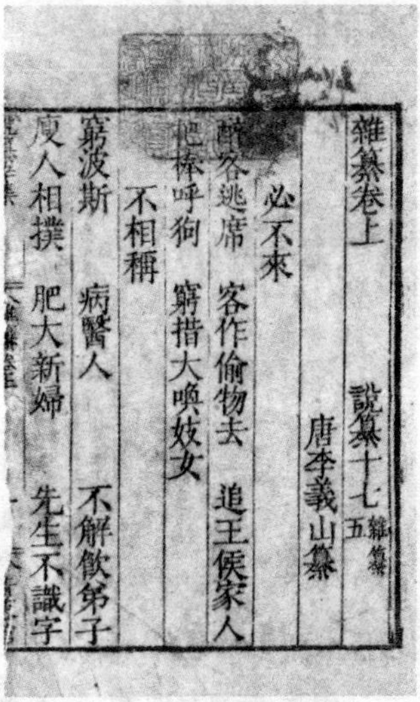
雜纂卷上　說纂十七　唐李義山纂
必不來
醉客逃席　客作偷物去　追王侯家人
把棒呼狗　窮措大喚妓女
不相稱
窮波斯　病醫人　不解飲弟子
瘦人相撲　肥大新婦　先生不識字

早稻田大学图书馆
藏明代青藜馆刊本
《义山杂纂》书影

清少纳言的随笔集《枕草子》,即可能仿《杂纂》风格而成。川口久雄的《李商隐杂纂と清少纳言枕草子について》亦持此观点(《东方学论集》二,昭和二十九年)。而且,笔者的具体比照研究结果也验证了这个事实(另文专论)。依此推断,早期《杂纂》当于五代或北宋之际即传入了日本岛。另外,国内编纂的《辞源》《辞海》这种大型语文及百科性质的工具书,均未设立"杂纂"专条,而日本汉学家诸桥辄次编的《大汉和辞典》,不但立有"杂纂"条目,释文中尚能述及清人韦先獻的《杂纂新续》与顾禄的《广杂纂》。凡此,足见《杂纂》对邻邦日本影响之大,及其对历代续仿之作的关注。

唐鈔本雜抄攷
——唐代庶民教育史研究の一資料——
那波利貞
一
唐朝は種々複雑微妙なる遠因近因により、玄宗の開元二十六・七年（皇紀一三九八・九年 西紀七三八・九年）より天寶二・三載（皇紀一四〇三・四年 西紀七四三・四年）に亘るの交、僅に六・七箇年間を時間的境界線として時世の幾様なる變轉を爲し、殊に安・史の大亂はその變轉傾向を促進する契機を作し、世は駸々乎として中世史期的特質を蛻脱して近世史期的世界に變轉推移した。世には天寶十四載（皇紀一四一五年 西紀七五五年）十一月に起りし安祿山の亂を以て唐の時世の變化した重要な原因であると説く學者も多いが、私は然かく考察せぬ。鄙見を以てすれば開元末・天寶初期の交に夙に漸く時世が變轉し初め、人心が變り初め、その後約十年を經過したる天寶十四載頃には餘程時世が變化し人心も變り居たればこそ、祿山の亂も之を實行に移し得られ、不幾の誠算ながら一時の成功を收め得たるものと思はれるのである。その一證據は『新唐書』卷一百二十
唐鈔本雜抄攷 一 （四三七）

日本《支那学》杂志卷十(1942)发表的那波利贞《唐钞本杂钞考》论文首页

《杂纂》亦曾传入朝鲜,其仿作和引用"杂纂"体作品之例,可见于朝鲜学者鱼叔权(号也足堂,1500—1560)的笔记《稗官杂记》卷四《无用之事》。文中写道:

谚以春雨数来,石墙饱腹,沙钵缺耳,老人泼皮,小儿捷口,僧人醉酒,泥佛渡川,家母手巨,食箪有声,为无用之事。

柳大容尝戏采此语赠余诗曰:"石墙饱腹真无用,稚子能言亦匪贤。不愿如今春雨数,愿君家母手如椽。"是春适多雨,故接雨云。李义山以"清家濯足,花在晒裈,背山起楼,烧琴煮鹤,对花啜茶,松间喝道",为"杀风景"。本国谚语,谓事之不相称者,曰轺轩马鞭,稿履丁粉,荐门铁枢,纱帽缨子,蒯笠刷子,僧斋胡舞。言虽鄙俚,亦足资一笑也。

由此可知《义山杂纂》亦早即传入朝鲜，并受到学人青睐。而且，从形式上，即被很准确地以俗语（谚）相待，用朝鲜民族俗语与之比照，认为“言虽鄙俚，亦足资一笑也”。

总而言之，古代笔记小品《义山杂纂》及历代续仿之作以其独特的题材内容、语言风格和文学价值，堪称历代采风问俗的珍贵典籍，是中国文化史上的一道别具情趣的风景线。

皇家百科全书辑录的理发行业秘籍《净发须知》

——略论《永乐大典》残卷所收《净发须知》

《孝经·开宗明义》即言:"身体发肤,受之父母,不敢毁伤,孝之始也。"须发是人类体质的一大特征。人的前额、双耳和头颈部以上生长的毛,谓之头发,保护头脑是其最基本的生理功能。梳理头发,既是人类从事劳作、卫生与健康的需要,也是身体美学的要求。《礼记·内则》所言"发者,以韬发作髻讫,即横插笄以固髻。总,亦缯为之,以束发之本,而垂余于髻后以为饰也",正是。

发饰习俗是人类文明的一大基本特征,一种原生文化。可以说,世界上各个民族无不有着各自的发饰习俗。不同时代,流行不同的发饰习尚。清末沪上朱文炳《海上竹枝词》所云"剃头手段不须强,辫子宜教打得光。流海剪齐尤要事,刨花肥皂近通行",当系当时沪上的发饰时尚。亦如其书序所云:"一国有一国之习惯,一方有一方之习惯。善觇人国者,不在政教号令之末具,而在调查社会之习惯。不唯见人事之迁流,即国力之盈虚、民质之高下,胥可于此征之。全球商埠上海居第七,为我国最繁盛之都会。大而工商学校,小而宫室马车,推而至于饮食、服御、声色玩好之微,莫不以上海之风气为风气,如影随形,如响斯应。"

中国理发业形成于何时？迄今鲜见史籍和出土文献实证。由辑存于《永乐大典》中的一部《净发须知》①与宋元相关文献的相互印证可以推知，中国理发业的行业团体至迟于宋代业已存在。可以说，一部《净发须知》印证了中国理发业之立行。《净发须知》作为迄今存世最早的一部中国理发业典籍，记述了什么、是一部什么性质的文献、价值何在，特别是，作为社会地位一向卑微的行业的民间文献，何以会登上大雅之堂并辑入皇家百科全书《永乐大典》等，即本文所要钩沉、探析的几个基本问题。

要言之，本文旨在通过解析疑难问题全面评介解读《永乐大典》采辑本《净发须知》之概要。

一、行业称谓、书名及版本

旧时俗谓剃头匠的理发技艺匠人，古称镊工、待诏、薙工、剃工等。剃工、镊工，均为宋人叫法。宋洪迈《夷坚志·真如院藏神》："绍兴中，童行金法静，主香火之事甚敬，为寺参头，因令剃工缴鼻。"又宋张端义《贵耳集》卷中："秦会（桧）之呼一镊工栉发，以五千当二钱犒之。"清梁绍壬《两般秋雨庵随笔》说："博士、待诏，皆翰林院官名也……剃头匠又有待诏之号，积习之沿，不知何昉"，实乃谑指诸般手工匠人随时听候人们召唤雇使之意。此外，后世还有"整容匠"之谓，其说可见于明《二刻拍案惊奇》卷二五："三日之前，蕊珠要整容开面，郑家老儿去唤整容匠。"

"梳剃"当是中国理发业的主要传统称谓。如宋周密的《武林旧事·社会》就记载当时的临安（杭州）有"净发（梳剃）社"，元无名氏《永乐宫壁画题记》："刀镊上（工）陈七子夫妇，坐茶肆梳剃。一日有道人携百金来剃须发，才剃即生，随生随剃，如是自旦迨暮，夫妇手几脱腕，知其异人也。"明陶宗仪《辍耕录·飞云渡》："主人怒此婢，遣嫁业梳剃者。"亦然。再如业内相传的《净发须知》中即有"遍行天下，梳剃为活""到处不将金玉去，只凭梳剃度春秋"和"居在人世，善能梳剃，曾蒙献宗宣诏，整顿龙颜"三处以"梳剃"称谓本行业，当属业内自谓。

① 除有专门说明外，本文所说《净发须知》均指《永乐大典》辑存本。

除此之外，业内之自称，在《净发须知》中，还可见有“哲匠良工”“匠人”“妙工”“巧匠”等几种。其书例如：

说镊子：镊子潇洒，身材玲珑。格范金花镂错别，翻腾时样巧工夫。银叶阚腰，是哲匠良工真手段。双股样银清且洁，一张口是合还开。制自妙工，用由巧匠。

问云：刀是甚人置？铁是甚人裁？答云：刀是释迦佛灵山会上剃十代弟子得刀一柄，剃落青丝发，弟子今传在世，万古流传。南山置炉，北山出铁，火炼成钢，匠人把在手中，磨炼如霜。

刀诗：一柄宝刀刃如霜，仙人分付与本行。借问造时是宝铁，巧匠锻炼使纯钢。

至于镊工、待诏、薙工、剃工、剃头匠、整容匠等，则是社会上对理发业从业者的他称。

元明以降，诸如“整容”“剃发”“剃头”之类称谓比较普遍，但与清以后“剃头”的概念有别。清以前，“剃头”主要是特指释子剃度“削发”及其平素理发，亦即如《敕修百丈清规》所规定的：“选日既定，则隔宿剃头，顶心留发。”当时民间俗家有特定的发式，如元代的《朴通事谚解》所记“汉俗凡梳头者，必剃去脑后、顶上、鬓际细毛，故曰剃头”。

可以说，“剃头”之谓早于元代即已进入了汉语口语。有《朴通事新释谚解》为证，如其卷一所载一段对话①：

叫将那剃头的来。你刀子是快的还是钝的呢？我剃头的，管甚么来，肯用钝刀子呢？你剃的干净便是了，不要只管的刮，刮多了头疼。剃完了，梳头发的时候，先把稀篦子摠了，再把挑针挑起来，然后用那密篦子再摠，将风屑去干净了。绾起头发来，把铰刀铰了鼻孔毫毛，把捎箆掏一掏耳朵。

① 汪维辉编：《朝鲜时代汉语教科书丛刊》第一册，中华书局2005年1月版，第354页。

这就算剃完了。与你十个大钱。

清以降的“剃头”，是针对汉族而由朝廷规定的统一改易满族发式，属于一种制度性政治行为。久而久之，乃泛称理发为“剃头”。清箫遇春《京华百二竹枝词》所咏：“牟利各行有秘传，剃头铺子最新鲜。要他不惜功夫好，给了活钱又酒钱。”原注云：“俗谓剃头为‘做活’，剃头钱因名为‘活钱’。如到铺中剃头，必须给‘活钱’外，另给酒钱，方不至草草了事。缘‘活钱’为铺掌例得，酒钱归剃头匠自有。牟利之法，可谓一举两得。”

以“净发”称谓理发行业，始见于宋元，如《武林旧事·社会》所记南宋临安（今杭州）的“净发社（梳剃）”；其次，据《两浙金石志》卷十五载，元代延祐元年（1314）孟淳撰、赵孟頫书《长兴州修建东岳行宫记》碑阴揭载的诸行施主姓名得见，所供奉职掌追取罪人的“照证司”神殿，是由当时的“净发行”亦即理发业的“姚珍、桑琇、费荣、钱大亨、俞庆”等所捐。显然，“净发行”是当时对理发业的一种习惯称谓。凡此，当即《净发须知》书名中“净发”一词由来之所据。至于其中“须知”之辞，则是声明其性质为业内从业的规范性常识。

通王德姚勝倪子龍許明　瘟疫司鹽戶沈竹孫宋仲仁
姚元善　李王嗣度生行陳安錢通周元俞厚卞貞　劉
元帥司福田社邢福邵福　土地司澆燭打脩印馬行陳
聰沈應雷章輝　水府司篙師行俞慶沈林周慶毛富
善部司冲眞觀長生庫　爵祿司木匠孫旺鋸匠錢達等
冤枉司本州書狀承發司　長壽司橋東界周元善
照證司淨髮行姚珍桑琇費榮錢大亨俞慶　積財司裁
縫行陳元金綉賓琳莫繼祖　打胎司橋西界吳榮　放
生司錦鱗行楊富包源費政　輪迴司碧綠行陳富沈進
齊僧司糖餅行陸進陳貞朱文彬鄒宗榮潘宜朱㨪善
惡死司本州禁子　曹職司曹行錢旺唐桂徐勝談成
兩浙金石志卷十五　元　十一
等　田公蠶母司幹緣　張太尉司五色行馮晟沈琳高
元王榮　貴賤司幹緣　驛亭一所嘉瑞鄉六都李德安
已上並重修
櫺星門章文因日秀日益　三門白雲宗宗正院妙清院
報恩院通濟院成積院　甬道本州知州呂奉政謝　獻
臺本州同知馬奉訓鎔　龍樓鳳閣二所釋教諸山寺院
菴會　聖母殿白雲宗壽聖寺慶遠院化城院上妙德院
永明院慈光院永寧院致慶院上餘慶院　西齋王殿本
州茶園所　淸源眞君殿羅漢會張君壁等　忠靖王殿
本州司吏貼書　昭烈王殿本州祗候　昭應侯殿白烏
鄉三都錢裕榮許德安徐文富　皮場王司正冠行姚松

《两浙金石志》卷十五《长兴州修建东岳行宫记》碑阴所载
“照证司”神殿“净发行”施主姓名

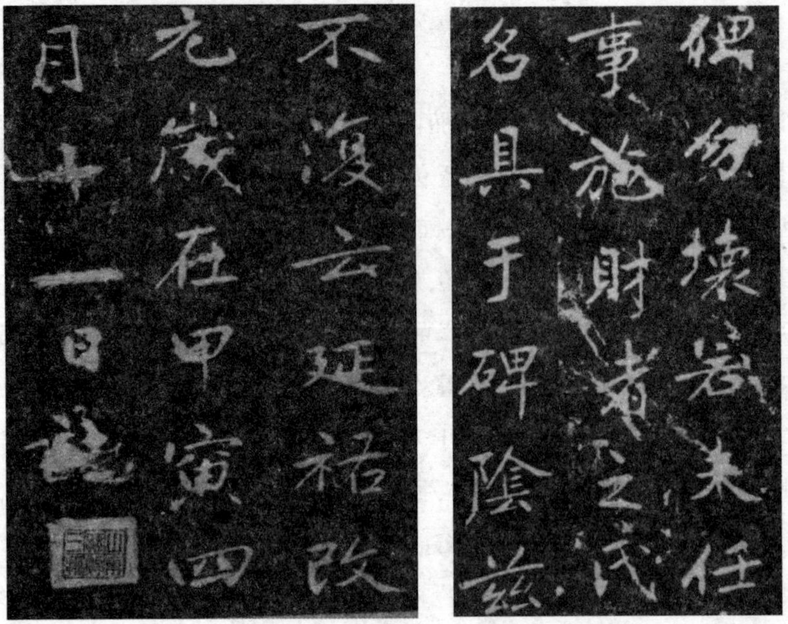

元代延祐元年(1314)孟淳撰、赵孟頫书《长兴州修建东岳行宫记》
文末称“施财者之氏名具于碑阴兹不复云”

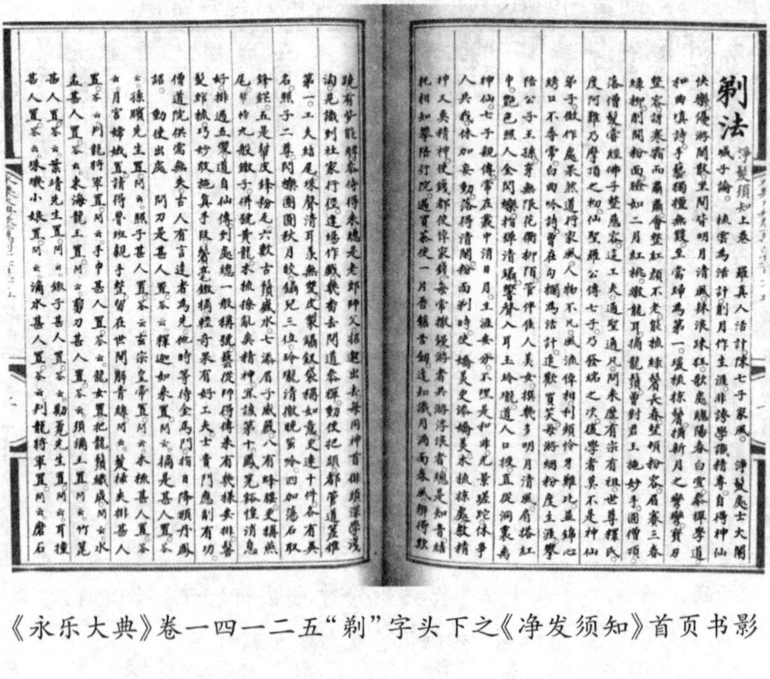
剃法

《永乐大典》卷一四一二五“剃”字头下之《净发须知》首页书影

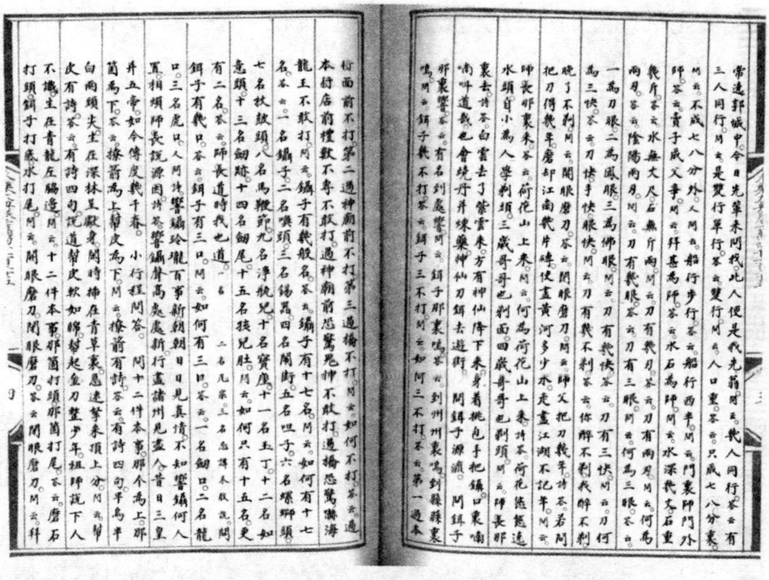

《永乐大典》卷一四一二五《净发须知》正文之一页书影

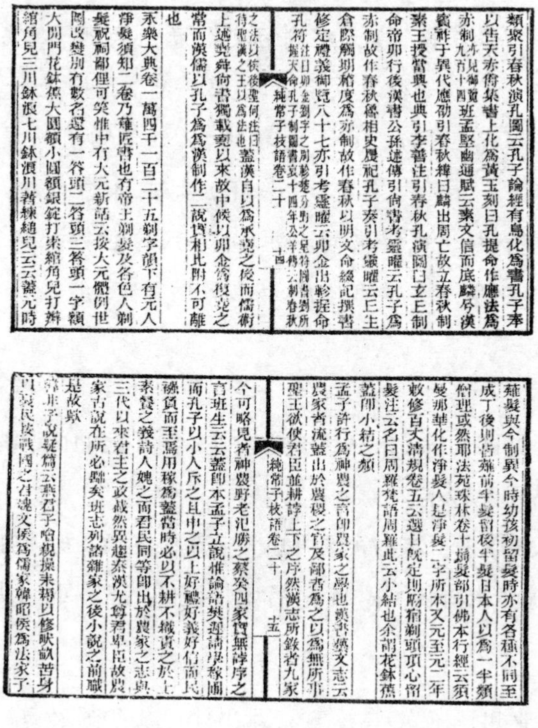

文廷式《纯常子枝语》卷二十记述《永乐大典》所辑《净发须知》

1940年,北平理发职业分会常委张善堂曾说:“在清时,本行皆有《净发须知》一书,为传授衣钵之秘籍,所有罗祖出身及史迹、行规等皆详载之,惜行中人什九目不识丁,失传。”①所谓“失传”,或因业内已流传不广。殊不知这部秘典却有幸十分完整地存录于明代的《永乐大典》之中而未得湮灭。只是,《永乐大典》流传不广,而且随即散佚不全,自然很难在民间流传,更难以为向属低贱行业的理发业从业者们所能知见。即或当代,亦非学者们所能常见。

近代学者文廷式(1856—1904)《纯常子枝语》卷三三记述:“临川吴铎有《净发须知》一卷,专言释家剃度规则,与《永乐大典》所载迥异。”著名学者王利器先生曾言“《永乐大典》卷一四一二五‘剃’字韵下,载元人《净发须知》二卷,即此书也。惜《永乐大典》此卷已亡”,未得一见。其所见则为两种清刊本②:

> 《元史·艺文志》三《释道类》著录《净发须知》二卷,不详撰人。余所见者有二本:一为“咸丰庚申年(十年)重镌,书业德记梓行”本,书名《净发须知》,有《按摩修养秘诀》六字副标题。卷上大题为《京本江湖博览按摩修养净发须知》,下署“罗真人活计”(第一行)、“陈七子家风”(第二行)、“临川吴铎订”(第三行)。卷下大题则为《江湖博览按摩修养净发须知》,署名同。一为“光绪乙未年(二十一年)新刻,本堂藏板”本,书名《新刻净发须知按摩修养秘诀》,署名同。两本俱有《穴位图》,以便按摩,盖当时净发人兼业按摩故也。吴铎希振序云:“历世以来,继之以罗真人之活计,陈七子之家风。”

文氏、王氏所见即为除《永乐大典》本外,今可见的两种版本《净发须知》。除此之外,则是民间手钞本。

关于《永乐大典》采辑本《净发须知》与清刊本《净发须知》的关系,王利器《水浒全传校注》就《水浒传》第24回潘大嫂说的“三答不回头,四答和身转”一

---

① 崇璋:《理发业祖师罗祖考》,载《晨报》(北平)1941年10月25日。

② 王利器:《王利器论学杂著》,北京师范学院出版社1990年1月版,第480—482页。

语的注释略有论及。其注云①：

《永乐大典》卷一四一二五载元人《净发须知》，则《水浒》所言三答四答者，盖就元人发式而言也。往者，予与向达先生同住东四十条胡同北京大学教授宿舍，过从甚密。向先生后收得清刻《净发须知》二本，举以示予，且嘱为之跋。予以清刻《净发须知》与《永乐大典》所载者同源而异流，盖清刻本率多市语声嗽，实为净发行院地下联络之工具书。当元明之际，反元力量大肆活动于运河上下，以净发职业为掩护，以净发店铺为交通站，故所载大量问答切口，字里行间，充沛着《水浒》气，乃论述其与后来罗教、洪门、三点会之影响，撰为跋文以归之。惟时，予二人以得共读此秘密社会史料，为之高兴不置也。惜于"文革"中，二家藏书，俱被抄没，《须知》原书及予跋尾手稿，未知尚在人间否？时因注此文，而追记其百一焉。

可以说，《永乐大典》本《净发须知》当系文、王两氏所见清刊本《净发须知》之祖本。至于《永乐大典》采辑所本，不得而知，待考。由此，《永乐大典》采辑本《净发须知》越发珍稀。

二、《净发须知》的基本内容

元代时的学习汉语读本《朴通事谚解》卷一②所记当时剃头匠为顾客"剃头"的情景中，展示了剃头匠所用诸般动作和器具：

叫将那剃头的来。(汉俗凡梳头者，必剃去脑后、顶上、鬓际细毛，故曰剃头。)你的刀子快也钝？我剃头的，管甚么来刀子钝？你剃的干净，不要只管的刮，刮的多头疼。剃了，撒开头发梳。先将那稀篦子摁了，将那挑针挑起来。挑针用牛角作广箴，上一端作刷子者多者，厚难梳，故先梳之，以

① 王利器：《水浒全传校注》第四册，河北教育出版社2009年5月版，第1168页。

② 基于汪维辉编《朝鲜时代汉语教科书丛刊》第一册，中华书局2005年1月版，第236页。此处引文与汪本标点等略有改订。"[ ]"中的文字，系取自崔世珍《朴通事集览》。

此箴插置上头更梳下，今俗犹然。用那密的篦子，好生掜着，将风屑去的爽利着。梳了，绾起头发来。将那镊儿来，摘了那鼻孔的毫毛。将那铰刀、斡（运也。字作“空”，是。）耳捎篦来，掏一掏耳朵。［“捎（消）篦”，《翻译朴通事》作“消篦”。］以禽鸟毳翎安于竹针头，用以取耳垢者，俗呼为“消息”。旧本作“蒲楼翎儿”。“朵”作“垛”，是，（俗去声读）与你五个铜钱。

一部《净发须知》的基本内容，记述了宋、元理发业的基本行事规范，主要为梳剃器具、行业招徕广告习俗、隐语行话以及行业信仰与禁忌等，可谓传统理发业的百科全书、从业宝典。

关于梳剃用具，《净发须知・排十二件动使诗》历数当行十二种用具①。具体为：

镊钗第一：镊钗初置自罗真，四海排来第一人。元是轩辕亲妙手，其中浪刻应时辰。

镜第二：团团似月绝纤尘，士女才拈便现身。问我风光游四海，知人肥瘦白红颜。

镊子第三：打镊奇巧自丙丁，玲珑巧样合精神。才方打动几般响，到处闻声便识名。

刀第四：柄按四寸刀三角，利耀风霜色带金。惜岑修眉成耀相，人贪美貌爱相寻。

水盂第五：水盂当日出波心，贮得沉檀水便香。付与溪人皆得用，乌峰石畔遇龙王。

梳第六：梳子当初使得他，或使娑婆与象牙。付与世人通理发，流传仙

① “动使”，即器具、用具。宋吴自牧《梦粱录・正月》：“街坊以食物、动使、冠梳、领抹、缎匹、花朵、玩具等物，沿门歌叫关扑。”宋孟元老《东京梦华录・会仙酒楼》：“常有百十分厅馆动使，各各足备，不尚少缺一件。”《古今小说・宋四公大闹禁魂张》：“宋四公取出蹊跷作怪的动使，一挂挂在屋檐上。”亦作“动事”。宋吴自牧《梦粱录・民俗》：“或有新搬移来居止之人，则邻人争借动事，遗献汤茶，指引买卖之类。”又《梦粱录・四司六局筵会假赁》：“如富豪士庶吉筵凶席，合用椅桌，陈设书画，器皿盘合动事之类，则顾唤局分人员，俱可完备，凡事毋苟。”

客作生涯。

篦第七:丝缠竹齿最绸缪,解上娇娥贵士头。理发成丝能去垢,得人清爽爱取留。

磨石第八:生在岩崖石洞边,得来此片自神仙。可磨宝剑诸般刃,起利明光到处传。

剪子第九:蜂腰燕尾用时开,弯弯曲曲巧身材。莫言剪断青丝发,红锦绫罗也会裁。

鏉第十:金眼银身如鹤觜,入耳衔传旋旋归。会使凡人听聪远,更能轻手巧心机。

撩乱第十一:或使银牙作此般,绸缪巧利十分全。从他乱发都能解,快活人头插两边。

消息第十二:形如箭撞似鹤毛,细软由能入耳曹。响镊相依似蝉噪,得人清爽意惶惶。

个中所述诸般工具,大多显然易识,如"镜"为照形取影的铜镜,"刀"为修眉刀等。有些器具虽很难从字面直接知其为何物,但从本书的上下文则可推知。例如本书"或使银牙作此般,绸缪巧利十分全。从他乱发都能解,快活人头插两边"之"撩乱",当即开篇《净发处士大阐城子论》"木梳撩乱爽精神"之理发器具发簪。但有的则很难从字面推知,例如"镊钗"与"镊子"、"鏉",以及"消息"等,需要考据辨析一番方得其解。

梳剃业从业者的职业活动主要是"身着挑包手把镊,口里喃喃叫道哉。也会烧丹并炼药,神仙刀镊去游街","刀镊"乃其最基本的职事工具。《朴通事谚解》说到的"将那镊儿来,摘了那鼻孔的毫毛"之"镊儿",亦即本书所谓"打镊奇巧自丙丁,玲珑巧样合精神。才方打动几般响,到处闻声便识名"之"镊钗"与"镊子",同为一种梳剃用具。

何为"鏉"?《朴通事谚解》说"将那铰刀、斡耳捎篦来,掏一掏耳朵",其"铰刀"即此书所说"金眼银身如鹤觜,入耳衔传旋旋归。会使凡人听聪远,更能轻手巧心机"之"鏉",掏耳朵取耳垢的器具。书中诸例可证:

镦子诗:说着镦子甚堪夸,书筒引出小椒花。是人莫道些儿铁,刀镊门中便用他。

镦刀诗:一把镦刀白如银,铜作眼睛铁作身。他随动口去争战,且归耳内作蝉鸣。

镦耳鹧鸪天:一用镦子刃如锋,二用匙头不见踪,第三挑瘼须还笔,四用鹳觜取教通。观里面,了然空,真珠撞子顿其中。轻轻敲作蝉声响,六般消息耳内攻。

镦刀诗:七子曾将此艺传,白云深处遇神仙。自从镦了淳王耳,留在人间不记年。镦子一把曲如弓,几度将来在耳中。昨夜三更寻不见,元来东海斩蛟龙。

九般镦子①,并号黄龙。木梳撩乱爽精神,宜该第十。凤筅豁惶消息好,排过五双。道自仙传,到处总一般称号。艺从师得,传来有几样安排。髻发绾梳,巧妙敢施真手段,鬓毫镦摘,轻奇果有好功夫。

《净发须知》,辑有三首咏"消息"的诗:

消息诗:耳作蝉鸣似有琴,身无气脉不通风。妙手精玄轻一镊,教人快乐自玲珑。

消息第十二:形如箭撞似鹤毛,细软由能入耳曹。响镊相依似蝉噪,得人清爽意惶惶。

消息诗:凤凰落了一枝鬃,高士取来在手中。此个神仙藏妙用,为人净耳见闻听。

---

① 镦子,镦刀,去耳毛的工具之一。元代《朴通事谚解》写作"铰刀":"将那铰刀、斡耳捎[消]息来,掏一掏耳朵。"常见之另一种去耳毛的工具为"缴"(生丝线)。如《缴线诗》所谓"两指交加拈一线"之"缴"。

有人认为,“‘消息’当为净发梳剃所用的一种可发出声音的器具”①。但也有人提出异议,认为这是一种“由柔软的细毛做成的”,“使用时,是捻进捻出,从而带出耳内被镦刀刮下的碎屑”的“去除耳垢的工具”②。我以为,后者的辨析与论断成立。所谓“消息”,是一种由软毛物质制成的,理发时用以清除耳垢的采耳器具。

至于这种理发清除耳垢的器具何以命名为“消息”,我认为,或缘三种隐喻而来。

其一,隐喻使用这种耳挖器过程中的毛端之蓬缩形态之“消长”,一如《易·丰》所谓“日中则昃,月盈则食,天地盈虚,与时消息”。又《易·剥》:“君子尚消息盈虚,天行也。”即如清黄师琼《题谢梅庄侍御军中学〈易〉图》诗所咏:“愿君进退持以正,消息盈虚任卷舒。”系以此耳挖器掏耳过程的形态变化而言。

其二,始创于柳永的词牌《永遇乐》,又谓“消息”。宋晁补之(字无咎,1053—1110)词《消息·端午》自注云:“自过腔,即越调‘永遇乐’,端午。”此乃借以隐喻掏耳“教人快乐自玲珑”“得人清爽意惶惶”之舒坦快乐——取“永遇乐”之“乐”也,系掏耳的效果而言。

其三,明清民歌时调的隐喻。明清民歌时调有三首“消息诗”,具体为:

消息子,我的乖。你识人孔窍,捱身进,抽身出。蹔上几遭,拈一拈,眼朦胧浑身都麻到。拈重了把眉头皱,拈轻时痒又难熬,拈到那不痒不疼也,你好把涎唾儿收住了。(《挂枝儿》卷八《咏部·消息子》)

消息子,都道你会知人的趣。疼不疼,痒不痒,这是甚的?寻着个孔窍儿你便中了我意。重了绞我又当不起,轻了消我又熬不得。睡梦里低声也,叫道慢慢做到底。(《挂枝儿》卷八《咏部·消息子》)

消息子,我里情哥郎好像消息子能,身才一捻骨头轻,进来出去能即溜,教我小阿奴奴关着子毛头便痒死人。(《山歌》卷六《咏物·消息子》)

---

① 邓子勉:《〈净发须知〉、净发社及其他》,《中国典籍与文化》1998年第2期。

② 邢益火:《说“消息”》,《中国典籍与文化》2000年第4期。

显然，以性行为过程中的男根动作与形态以及效果反应隐喻此器。

此外，再如《朴通事谚解》所说“将那铰刀、斡耳捎（消）篦来，掏一掏耳朵。以禽鸟毳翎安于竹针头，用以取耳垢者，俗呼为‘消息’”之“消息”，正是此器。可见，此器名曰“消息”，即缘上述三种隐喻而来，既属于宋元梳剃业行话，亦是宋元以来的市语语汇之一。

梳剃业的行业崇拜、禁忌及其他行规。

出于行业生计与秩序的需要，诸行百业皆有行业崇拜、禁忌及其他多种行规。传统理发业亦然。

清纪昀在《乌鲁木齐杂记》中说：“剃工所奉神曰罗祖，每赛会，剃工皆赴祠前。”《净发须知》所记，当时其行业祖师为“罗真人”和“陈七子”。《净发须知》开篇即言：“罗真人活计，陈七子家风。”更有书中多处具体描写为证：

问云：你祖师陈七子、罗真人当在衢州，亲度得一人姓甚？答云：祖师陈七子、罗真人当在衢州，亲度得一人姓李，名为处士，流传后代，遍行天下，梳剃为活。诗曰：三尺栏盘①搭左肩，天下云游是散仙。

又诗答：茶留三岛客，汤待五湖宾。都是罗家子，何须问元因。学艺学罗真，从师艺本专。曾师陈七子，今是五千年。饥则食松柏，闲来会八仙。优游三岛客，独棹五湖烟。本艺传来是八仙，通流今古几千年。休道世间无敌手，且容师父问源流。

问诗：因甚出来学剃头？刀铒传来得几秋？你拜甚人为师父？甚人与你置行头？答诗：晚进当行不识羞，俺自学来知几秋。曾拜神仙为师父，罗真与我置行头。

罗真诗：罗真实字作志全，此是仙踪实可传。人道本师谁得法，吾今学得是因缘。

陈七子诗：陈七先生名志坚，受学金刀事大贤。吕公也是神仙客，同行

① “栏盘”，全书除此处外，均写作“拦盘”。

四畔不记年。紫云岩洞事谁言，传下凡间数百年。罗真传与陈七子，凡间教得万万千。

关于业内禁忌等行规，如其《问铒子源流》所言：

问：铒子哪里响？答云：有名到处响。

问云：铒子哪里鸣？答云：到州州里鸣，到县县里鸣。

问云：铒子几不打？答云：镊子三不打。

问云：如何三不打？答云：第一过本行面前不打，第二过神庙前不打，第三过桥不打。

问云：如何不打？答云：过本行店前礼数不专不敢打，过神庙前恐惊鬼神不敢打，过桥恐惊吓海龙王不敢打。

日本宽政初年（大约相当于中国清嘉庆初年），长崎布政使中川忠英组织编纂的中国古代风俗百科图典《清俗纪闻》所记梳剃习俗，尤其是其中的有关图录，堪为《净发须知》的后世图解。

日本《清俗纪闻》卷二之剃头店图

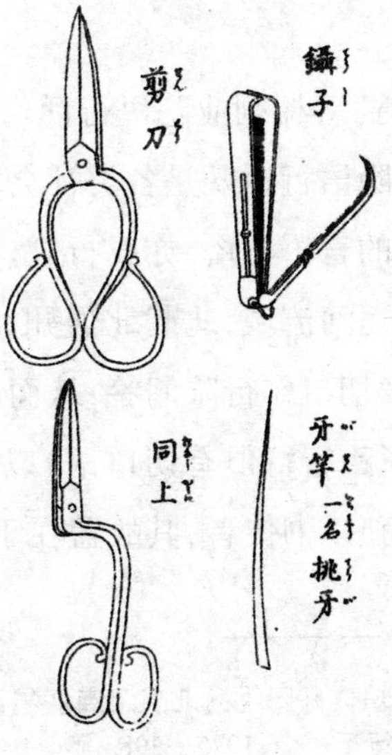

日本《清俗纪闻》卷二之镊子、剪刀、牙签图

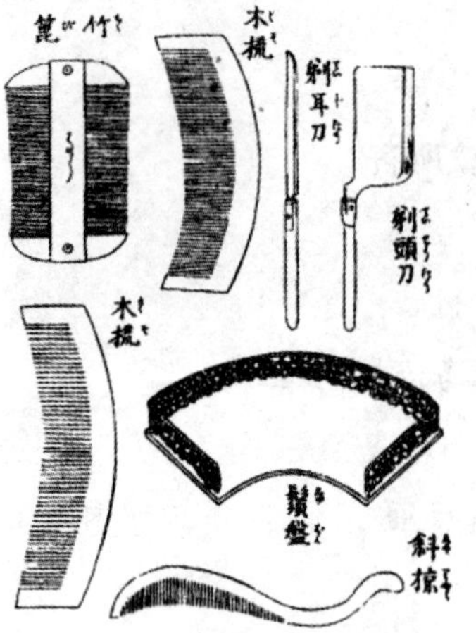

日本《清俗纪闻》卷二之
剃头刀、剃耳刀和木梳图

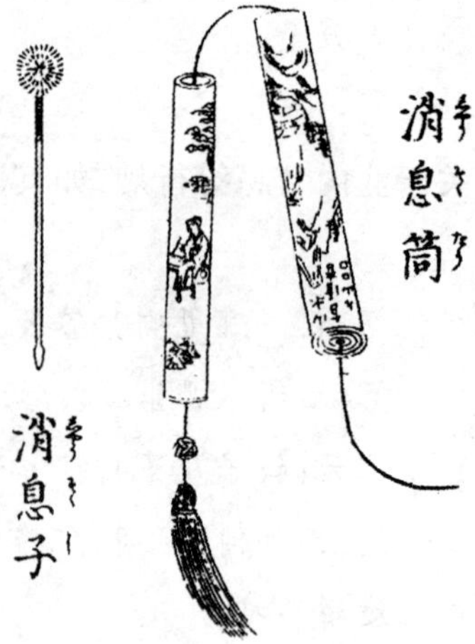

日本《清俗纪闻》卷二之
消息子和消息筒图

旧时，日本学人仁井田陞曾访问北平理发业同业公会会长梁仲三和常务董事刘福海，询问："祭祀罗祖的意义是什么？"答："祖师如果不发明梳子、剪刀，我们就干不了这个行业。作为祖师的弟子，我们不能忘记祖师的恩德。我们同业之间，都是祖师的弟子。"①亦即《净发须知》所云"都是罗家子"，显系出自宋元遗风。

"盘道"等梳剃业隐语行话。

民间隐语行话既是各类社会群体自我保护的言语形式，也是一种各具群体文化特点的言语习俗，亦属行规。王利器先生指出："自元代起，罗祖教徒即广泛活动于运河流域，北起北通州，南迄南通州，以净发业为掩护，以净发店为据点，以净发切口作行院问答，从而识别其为自家人与否。在旧中国封建社会里，三百六十行，行行俱有切口语，以为联络同行之工具，大抵胥停留于口头上，而净发切口独以书传者，其故盖在于此也。"②《净发须知》所载这类当时梳剃业隐

① [日]仁井田陞：《北京工商基尔特资料集·整容行会馆》，东京大学东洋文化研究所东洋文献中心刊行委员会，1975—1983年。

② 王利器：《王利器论学杂著》，北京师范学院出版社1990年1月版，第480—482页。

语行话如:

第一。功夫结尾,珠声清耳羡无双,皮制镊钗袋称如意。更连十件,各有异名。照子二尊,闪烁团圆秋月皎。镊儿三位,玲珑清彻晚蛩吟。四加荡石取锋芒,五是帮皮锋粉瓦,六数古须盛水,七添眉子威严。八有蜂腰,更称燕尾。[帮榜]九般鐓子,并号黄龙。木梳撩乱爽精神,宜该第十。(《净发处士大阐城子论》)

刀为小青,鐓为书子,手巾为都搁,木梳为缘聚,水盏为铢龙,剪刀为卧虎,滴水为滑龙,竹篦为净耳,为玲珑,又为开。石为双头,又为见降。夹板为玄座。(《动使出处》)

再如《问刀镊》“盘道”问答辞:

问云:你道面有几路刀?答云:剃面有三路刀,由在人能排布。

问云:哪为天门?哪为地户?剃面哪里是面?答云:男女左右鬓,却为开天门。项下却为闭地户。眼下三分是剃面。

问云:仙刀十二般,后来三十六福子。为敢问师父刀从何落?答云:太阳起,太阳落。

问云:你刀有几路上?几路下?几路翻?几路覆?答云:我使刀时有三路上,四路下,两路翻,四路覆。

问云:几路直?几路横?答云:六路直,六路横。

问云:共有几路刀?答云:六六三十六路刀。

问云:几路正?几路快?答云:六路正,四路快。

问云:眼下三分,名作甚么刀?答云:眼下三分名作三寸刀。

问云:额上八路,名作甚么刀?答云:额上八路,名作八仙聚会刀。

问云:眼下掠刀,名作甚么刀?答云:名作仙人归洞刀。

问云:面上四路上,四路下,名作甚么刀?答云:名作流星刀。

问云:耳珠上名作甚么刀?答云:名作朝天刀。

问云:耳叶上名作甚么刀?答云:名作仙人下山刀。

问云:覆剃名作甚么刀?答云:名作仙人巡山刀。

问云:耳后名作甚么刀?答云:名作关门刀。

问云:耳内名作甚么刀?答云:名作八峰游岩刀。

问云:刀是甚人置?铁是甚人裁?答云:刀是释迦佛灵山会上剃十代弟子得刀一柄,剃落青丝发,弟子今传在世,万古流传。南山置炉,北山出铁,火炼成钢,匠人把在手中,磨炼如霜。

问云:要知刀镊出处何年起?答云:五伤二年七月十三日,共释迦佛往灵山会上说法之时,因此剌火得刀一柄。在玄宗手内。

问云:镊刀因何有三口刀?因何有两刃?一半在拳,一半在手,分四时有声。

镊子有几名,镊子当来甚人置?甚人收得送玄宗?答云:铁是元阳殿出,无极世尊收,李广元来会,盘古仙人送玄宗。

问云:刀有三角,敢出哪上?刀镊有三口,哪为第一?镜有四面,哪为第一?答云:刀有三角。镜为第二。镜有四面,日月第一。

问云:靠甚为师?甚为父?答云:以水为师,石为父。水石相逢,乃为师父。

问云:水从哪里来?石从哪里得?答云:石是海内将军传出,浮水岩前出,本师罗隐亲收得,奉劝当行休要秘,此是神仙指教得。

梳剃业的招徕广告习俗。

《永乐大典》一四一二五卷的《净发须知》,对理发匠招揽生意的家什进行了描写:“指弹清镊,响声入耳玉玲珑。”“清镊”又称“唤头”或“铁琴”,形制为上下两片,形如镊子,一端有柄,用铁棍从两片尖端划出,可发出嗡嗡的颤声,悠扬远播。

关于梳剃业的招徕广告习俗,我在数年前发表的一篇题为《中国传统商业

招徕市声》的专文中曾有过记述,不妨抄示如次①:

剃头匠的响器“唤头”,顾名思义,就是宣唤人们来理发。旧时北京城剃头行业中传说,清初时剃头匠的工具均为官府发给,不准私制,唤头一响,百姓都要出来请剃,否则视为抗旨之罪。20世纪30年代一本英文版《京都叫卖图》说:“唤头起源于何时已无据可考,有人说它曾是剃头匠用的一把刀,也有人说它来源于剃头的拔头发所用的小镊子,看上去它更像是后一种。”其实,唤头原型本为理发用以拔除须发的镊子。《谈征·物部》引《事物原始》所释甚是:“(唤头)镊钳也,以铁为之,用以拔须发者,今剃头者手持之作声,名曰唤头。”以镊拔发,古来已然。《古文苑》卷七所录晋左思《白发赋》云:“星星白发,生于鬓垂……将拔将镊,好爵是縻。”《南史·齐郁林王纪》:“高帝笑谓左右曰:‘岂有为人作曾祖而拔白发乎?’即掷镜、镊。”故理发匠人又称“镊工”。宋张端义《贵耳集》卷中:“京下忽阙见钱,市间颇皇皇。忽一日,秦会呼之一镊工栉发,以五千当二钱犒之。”洪迈《夷坚乙志》有篇题《成都镊工》。《永乐大典》所录旧理发业经典《净发须知》三卷所载,至为确切。如卷上载,净发处士(即理发匠)“肩搭红巾,艳色照人金闪烁;指弹清镊,响声入耳玉玲珑”。是卷又载其盘道问及“镊子有几般名”,答云:“一名镊子,二名唤头。”可知其“指弹”的“清镊”,亦即“唤头”,至迟于明季已流行其制。《燕市货声·工艺·剃头匠》所说,其“挑担,手执铁唤头,行划之”,一仍明代之行业习俗。

再如《净发须知》所载:

须摘一名钗捧唤头儿,行路过桥行院门前终不响。铒子口,手中口,随身口。分明带得走,途中口岸头。市井头,街坊头,真个任从游戏耍,才方敲动,端然做得百般声。手里拈来,真个堪为十样使,或作金鸡报晓,或作

① 原载《寻根》1997年第2期。

龙凤娇声,或作黄莺调舌,或作孔雀弹经,或作蝉声摇曳,或作鹦鹉报鸣。引出佳人美女,整出容貌稀奇。引出僧人落发,剃了恰似菩提。引出小儿来剃,端如弥勒下生。仙贤留下唤头儿,小子把来游戏使。

可见,对于游走行业的传统理发业来讲,以其主要的代表性工具“唤头”作为广告招徕,自宋元以来一脉相承。

综上可窥《净发须知》基本内容之一斑。

三、《净发须知》的文本性质、价值及其产生背景

被《不列颠百科全书》的“百科全书”条目赞誉为“世界有史以来最大的百科全书”的《永乐大典》,是一部展示中国古代汉族文化光辉成就的集大成者的旷世大典。那么,作为社会地位一向卑微的行业的民间文献《净发须知》,何以会采辑入皇家百科全书《永乐大典》,堂而皇之地登上这个大雅之堂呢?究其实,主要是由其性质以及提供给采辑编纂者的可能视点所决定的。

《永乐大典》所载书籍文献以宋元时期的著作居多,《净发须知》乃其一种。近代学者文廷式《纯常子枝语》卷二十记述《永乐大典》所辑《净发须知》云:“《永乐大典》卷一四一二五‘剃’字韵下,有元人《净发须知》二卷,乃薙匠书也。有帝王剃发及各色人剃发祝祠(词?),鄙俚可笑,惟中有《大元新话》云:‘按大元体例,世图改变,别有数名,还有一答头,二答头,三答头,一字额,大开门,花钵蕉,大圆额,小圆额;银锭打索,绾角儿打辫;绾角儿三川钵浪,七川钵浪,川著缒儿,云云。盖元时薙发,与今制异。今时幼孩初留发时,亦有各种不同。至成丁后,则皆薙前半发,留后半发。日本人以为,一半类僧,理或然耶。《法苑珠林》卷十剃(原字形为“鬄”)发部引佛本经云,须曼那华化作净发人,是‘净发’二字所本。又元至元二年,《敕修百丈清规》卷五云:‘选日既定,则隔宿剃头,顶心留发。’注云:‘名曰周罗,梵语周罗’,此云小结也。余谓花钵蕉,盖即‘小结’之类。”文氏此论,可发现两种信息。首先,则是说《净发须知》“乃薙匠书也”,言其性质当是业内用书;其次,认为书里记述了元代梳剃发饰习俗。

事实上,有文献显示,是书记述的是宋元时期的梳剃习俗和发饰习俗。例

如,《清语老乞大》卷六十《我引着你买些零碎的货物》记载了当时人们置买的日用杂品种,即包括黄杨木梳子各一百个,粗篦子、细篦子各一百个,剃头刀一百把,剪子一百把等梳剃用具,直接反映出当时民间理发习俗。《原本老乞大》和《老乞大谚解》有段完全相同的对话文字:

我引着你买些零碎的货物。红缨一百斤。烧珠儿五百串。玛瑙珠儿一百串。琥珀珠儿一百串。玉珠儿一百串。香串珠儿一百串。水晶珠儿一百串。珊瑚珠儿一百串。大针一百帖。小针一百帖。镊儿一百把。苏木一百斤。毡帽儿一百个。桃尖棕帽儿一百个。琥珀顶子一百副。结棕帽儿一百个。面粉一百匣。绵胭脂一百个。腊胭脂一百斤。牛角盒儿一百个。鹿角盒儿一百个。绣针一百帖。枣木梳子一百个。黄杨木梳子一百个。大篦子一百个。密篦子一百个。斜皮针筒儿一百个。大小刀子共一百副。双鞘刀子一十把。杂使刀子一十把。割纸细刀子一十把。裙刀子一十把。五事儿十副。象棋十副。大棋十副。双六十副。茶褐栾带一百条。紫绦儿一百条。压口荷包一百个。剃头刀子一百把。剪子一百把。锥儿一百个。秤三十连。等子十连。那秤等子都是官做的。秤竿秤锤,毫星秤钩子,都有。

记述所及,包括“镊儿一百把”“枣木梳子一百个。黄杨木梳子一百个。大篦子一百个。密篦子一百个”,以及“剃头刀子一百把”等梳剃“动使”(器具)。这一点,恰可与稍晚于此的《遵生八笺》所记相互印证:诸般梳剃器具不仅仅是梳剃匠人的“动使”,也是时人日常生活所常备的日用器具。梳剃是时人日常生活所习以为常的卫生与化妆习俗。或言之,“篦头绞面”已经是一种日常生活习见的美容方式。如元话本《金海陵纵欲亡身》所记:

贵哥走到厅上,分咐当直的去叫女待诏来,“夫人要篦头绞面”。当直的道:“夫人又不出去烧香赴筵席,为何要绞面?”贵哥道:“夫人面上的毛可是养得长的?你休管闲事!”当直的道:“少刻女待诏来,姐姐的毛一发央他绞一绞,省得养长了拖着地。”贵哥啐了一声,进里面去了。不移时,女待诏到了,见过定哥。定哥领他到妆阁上去篦头,只叫贵哥在傍伏侍,其余女使一个也不许到阁上来。女待诏到得妆阁上头,便打开家伙包儿,把篦箕一个个摆列在桌子上,恰是一个大梳,一个通梳,一个掠儿,四个篦箕,又有别子剔帚,一双簪子,共是十一件家伙。才把定哥头发放散了,用手去前前后后,左边右边蒲朘摸索,捏了一遍,才把篦箕篦上两三篦箕。

《金瓶梅词话》第五十二回西门庆理发的场景写道:

西门庆坐在一张京椅儿上,除了巾帻,打开头发。小周儿在后面桌上铺下梳篦家活,与他篦头栉发。观其泥垢,辨其风雪,跪讨赏钱,说:“老爹今岁必有大迁转,发上气色甚旺。”西门庆大喜。篦了头,又交他取耳,掏掏身上。他有滚身上一弄儿家活,到处都与西门庆滚捏过,又行导引之法,把西门庆弄得浑身通泰,赏了他五钱银子,交他吃了饭,伺候与哥儿剃头。

梳剃美容的商业化消费,推动着梳剃业的发达、活跃。明代陈所闻编辑的《北宫词纪》卷三辑有元人汤舜民一首散曲《赠钱塘镊者》,描述当时的理发匠的从业活动:

【北南吕一枝花】三万六千日有限期,一百二十行无休息。但识破毫厘千里谬,才知道四十九年非。这归去来兮,明是个安身计,人都道陶潜有见识。谁恋他花扑扑云路功名,他偏爱清淡淡仙家道理。

【梁州】打荡着临闹市数椽屋小,滴溜着皱微波八尺帘低。自古道善其事者先其器。雪锭刀揩磨得铦利,花镔镊抟弄得轻疾,乌犀篦雕镂得纤密,白象梳出落得新奇。虽然道事情修一艺相随,却也曾播芳名四远相知。剃得些小沙弥三花顶翠翠青青,摘得些俊女流两叶眉娇娇媚媚,镊得些恍郎君一字额整整齐齐。近日,有谁?闲遥遥寄傲在红尘内,虽小道莫轻易。也藏着桑拓连村雨一犁,到大便宜。

【尾声】从今后毕罢了半窗夜月樗蒲戏，洗渲了两袖春风蹴踘泥，兀的般自在生涯煞是伶俐。你觑那蝇头利微，也须是鸡肋味美，不承望陈七子门徒刚刚的快活了你。（原载《北宫词纪》；《全元曲》卷七）

《净发须知》以其作为伎艺人演出脚本（话本）的文学作品属性被采辑进《永乐大典》，同时还有编纂《永乐大典》当时关于梳剃习俗，以及相关时尚作为编纂者生活知识和视野所及的社会背景。其中，主要是梳剃已在明代成为一种卫生保健常识，一种生活习俗和时尚。明代高濂的《遵生八笺》，是中国历史上著名的养生学经典著作。《遵生八笺·压尺》既历数了书房客厅常备的文具文玩，还开列出了"内藏抽斗"中的镊刀、指锉、消息、挖耳等日常梳剃器具：

有玉作尺，余见长二尺，厚六分，阔一寸五分者。人云"尺璧为宝"，然玉有径二三尺者一时可见，有二尺长玉如意，三尺六寸长玉剑，皆奇货也。有玉碾双螭尺，有以紫檀乌木为之，上用古做蹲螭玉带、抱月玉兔、走兽为钮者。又见倭人鎏金银压尺，古所未有。尺状如常，上以金鎏双桃银叶为钮，面以金银鎏花，皆绦环细嵌，工致动色。更有一窍透开，内藏抽斗，中有刀锥、镊刀、指锉、刮齿、消息、挖耳、剪子，收则一条，挣开成剪。此制何起？岂人心思可到。谓之"八面埋伏"，尽于斗中收藏，非倭其孰能之？余以此式令潘铜仿造，亦妙，潘能得其真传故耳。论尺无过此者。有金银石嵌秘阁、界尺、图匣、文具等物，终是不雅。有竹嵌尺傍四转，内以黄杨、乌木、紫檀、象牙，挽嵌如意，形制虽工，久则必败。

而且，在文人雅士自行设计的用作出游携带的"备具匣"中的"文具"，也包括诸般日常梳剃器具。亦如《遵生八笺》卷八《备具匣》所载：

余制。以轻木为之，外加皮包厚漆如拜匣，高七寸，阔八寸，长一尺四寸。中作一替，上浅下深，置小梳匣一，茶盏四，骰盆一，香炉一，香盒一，茶盒一，匙箸瓶一。上替内小砚一，墨一，笔二，小水注一，水洗一，图书小匣一，骨牌匣一，骰子枚马盒一，香炭饼盒一，途利文具匣一，内藏裁刀、锥子、挖耳、挑牙、消息，又修指甲刀、锉、发剅等件。酒牌一，诗韵牌一，文诗筒一：内藏红叶或笺以录诗。下藏梳具匣者，以便山宿。外用关锁以启闭。携之山游，似亦甚备。

另有明文震亨《长物志》卷七《梳具》亦载："（梳具）以瘿木为之，或日本所制。其缠丝、竹丝、螺钿、雕漆、紫檀等，俱不可用。中置玳瑁梳、玉剔帚、玉缸、玉合之类，即非秦汉间物，亦以稍旧者为佳。若使新俗诸式阑入，便非韵士所宜用矣。"

《永乐大典》辑本《净发须知》采自宋代文本。这一点，在今所见这个文本的本身即留有诸多语料实证。例如，《净发须知》中的宋代市语语汇和见于禅宗语录，是其原本出自宋代的语言痕迹——语证。

"动使"，即器具、用具。宋吴自牧《梦粱录·正月》："街坊以食物、动使、冠梳、领抹、缎匹、花朵、玩具等物，沿门歌叫关扑。"宋孟元老《东京梦华录·会仙酒楼》："常有百十分厅馆动使，各各足备，不尚少缺一件。"《古今小说·宋四公大闹禁魂张》："宋四公取出蹊跷作怪的动使，一挂挂在屋檐上。"亦作"动事"。宋吴自牧《梦粱录·民俗》："或有新搬移来居止之人，则邻人争借动事，遗献汤茶，指引买卖之类。"又《梦粱录·四司六局筵会假赁》："如富豪士庶吉筵凶席，合用椅桌，陈设书画，器皿盘合动事之类，则顾唤局分人员，俱可完备，凡事毋苟。"

同时，"动使"和采耳器具"消息"，均为宋代即已使用的市语语汇。宋周密《武林旧事》卷六《诸色伎艺人》，在历数御前应制、御前画院、棋待诏、小说、影戏、唱赚、杂剧、弹唱因缘、唱耍令、踢弄、傀儡、乔相扑、散耍、吟叫、放风筝、烟火、说药、捕蛇、七圣法等五十余种技艺的代表性艺人之末，则记述了陆眼子和高道两位"消息"技艺人。

又如宋西湖老人《西湖老人繁胜录·诸行市》有"京都有四百十四行，略而言之：闹慢道业、履历班朝、风筝药线、胶矾斗药、五色箭翎……细扣子、闹城儿、消息子、揪金线、真金条、香饼子、香炉灰、打香印、卖朝报"等，此处说的是作为采耳器具的“消息子”。

对此,王利器先生曾据《纯常子枝语》卷二十所转引的《净发须知》文本,作有仔细的考证论析①:

《纯常子枝语》云:“惟中有《大元新话》云:‘按大元体例,世图故变,别有数名,还有一答头、二答头、三答头、一字额、大开门、花钵蕉、大圆额、小圆额、银锭打索、绾角儿打辫、绾角儿三川钵浪、七川钵浪,川著缒儿,云云。’”大抵相同,此真元人书也。孟珙《蒙鞑备录》云:“上自成吉思汗,下及国人,皆剃婆焦,如中国小儿留三搭头在额门者,稍长则剪之。在两下者,总小角垂于肩上。”所言“婆焦”,即此之“钵椒”也,《永乐大典》又作“钵蕉”,皆对音无定字故耳。又余所见明崇祯己卯(十二年)张国维序刻本《郑所南心史》卷下《大义略叙》云:“鞑主剃三搭辫发,顶笠穿靴。……三搭者,环剃去顶上一弯头发,留当前发,剪短散垂,却析两旁发垂绾作两髻,悬加左右肩衣袄上曰不浪儿,言左右垂髻,碍于回视,不能狼顾。或合辫为一,直拖垂衣背。”《心史》所言“不浪儿”,即此之“钵浪”也。《水浒全传》第二十四回有云:“奴家生平快性,看不得这般‘三答不会痛,四答和身转’的人。”明乎此,则知“三答不回头,四答和身转”之语义所在,且得知此种发式为生活中习见事物,故流为俗谚,并于“三答头”之外有“四答头”也。

再如有的研究者注意到,《净发须知》“从内容上看,文中主要叙说梳剃及有关方面事情,并保存了净发技艺人卖艺时应遵循的一些程式,是带有条规性的文件。考卷下题有‘大元新话’,其中云:‘按大元体例,世图改变,别有数名。’又卷上《大行程诗话》有诗云:‘师长到此好行游,不知行到哪军州?’军,是宋代设置的地方行政区划单位,则《净发须知》一文当是元时净发技艺人在宋人编本的基础上重新编定的,其中涉及风俗、演艺等情况,多能在宋人载籍中得到印

① 《晓传书斋读书杂志·净发须知》,王利器:《王利器论学杂著》,北京师范学院出版社1990年1月版,第480—482页。

证”;同时,“还是净发社伎艺人员说话表演时用的脚本”①。由讲唱艺术衍生出来的一种文学体裁,“话本”小说与讲唱艺术一脉相承,自然留有十分清晰的讲唱艺术的语言痕迹。《永乐大典》之所以采辑收录《净发须知》,首先在于其本身作为小说话本这个基本属性。

除《武林旧事·社会》记载当时的临安(杭州)有“净发(梳剃)社”组织外,宋西湖老人《西湖老人繁胜录·诸行市》还特别细微地将“促头消息”演出列为众伎艺行当之一种:

> 十三军大教场、教奕军教场、后军教场、南仓内前、权子里贡院前、佑圣观前、宽阔所在扑赏,并路岐人在内作场,行七圣法,切人头下卖符,少间依元接上。水田食敖饯子,吞剑,取眼睛,大裹捉当三钱。教鱼跳刀门,乌龟踢弄,金翅覆射斗叶,猢孙老鸦下棋,腊觜舞斋郎,鹌郭弩教能使捧相扑。王宣弄面,打一丈方饼。唱涯词只引子弟听,淘真尽是村人打硬底,擘破铁橄榄。戾家相扑猎户,卖山风药铺虎皮、虎头、虎爪,黄显贵没眼动清乐,林遇仙圣花撮药,天武张石球,花马儿掇石墩,廊介酒李一郎,野呵小说,处处分数别,亦有促头消息。扑弄个爪涨上桃,婺州角儿。孟秋行幸,同前。

有研究者注意到,“就连净发社梳剃行,也有专门的话本,如现存于续印《永乐大典》卷一四一二五的《净发须知》,卷下即明标‘大元新话’。话本分上、中、下三卷,字数达一万三千四百余言”②。认为《净发须知》是“净发社伎艺人员说话表演时用的脚本”,此为是书的基本属性之一,也是其之所以被采辑进入《永乐大典》的最直接的缘由。但考其文本性质,首先在于它是梳剃业出于行业生计需要,形成了民间传抄的行业行事规范秘本;其次才是在前两项前提下并以其为素材和题材创作出市井演出的脚本,进而成为一种伎艺行当、艺术品类。构成这两者的前提,则是商业性的梳剃消费需求促生了梳剃业发展。

---

① 邓子勉:《〈净发须知〉、净发社及其他》,《中国典籍与文化》1998 年第 2 期。

② 冯保善:《宋人说话家数考辨》,《明清小说研究》2002 年第 4 期。

因《永乐大典》的采辑而得以保存流传的《净发须知》，对于后世来说，其意义则要比当初丰富许多，也与其当初得以被辑入《永乐大典》的“身份”重要许多。首先，是社会史的意义，保留了一份历史上迄今最早的、最为丰富的，也是相对最为完整的中国理发业行业行事规范文件；其次，是一份独具行业特点的小说话本文本的文学史意义；最后，则是当时市井文化娱乐生活形式与情景等社会文化的一份实证文献的文化史价值。

【附】《净发须知》校点整理本全文

《净发须知》　佚名　著　雅俗轩校点整理

《永乐大典》卷之一四一二五　四霁　剃　剃法

【说明】段落为整理后编次，但次序依旧。点校之校注随文标示，语词注释置于页下注。

《净发须知》上卷

罗真人活计，陈七子家风。

净发处士大阐城子论

梳云为活计，削月作生涯。非夸学识精专，自得神仙快乐。优游闲散，坐间皆明月清风；辣浪疏狂，歌处总阳春白雪。参禅学道，和曲填诗。手艺独擅无双，至当归为第一。瑗梳掠鬓，横新月之弯弯；宝刃整容，讶寒霜而肃肃。会整红颜不老，能梳绿鬓长春。整顿粉容，眉赛三春绿柳。削开粉面，脸如二月红桃。缴龙耳，摘①龙须，曾对君王施妙手。圆僧顶，落僧发，尝经佛子整慈容。这工夫，通圣通凡；问来历，有宗有祖。世尊释氏，度阿难乃摩顶之初，仙圣罗公传七子，乃发端之次。后学者莫不是神仙弟子，做作处果然道行家风。人物不凡，

① 原作"摘"字形，径改作"摘"。下同。

风流倬相，利颊怜牙难比，并锦心绣口不寻常。白曲吟诗，曾在勾栏为活计。追欢买笑，每游烟粉度生涯。攀陪公子王孙，穿无限花衢柳陌；管伴佳人美女，撰几多明月清风。肩搭红巾，艳色照人金闪烁；指弹清镊，响声入耳玉玲珑。道人口授，直从洞里离神仙。七子亲传，常在丛中消日月。生涯安分，不理是和非；光景磋跎，休争人共我。休加妄动，落得清闲。粉面剃时，使娇美更添娇美。木梳掠处，教精神又爽[奕?]精神。使钱都使倬家钱，每常撒馒；游者共游浮浪者，总是知音。结托相知，攀陪行院，遇买茶使一片唇枪舌剑。逢知识用满面春风，辨得欺跷，有些能解，参侍得来总是老郎师父。招邀出去，每同神首排头，深学浅淘。见识到社家行径，逢场作戏，几番去问道参禅。动使把头，都管道篦推，第一。功夫结尾，珠声清耳羡无双，皮制镊钗袋称如意。更连十件，各有异名。照子二尊，闪烁团圆秋月皎。镊儿三位，玲珑清彻晚蛩吟。四加荡石取锋芒，五是帮皮锋粉瓦，六数古须盛水，七添眉子威严。八有蜂腰，更称燕尾。[帮榜]九般鐓子①，并号黄龙。木梳撩乱爽精神，宜该第十。凤凭豁惶消息好，排过五双。道自仙传，到处总一般称号。艺从师得，传来有几样安排。髻发绾梳，巧妙敢施真手段，鬓毫鐓摘，轻奇果有好功夫。士贵门应副有功，僧道院供需无失。古人有言达者为先，他时等待金马门，指日降颁丹凤诏。

动使出处

问：刀是甚人置？答云：释迦如来置。

问云：摘是甚人置？答云：孙膑先生置。

问云：照子甚人置？答云：玄宗皇帝置。

问云：木梳甚人置？答云：月宫嫦娥置。请得鲁班亲手整，留在世间解青丝。

问云：发禄夹排甚人置？答云：判龙将军置。

---

① 鐓子，鐓刀，去耳毛的工具之一。元代《朴通事谚解》写作"铰刀"："将那铰刀、斡耳捎[消]篦来，掏一掏耳朵。"常见之另一种去耳毛的工具为"缴"（生丝线）。如《缴线诗》所谓"两指交加拈一线"之"缴"。

问云:手巾甚人置?答云:龙女置。把龙须织成。

问云:水盂甚人置?答云:东海龙王置。

问云:剪刀甚人置?答云:须弥王置。

问云:竹篦甚人置?答云:叶靖先生置。

问云:鐓子甚人置?答云:劝觅先生置。

问云:耳撞甚人置?答云:珠矾小娘置。

问云:滴水甚人置?答云:判龙将军置。

问云:磨石甚人置?答云:悬壶先生置。

问云:镝是甚人置?答云:陈七子置。

问云:夹板甚人置?答云:胡提先生置。

又问:刀为小青,鐓为书子,手巾为都捆,木梳为缘聚,水盏为珠龙,剪刀为卧虎,滴水为滑龙,竹篦为净耳,为玲珑,又为开。石为双头,又为见降。夹板为玄座。

问刀镊

问云:你道面有几路刀?答云:剃面有三路刀,由在人能排布。

问云:哪为天门?哪为地户?剃面哪里是面?答云:男女左右鬓,却为开天门。项下却为闭地户。眼下三分是剃面。

问云:仙刀十二般,后来三十六福子。为敢问师父刀从何落?答云:太阳起,太阳落。

问云:你刀有几路上?几路下?几路翻?几路覆?答云:我使刀时有三路上,四路下,两路翻,四路覆。

问云:几路直?几路横?答云:六路直,六路横。

问云:共有几路刀?答云:六六三十六路刀。

问云:几路正?几路快?答云:六路正,四路快。

问云:眼下三分,名作甚么刀?答云:眼下三分名作三寸刀。

问云:额上八路,名作甚么刀?答云:额上八路,名作八仙聚会刀。

问云:眼下掠刀,名作甚么刀?答云:名作仙人归洞刀。

问云:面上四路上,四路下,名作甚么刀?答云:名作流星刀。

问云:耳珠上名作甚么刀?答云:名作朝天刀。

问云:耳叶上名作甚么刀?答云:名作仙人下山刀。

问云:覆剃名作甚么刀?答云:名作仙人巡山刀。

问云:耳后名作甚么刀?答云:名作关门刀。

问云:耳内名作甚么刀?答云:名作八峰游岩刀。

问云:刀是甚人置?铁是甚人裁?答云:刀是释迦佛灵山会上剃十代弟子得刀一柄,剃落青丝发,弟子今传在世,万古流传。南山置炉,北山出铁,火炼成钢,匠人把在手中,磨炼如霜。

问云:要知刀镊出处何年起?答云:五伤二年七月十三日,共释迦佛往灵山会上说法之时,因此刺火得刀一柄。在玄宗手内。

问云:镊刀因何有三口刀?因何有两刃?一半在拳,一半在手,分四时有声。

镊子有几名,镊子当来甚人置?甚人收得送玄宗?答云:铁是元阳殿出,无极世尊收,李广元来会,盘古仙人送玄宗。

问云:刀有三角,敢出哪上?刀镊有三口,哪为第一?镜有四面,哪为第一?答云:刀有三角。镜为第二。镜有四面,日月第一。

问云:靠甚为师?甚为父?答云:以水为师,石为父。水石相逢,乃为师父。

问云:水从哪里来?石从哪里得?答云:石是海内将军传出,浮水岩前出,本师罗隐亲收得,奉劝当行休要秘,此是神仙指教得。

行院应答

问几时离家?答云:除了当行,都是戾家。

问云:今日要行哪里路?答云:卯时出门,酉时相随。日月走东西,三十六行游遍了。将身随我本师归,不觉中途逢着你。言声叫道我是谁,或则姓罗,或则姓李,来问因由便说向你。诗云:罗真住江东,七岁学艺通。丙戌年中起,刀镊动玄宗。日日好游街市上，朝朝常绕郭城中。今日先辈来问我，此人便是我先翁。

问云：几人同行？答云：有三人同行。

问云：是双行单行？答云：双行。

问云：人口重？答云：只成七八分里。

问云：不成七八分外？又问云：船行步行？答云：船行西半。

问云：门里师门外师？答云：卖子成父争。

问云：拜甚为师？答云：水石为师。

问云：水深几丈？石重几斤？答云：水无丈尺，石无斤两。

问云：刀有几刃？答云：刀有两刃。

问云：何为两刃？答云：阴阳两刃。

问云：刀有几眼？答云：刀有三眼。

问云：何为三眼？答云：一为刀眼，二为凤眼，三为佛眼。

问云：刀有几快？答云：刀有三快。

问云：刀何为三快？答云：刀快，手快，眼快。

问云：刀有几不剃？答云：你醉不剃，我醉不剃，晚了不剃。

问云：开眼磨刀？答云：闭眼磨刀。

问云：师父把刀几年？诗答：若问把刀得几年，磨却江南几片砖，使尽黄河多少水，走尽江湖不记年。

问云：师长哪里来？答云：荷花山上来。

问云：何为荷花山上来？诗答：荷花悠悠绕水头，自小为人学剃头；三岁哥哥也剃面，四岁哥哥也剃头。

问云：师长哪里去？诗答：白云去了紫云来，方有神仙降下来。身着挑包手把镊，口里喃喃叫道哉。也会烧丹并炼药，神仙刀镊去游街。

问铒①子源流

问:铒子哪里响?答云:有名到处响。

问云:铒子哪里鸣?答云:到州州里鸣,到县县里鸣。

问云:铒子几不打?答云:镊子三不打。

问云:如何三不打?答云:第一过本行面前不打,第二过神庙前不打,第三过桥不打。

问云:如何不打?答云:过本行店前礼数不专不敢打,过神庙前恐惊鬼神不敢打,过桥恐惊吓海龙王不敢打。

问云:镊子有几般名?答云:镊子有十七名。

问云:如何有十七名?答云:一名镊子,二名唤头,三名锡器,四名闹街,五名呾子,六名螺蛳头,七名杖鼓头,八名马鞭节,九名净瓶儿,十名宝座,十一名玉丁,十二名如意头,十三名剑迹,十四名剑尾,十五名孩儿肚。

问云:如何只有十五名?更有二名?答云:师长道时我也道,一名□□[原即空缺无字],二名元宗,三名忌讳未敢说。

问:铒子有几口?答云:铒子有三口。

问云:如何有三口?答云:一名皇帝剑口,二名龙口,三名虎口。

人问诗:响镊玲珑百事新,朝朝日日见真情。不知响镊何人置?相烦师长说原因。诗答:响镊声高处处新,行尽诸州见尽人。昔日三皇并五帝,如今传度几千春。

小行程问答

问:十二件本事,哪个为上?哪个为下?答云:撩箭为上,帮皮为下。

问云:撩箭有诗?答云:有诗四句:半鸟半白两头尖,生在深林呈献身。闲

① 全书之“铒”字,疑均系“镊”字之误写。

时插在青草里,急速拏来顶上分。

问云:帮皮有诗?答云:有诗四句:说道帮皮软如绵,帮起金刀整少年。祖师说下人不识,生在青龙左胁边。

问云:十二件本事,哪个打头?哪个打尾?答云:磨石打头,镊子打底,水打尾。

问云:开眼磨刀?闭眼磨刀?答云:闭眼磨刀。

问云:拜甚人为师?甚人为父?答云:磨石为师,水为父。

问云:刀子有几分快?答云:刀子有十二分快。

问云:如何为十二快?答云:人有三分快,口有三分快,手有三分快,刀子有三分快,共十二分快。

问云:你刀子有几角?几层?几眼?答云:刀子三角,两层,两眼,两刃。

问云:且问你崖高几丈?地阔几方?答云:崖高无丈数,地阔无有方。

问云:且问你肯隔哪里剃面?答云:肯隔须弥山剃面。

问云:剃面有几路刀?答云;剃面有三十六路刀。

问云:快分三十六路刀?答云:六路上,六路下,六路横,六路直,六路翻,六路覆,六六三十六路剃面。

问云:镦耳有几负?有几泊有几定?答云:镦耳么还有两负,须用三光两定,耳用两员。一眼光,二外光,三耳光,一脚定,二手定。

问云:你祖师陈七子、罗真人当在衢州,亲度得一人姓甚?答云:祖师陈七子、罗真人当在衢州,亲度得一人姓李,名为处士,流传后代,遍行天下,梳剃为活。诗曰:三尺栏盘搭左肩,天下云游是散仙。

有人问我攻何艺,会整红颜悦少年。又云:一要惺惺伶俐,二要眉目分明,三要口谈舌辩,四要出言尊至,五要经师稍学,六行院皆喜,七识得本事,八明智信行,九手段周圆,十轻梳细剃。

大行程诗话

四海闲游十二春,今朝方可遇行亲。未说本事并手艺,且说行程出入因。

住居城郭，长在街坊。不学买卖营生，只靠罗陈手艺。非为夸逞门庭，又学剃面为生计，不是虚言。曾得老郎指教，自小伏事家门，士宦通闲。剃面时刀不乱剃，梳头后篦不乱行。真个是篦处无纤毫漏落，拂梳即不虚花，有分数样角，有数名，有二正面角，须要团圆角，娥梨搭角。又名网罗角，名数无尽期。且说剃眉多样，掉刀眉，鲍老眉，柳叶眉，新月眉，八字眉，都分两下。能令玉女添娇，会使苍颜不老。剃刀手中使时，隔拂第耳时，一似风卷露，一条铜筋点眼成凉，解使聪人听事，只凭取出耳中钉，全可篦除头上垢。渍言薄艺随身手，作轻微曾得□[原即空缺无字以示尊敬]皇玉宣诏。

诗曰：自小经师学剃头，师父今日问踪由。先学磨刀后打镊，十分精细往他州。能剃僧头并罗汉，会剃胎发与胡须。剃眉八字分柳叶，掉刀鲍老最为娇。

诗曰：黑云聚散白云开，一朵仙花空里来。今日得违师长面，请当小弟一杯茶。

又诗答：茶留三岛客，汤待五湖宾。都是罗家子，何须问元因。学艺学罗真，从师艺本专。曾师陈七子，今是五千年。饥则食松柏，闲来会八仙。优游三岛客，独棹五湖烟。本艺传来是八仙，通流今古几千年。休道世间无敌手，且容师父问源流。

问云：茶分几枝？茶分几叶？茶有几名？住在何方？甚人得吃这仙茶？答云：茶分数[“数”，原文作“几”，显误，径改]枝，茶分数叶，枝枝生叶，叶叶生花。住在蓬莱，仙人留下。天子接来，行院得吃。

问诗曰：师长到此好行游，不知行到哪军州？住在甚州并哪县？有甚明师到此来？答诗：南州走遍北州游，三千里外也曾游。七千草镇留踪迹，无过刀铒最风流。

问诗：因甚出来学剃头？刀铒传来得几秋？你拜甚人为师父？甚人与你置行头？答诗：晚进当行不识羞，俺自学来知几秋。曾拜神仙为师父，罗真与我置行头。

问诗：你今行来到此间，未知高下不盛尊。敢请你门归茶座，十二动使把来看。答诗：行尽天涯并海岸，只把行头为侣伴。来到贵州来恭参，动使何须与你看。

又答诗:自小元来学剃头,撞见村人问因由。相你只是卖柴汉,恰似弹琴对水牛。

问动使诗曰:我问处士三五言,十二动使哪为尊?照头元是甚人置?拦盘元是甚人安?甚人为你揩磨洗?甚人安排在哪边?本师元是甚人做?祖师元是甚人传?

答诗:有劳处士三五言,要将本事说根源。照头元是李靖铸,拦盘元是我师安。众人与我揩磨洗,万古流传在世间。

又问诗:处士回头我问你,每日何处作经纪?拜得甚人为师父?四海之中不见你。

问云:头戴甚人天?脚踏甚人地?背靠甚人山?口吃何方水?手持甚物?座下甚底?

答云:头戴阿修罗天,脚踏盘古仙人地。背靠乾巽之山,口吃五方之水。手持蔚云物,座下有五角毒蛇。为你言说,子细断处。

问云:要知刀镊出处,不知何年起艺?答云:五伤二年七月十三日在灵山会上说法,因此置刀一柄。

问云:刀是甚人置?铁是甚人裁?答云:刀是释边佛在灵山会上说法之时,置下刀一柄,今古流传,南山置炉,北山出铁,火炼成钢,置处士手中,磨炼如霜。

镊钗诗:三尺牛皮作镊钗,仙人留下有名来。都管动使十二件,从头一一与君排。

刀诗:一柄宝刀刃如霜,仙人分付与本行。借问造时是宝铁,巧匠锻炼使纯钢。

手巾诗:四尺龙须作手巾,将来拂掠待贤宾。此布不是非凡布,天真刹女赠罗真。

鐓刀诗:鐓刀方说刃如霜,转转如风实不常。铁插试将街市去,官人哪个不传扬。

消息诗:耳作蝉鸣似有琴,身无气脉不通风。妙手精玄轻一镊,教人快乐自玲珑。

木梳诗:木为梳子世间稀,上界婆婆第一枝,嫦娥却将来整发,五色云光散紫微。

十二件动使总诗：皮总铒钗为第一，摘子玲珑第二般。盘里取刀第三［“三”，原文作“二”，显误，径改］件，镜子名为第四般，堪将粉石为第五，掩水后鬓第六般，第七名为金镦子，把剪交加第八般，牛皮帮皮为第九，解乱木梳第十般，十一名为凤凰尾，耳内将来十二般。

又诗：都总铒钗为第一，弹家水刷第二般，玲珑铒子第三件，背后取刀第四般，第五呼为金铒子，第六住在岩崖山，日月粉瓦为第七，解乱呼为第八般，两刃交加第九件，金镦名为第十般，十一声声凤凰忍，十二蝉鸣耳内安。

排十二件动使诗

镊钗第一：镊钗初置自罗真，四海排来第一人。元是轩辕亲妙手，其中浪刻应时辰。

镜第二：团团似月绝纤尘，士女才拈便现身。问我风光游四海，知人肥瘦白红颜。

镊子第三：打镊奇巧自丙丁，玲珑巧样合精神。才方打动几般响，到处闻声便识名。

刀第四：柄按四寸刀三角，利耀风霜色带金。惜岑修眉成耀相，人贪美貌爱相寻。

水盂第五：水盂当日出波心，贮得沉檀水便香。付与溪人皆得用，乌峰石畔遇龙王。

梳第六：梳子当初使得他，或使娑婆与象牙。付与世人通理发，流传仙客作生涯。

篦第七：丝缠竹齿最绸缪，解上娇娥贵士头。理发成丝能去垢，得人清爽爱取留。

磨石第八：生在岩崖石洞边，得来此片自神仙。可磨宝剑诸般刃，起利明光到处传。

剪子第九：蜂腰燕尾用时开，弯弯曲曲巧身材。莫言剪断青丝发，红锦绫罗也会裁。

鐓第十:金眼银身如鹤觜,入耳衔传旋旋归。会使凡人听聪远,更能轻手巧心机。

撩乱第十一:或使银牙作此般,绸缪巧利十分全。从他乱发都能解,快活人头插两边。

消息第十二:形如箭撞似鹤毛,细软由能入耳曹。响镊相依似蝉噪,得人清爽意惶惶。

问钼钗答诗:四片龙皮作钼钗,十二仙人里面排。道还问我吾宗祖,元是罗真置下来。

鹧鸪天:钼钗起致自罗真,七子初传本姓陈。仙艺不凡奇手段,道篸结束把头名。双六伴,若珠珍,个中色色有来因。若能会得真消息,便是江湖物外人。

又:始自罗真所置时,钼钗如意用犀皮。两边搭飒承当得,二六条料任便披。堪造作,妙施为,轻轻拈起百般宜。有人识得机关透,名姓从教四海驰。

问盝子出处诗:略问师长三两句,盝子元来甚么树?哪个神仙置下来?里面藏得甚家事?

答诗:盝子元使黄杨树,鲁般仙人亲手做。本是罗真置下来,十二散仙里面住。又诗答:说着盝子是黄杨,鲁般做得两头方。本是罗真亲置下,十二神仙里面藏。

又问诗:拦盘元是甚人置?水刷元是甚人穿?盝子元当有几层?几位神仙里面安?

答诗:拦盘元是罗真置,水刷元是鲁般穿。盝子元当有四层,十二神仙里面安。

问云:按甚经典?答云:却按四时八节、十二时辰。作箱有三名:一名作箱,二名药箱,三名经箱。诗曰:月里娑婆树,蟾宫第一枝。狂风吹落地,鲁般作箱儿。又诗:作得箱儿四角方,十二神仙里面藏。内中常有拦盘镜,罗汉借与作威光。

说道篮:一名道篮,二名药篮,三名胡礼篮。诗曰:天竺将来作道篮,仙人都来里面藏。曾在云山赴仙会,众人从里整容光。又诗:吕公卖墨竺篮儿,陈公处士借几时。留与世人皆得用，不是行院怎敢携。

鹧鸪天：都管篓篮本道，三千世界总包承。竹丝巧织翔龙凤，刀镊光寒凛雪冰。时样好，古今兴，神仙能解罕人能。持来廛市抅拦①过，处士先生作辈明。

说镜：说此镜，得人怕，闪烁光明照天下。似月团圆不曾昏，十二星辰按背下。或时收，或时挂，照见颜容长不谢。不因洞宾赐我时，怎得在此门前挂。

鹧鸪天：好把青铜铸泻全，团团秋月皎当天，收藏宝匣遮尘俗，每向妆台辨丑妍。会破后，又重圆，乐昌公主好团圆。佳人拂拭当娇面，巧尽娥眉鬓掠蝉。

问镜诗：三十余年海上游，路逢知己但相求。尊兄闲事休相问，照了元是甚人留。

答诗：一把菱花古镜青，整容相貌一齐新。明师指教非凡有，起取当初吕洞宾。

问诗：此物元来一片铜，鍮镕出自巧良工。药来磨出如秋月，照见人颜总一同。

答诗：或有方形或有圆，神仙铸造古今传。光明赛过中秋月，照出蓬莱洞里仙。

刀石诗：住在岩崖碧水波，君王曾把剑来磨。饶君剃落青丝发，无我为头怎奈何。

镦子诗：说着镦子甚堪夸，书筒引出小椒花。是人莫道些儿铁，刀镊门中便用他。

镊子诗：山川取土炼炉成，打镊之时按丙丁。金木水时泥用土，五指弹动一枝鸣。

又诗：一把镊子白如银，高士将来手上轮。师长今日来问我，弹动上有凤凰鸣。

说镊子：镊子潇洒，身材玲珑。格范金花镂错别，翻腾时样巧工夫。银叶阑

---

① “抅拦”，当作“勾栏”。如宋周密《武林旧事·瓦子勾栏》：“外又有勾栏甚多……或有路岐不入勾栏者，只在耍闹宽阔之处做场者，谓之‘打野呵’，此又艺之次者。”又宋章渊《稿简赘笔·河市乐》：“河中在处临河者皆曰河市，如今之艺人于市肆作场谓之打野泊，皆谓不著所，今人谓之打野呵。”

腰,是哲匠良工真手段。双股样银清且洁,一张口是合还开。制自妙工,用由巧匠。手中绕撚,悠扬声绕碧霄空。指上谩弹,滴钉韵和清叮耳。街方过处,把来做响底招牌。鬓须芟时,便是少年容貌。鼻毫轻摘,眼睫相关,这撚儿莫道无功有好处,便教曾褥仙家所置。本来推在第三官,行院得知,直要把为头算件。

鹧鸪天:镊子当来自撚工,唤头异号玉玲珑。芟须改老重年少,声韵教人豁听聪。推位坐第三官,个中别是一家风。每随访道江湖客,响出招牌有大功。铒子元来却有名,有功有角有数声。昔日罗真曾教我,五湖四海尽知名。

问云:敢问先生五湖在哪里? 四海在何方?

答云:沧沧四海,身挂五湖,刀镊为生,从游天下。上至巴河,下至平海。日守江头,月守江尾。又诗:造化炉中打炼成,敲时便作几般声。是人借问真端的,此镊从来十七名。一名镊子,二名唤头,三名闹街,四名锡器,五名弹子,六名螺蛳旋,七名杖鼓腰,八名马鞭节,九名净瓶,十名玉丁,十一名宝座,十二名如意头,十三名剑脊,十四名剑尾,十五名铁里。

问云:道有十七般名,如何只有十五名? 答云:师长道时我也道。

又问镊子:问镊子有几般名? 答云:有五般名。问云:因何有五般名? 答云:一名闹市,二名净街,三名销镊,四名唤头,五名元宗。解一名闹市,为之引倬;二名净街,为之镊子响;三名销镊,为之整容;四名唤头,为之措发;五名元宗,为之开祖。

问弹镊诗:不觉听闻镊子声,问君镊有几般名? 弹时莫向蟾官路,月里嫦娥侧耳听。

粉石诗:两片团团似月圆,仙人留下巧人传。铁中秀气都揩尽,逢刃须还定起先。

又:生在岩崖石洞波,龙王曾把角来磨。饶君会剃青丝发,无我之时怎奈何。

镦刀诗:一把镦刀白如银,铜作眼睛铁作身。他随动口去争战,且归耳内作蝉鸣。

镦耳鹧鸪天:一用镦子刃如锋,二用匙头不见踪,第三挑瘼须还笔,四用鹳鵧取教通。观里面,了然空,真珠撞子顿其中。轻轻敲作蝉声响,六般消息耳内攻。

镦刀诗:七子曾将此艺传,白云深处遇神仙。自从镦了淳王耳,留在人间不记年。镦子一把曲如弓,几度将来在耳中。昨夜三更寻不见,元来东海斩蛟龙。

耳筅诗:三分兔毫在尾头,入人耳内闹啾啾。至老不长三寸短,皱眉缩眼是风流。

撞子:撞子元来不惹风,归时无迹去无踪。未入耳时休闹事,入耳雷鸣一阵风。

问发刀处:久闻师长高难比,因何得到吾这里。莫怪我门先怪问,剃面发刀何处起? 答诗:师长休说高难比,四海云游到这里。呈从盘古分天地,剃面发刀太阳起。

解乱撩篦诗:半乌半白两头尖,生在山中野豕肩,高士拈来为动使,与人掠鬓发平分。

鹳觜诗:鹳觜先时铁作身,红炉打出两边平。道还问我吾宗祖,会作蝉声耳内鸣。

消息诗:凤凰落了一枝鬃,高士取来在手中。此个神仙藏妙用,为人净耳见闻听。

水刷诗:说此刷时按北方,高士曾把紫毫装。上接五湖并四海,恰似九龙吐珠光。

木梳诗:吾今说此木梳儿,元是娑婆宝木枝。姮娥掠上鬓边发,而今正是妆束时。

缴①线诗:两指交加拈一线,我师将来缴粉面。是人莫道为儿戏,刀镊门中第一件。

粉石诗:粉石团团似月容,将来磨石费良工。试挑手上轻轻用,帮得金刀刀似锋。

收手巾诗:七尺龙须作手巾,是谁叫你去拦人。手巾落地千千眼,有眼何曾

① 缴:生丝线或生丝绳。如《列仙传·赤将子舆》"时时于市中卖缴,亦谓之缴父云"之"缴",《孟子·告子上》"思援弓缴而射之"之"缴"。此处所言"缴线",本此,具体则指"镦耳"所用之"缴线"。

识好人。

又诗:一条白龙渡江南,口衔明月照四方。路上逢人皆不识,将来扯破又何妨。

剃和尚头祝香:此一瓣香,价重如山。人多不识,信乎拈来。一文不直,今承当某院。某人沙弥剃头受戒,金炉才热①,宝阁俱临。仰答皇恩,上资佛荫。禅院云集,望作证明。诗云:热起炉中戒定香,消除烦恼得清凉。丛林独有真檀秀,永在空门志法王。

脱帽鹧鸪天:昔日谁将皂染纱,林宗制造富生涯。谪仙露顶推唐李,菊景登高醉孟嘉。时节至,帽休遮,重新换出戴僧迦。自今脱俗离尘垢,莫问桃花与李花。

又诗:青纱帽子称风流,几度明窗取裹头。从此今朝除去却,一齐分付我门收。昔日毗卢去出家,投师拜佛作生涯。当场剃落青丝发,永镇龙宫念法华。几年冠带俗人身,今日缘何得出尘。顶上放光从此始,去除乌帽礼金身。

剪发鹧鸪天:剪发须当举话头,受之父母甚人留。归僧脱俗门徒异,敬佛辞亲释教求。分八卦,又依周,结缠小髻有来由。从教坎位金刀剪,次第祥云顶上游。

又诗:金刀剪发手须轻,剪出南山一圣僧。玉印在身无价宝,身边法重鬼神钦。一剪天地和合,二剪父母生天,三剪自家知慧,四剪本师慈贤,五剪断除烦恼,六剪法轮常转,七剪饱学参禅。

水诗:源远流而长,不可得而测。一口吸尽,西江此水从何得。九龙吐出浴金身,留得岁儿到今日。

搭巾洗诗:水母降魔明觉巾,木叉手里借来亲。殷勤搭在田衣上,去尽凡间一点尘。检点都来一丈长,志公尺子莫能量。宽衫窄袖都收了,快使淋头一杓汤。

洗头鹧鸪天:滟滟金盆细浪花,九龙此日降恩波。八功德水蠲尘垢,大众丛中灌齿牙。除热恼蜜波罗,昏蒙荡涤萨摩诃。顶头透彻清凉境,洗出圆光在刹

---

① “热”,原作“爇”。

那。

再搭巾鹧鸪天：织女天仙掷世间，龙须造作透机关。金梭掷出花纹巧，玉指裁移剪股攀。遮爱欲隔嚣顽，披来不染六尘环。管教时节当圆顶，愿师衣紫赴朝班。衣，去声[按：原注如此]。

过刀诗：宝刀一柄按香台，处士将来未敢开。度与本师亲手剃，现出毗卢本相来。

度刀鹧鸪天：梵字祥烟蔼栋鳌，升堂狮子吼金高。传来袖出维摩手，付度冰清智慧刀。拈起处任持操，五方谨按此时遭。东西南北无遮障，圆顶光中放玉毫。

使刀诗：一把宝刀挂金台，高士将来便敢开。两畔神人齐拱手，妙法堂前剃如来。一把金刀按香台，未出流传不敢开。大觉世尊留净发，此刀曾剃阿难来。

圈顶鹧鸪天：抖擞凡尘脱俗居，果然拂拭不留余。佛缘有分趋时节，业障无根悉划锄。牢把捉，莫踌躇，性天澄净妙如如。一轮明月当天皎，脑后圆光烁太虚。

又鹧鸪天：割发辞亲不记年，要明划草大因缘。亲逢卢老机缘熟，米白经筛在眼前。灯续焰，焰相联，顶上圆光烁大千。烦恼根苗俱削尽，一毫孔现一金仙。

剃面诗：几年学道与参禅，今日方登佛海船。父母在堂如玉惜，菩提心印岂能传。宝刀一敛刷寒烟，曾刷明师五祖禅。十指拈来光皎洁，几番成就善人缘。一把宝刀光闪烁，行尽天涯并海角。剃了灵山五百僧，禅机透悟皈正觉。

更衣诗：自从佛地升仙地，脱却凡衣挂圣衣。叆叇黑云风扫散，青天皎洁一蟾辉。

祝语：伏愿吾师披剃之后，皇恩新受，谢知三界圆成。衣钵初传，便教一生自在。削发被缁，洗心种行功德，至今日之间觉悟。向此时之内，弃更俗貌而作僧徒。幻化人身以为法体，成诸法事以断禅宗。永除烦恼丛中，不问贪嗔境内。不蚕衣自获，无穷之福，行佛法常修有积之功。眼前但执释迦，妄外行归罗汉。祝愿以完，吟仪和毕。赞附一言，请施三拜。初拜谢恩：当今□[原即空缺无字以示尊敬]皇帝圣寿万岁。二拜祝文武清和，边尘肃泰。三拜祈祷太平，万民乐业。某人兹者伏愿新戒,新恩祝发。事以周負[员],大众证明,共惟赞叹。

道者剪发诗:焚香秉烛告金仙,天眼遥观天耳闻。要识头陀亲面目,看齐眉处且圆全。

末后祝语:五祖六祖现金身,皆是栽松舂米人。个里因缘因不昧,流通宗派永钦承。头陀道者腹心圆,烦恼根苗要出尘。尽情剪断蓬松发,连果圆成福果新。

剃行者诗:自从烦恼和根采,好看新除顶相圆。释逝弟子都成佛,燃灯祝愿早名传。

使刀诗:手把金刀耀日光,净头处士到僧堂。轻轻拂下青丝发,二六神王镇十方。

使水诗:此水元来一点泉,遇方成象又还圆。今朝洗罢新恩顶,浪作波涛入洞天。

使手巾诗:是个龙须不是麻,或青或白一团花。搭在沙弥肩背上,恐怕湿水污裴装。

《净发须知》中卷

艺在人头上,名扬众耳中。

剃胎入门诗:殷勤今日到高门,鹊唤庭间分外欢。剃掠人来何以献,先将参榜上尊官。

抱儿出诗:君家积善产英孩,不比寻常小秀才。且请孺人亲抱出,胜如孔释送将来。

又诗:锦帐抱出一婴孩,轻轻移步下阶来。不知是男并是女,将来必是两贤材。是男到大为卿相,是女神通菩萨才。手巾定抱娘孙子,急卒天工降下来。

使手巾:七尺龙须作手巾,今朝搭放小儿身。此布不是非凡布,将来遮却绝埃尘。

水诗:九龙吐出水清冷,曾浴当来释迦身。把向神童头上洗,管教四季永长清。一把金刀未展开，一专等待剃婴孩。传语府堂诸贵眷，请将香水洗头来。一洗朱发不老，二洗绿鬓长春，三洗长大冠带，四洗孝顺双亲，五洗寿如彭祖，六洗福海弥深，七洗为官作相，八洗光显门庭，九洗聪明智慧，十洗掌上珍珠。

祝刀语：一剃东方甲乙木，智慧聪明添福禄。二剃南方丙丁火，多撒犀钱并玉果。三剃西方庚辛金，子孙枝叶转敷荣。四剃北方壬癸水，掌上明珠圆莫比。五剃中央戊己土，广买田庄光父母。

使刀诗：一把金刀按宝台，处士将来手内开。昨日灵山剃弟子，今朝又剃一婴孩。来谒金门柱石人，真珠帘卷玉楼春。好孩儿遇风流子，轻动金刀落发新。胎发落在手中安，双亲收向画堂前。起家贵子由兹得，富贵荣华五福全。一剃聪明智慧，二剃绿发常青，三剃日见长大，四剃孝顺双亲，五剃东斗五宿星君主宰，六剃南斗六宿星君长生，七剃北斗七宿星君注禄，八剃周天二十八宿星君注权，九剃九经诸史精通，十剃他日为官位至公卿宰相。

祝香：未剃先用。时当春景夏景。宝香一炷，祝华堂胎月三旬。今已当某艺拈刀镊，约有钉金手，净瑶盆巾披锦段，宝刀拈来轻削就，按金水木火土之发丝收处好珍藏，镇南北东西中之位，略奉三联之杜句，敢祈他日之荣昌。

又鹧鸪天：岳读钟英席上珍，满堂喜气蔼如春。佳祥已协熊罴梦，抱送归从孔释亲。胎月满，展花巾，宝刀轻削发胎新。伏犀贵骨非凡表，长作皇朝宰辅臣。

又诗：焚起金炉百宝香，愿君福禄纳千祥。儿孙此日除胎发，富贵双全寿命长。一捻香，儿童剃后寿延长。二捻香，双亲福寿在高堂。三捻香，聪明智慧习文章。四捻香，从此君家得盛昌。五捻香，满堂金玉富田庄。

剃头毕念诗：剃头喜事已云周，恰似狮儿抱绣球。三月桃花两边长，阳春绿柳拂眉头。

圆胎发诗：胎发轻揉旋结圆，银针采线把来穿。团圆日月形无二，照耀光明福禄全。

抹信门：今朝贵子使朱砂，天下鬼神都怕他。父母亲恩身长大，田庄百万寿荣华。龙王头上一朱砂，今日将来头上搽。一切邪神皆怕惧，恰如锦上再添花。

觅利市：此日儿孙剃胎头，花箱利市不须愁。有人借问何处去，孟良门下剃头来。发落金刀衮一圆,分明认作掌珠看。荣看紫诰金花贵,利市花红乞重颁。

致语:伏愿剃头之后,易为看养,利益爹娘。堂上高明,大作起家之子。多招兄弟,寿命延长。祝愿有三:聪明第一,只此云周,伏惟欢庆。

问行院诗:待诏回头我问你,你在何州作经纪?你拜甚人为师父?四海之中不见你。

答诗:今日无事出街游,偶遇村人问踪由。我有踪由向你说,恰似弹琴对水牛。

问诗:老鼠江边走,虾蟆井里浮。试将明月照,空作剃头人。

答诗:云山过了千千万,踏遍天涯数百州。到处不将金玉去,只凭梳剃度春秋。

志公诗:志公仙子名志真,姓马亦身在体宁。自在仙宫多快乐,刀镊为师事至今。

罗真诗:罗真实字作志全,此是仙踪实可传。人道本师谁得法,吾今学得是因缘。

陈七子诗:陈七先生名志坚,受学金刀事大贤。吕公也是神仙客,同行四畔不记年。紫云岩洞事谁言,传下凡间数百年。罗真传与陈七子,凡间教得万万千。

使铒子诗:说是铒子不堪夸,引动五湖四海家。吾师今日来借问,礼乐为尊且吃茶。

问唤头出处:师长适来借问唤头出处。小生博览,略知铒子根源。钟离造出唤头儿,陈七子得来途路使。

须摘一名钗捧唤头儿,行路过桥行院门前终不响。铒子口,手中口,随身口。分明带得走,途中口岸头。市井头,街坊头,真个任从游戏耍,才方敲动,端然做得百般声。手里拈来,真个堪为十样使,或作金鸡报晓,或作龙凤娇声,或作黄莺调舌,或作孔雀弹经,或作蝉声摇曳,或作鹦鹉报鸣。引出佳人美女,整出容貌稀奇。引出僧人落发,剃了恰似菩提。引出小儿来剃,端如弥勒下生。仙贤留下唤头儿,小子把来游戏使。诸路刀话霸师长须知。更不多言,只此回覆。

又问云:刀路唤头,有问有答。事有根源,学父学师,方知出处。答云:昔日罗真使刀,前贤度陈七子方传在世上,凡人尽是仙贤事迹。太阳第一,六路朝天。太阴第二,四般落地。金刀开顶,恰如仙子下蓬莱。玉手开唇,相似琼仙归洞府,展开绣模,头角相貌稀奇。倒卷珠帘,真个颜容迥别,分开两路。鼻中使得几般刀,宜看后来耳内分明刀数。吕公归洞,铁拐寻岩,饿虎奔村,更有黄龙摆尾。凤凰展翼,燕子归巢。眼中刀路是清凉,眉上刀来真可羡。乌鸦落地,剃出绿鬓长青。白鹭泊林,整开朱颜不老,尽是前贤起置。后学施呈,诸般刀路尽熟。各照古贤刀数路开端,自古流传至今。师长须知,只此是话。

本行外行

普问三喏:荷师长买茶,若论得来小弟先当买茶之时,须当买与朝山拜岳,背案二十七路,社头卖与小弟,何足之道。十人打底,九人未下。师长是有名底社祖,略买草茶,还唐家礼数,不敢多言,只此回复。

问买茶根源:荷蒙师长买茶,光荫小弟。若论买茶礼数,须知茶钱出处。生在何山?几枝几叶?何人摘得?何人将来?仔细说来。

答诗:圣人天子赐此茶,真个蒙山初发芽。如是殿前赐一盏,恰如仙药好丹砂。云题仙女曾置茶,石轮碾出早春芽。瓯中妆出祥云朵,盏里浮开二月花。朵朵元来生七叶,二月春风发此芽。夙世因缘今得遇,尊师略坐领杯茶。

案下茶碗:万万年香火在上,正赛社头。在山未赛神首,正带花神首。副带花神首,社评知客先生案下合干人等,普通三喏,小弟在末之间,浪玷三寸宝铁,擅入先生教门。盖为浪迹途旅之间,近探恭奉先生恭背香火,抄题利物不与,一时斗胆,不得不来。案下拈一炷草香。次荷诸位朝山拜岳。老人先生带协无不知感,候在赛朝香火。又得早晚二时趋侍,欲待更提两句。有劳清听,只此是话。

普同三喏参侍本行:上覆师长在上,小弟在末。一双贱足,擅踏部封马足之下,又无人引进。一时胆壮,不及具榜参侍。或有缘法,十朝八日,早晚二时,别当上谢。具参榜。适来仪礼有失,具榜擅造阶墀,万乞台恕。

接案茶：万万年香火在上，万万年贵地在上。前赛神首，带花神首。正赛神首，七首端公。诸位知识，掌教先生。各各在上，南北两山。老爷叔伯，本行外行在上。小学生在末之间，幼年不近父母掌教。浪玷三寸宝铁，擅入先生门庭。在于部封之下，闻及府地神首。满赛清风明月，小弟一双贱足，到于金案之前。各还心愿，平安荷得诸位神首。先生带协无不知感，适来荷得神首，颁赐江杯，难以当礼。何劳消受，又荷先生买其明茶，提得好话，难以当克。下山之时，敬当拜谢。本欲之间，用得两句下来。还唐家礼数，按七子家风。又见先生提破贱言，古人道班门休献斧，老将识兵机，小学生言语浅短，幸乞台恕。

《净发须知》下卷

纵有良田万顷，不如薄艺随身。

走途中：晚生身在他乡，总是途旅之客。艺虽各局，皆为笺上之人。共惟先生久游途旅，惯走江湖，三山两岳占无双，行院丛中推第一。明同日月高而不危，久愿识荆，无缘得见。兹因天幸得拜台光，承剔耳开聪，便是拨云见日。论着买茶之礼，班门不敢戏斧。略持数句，少报重言。得蒙带挟，晚辈岂不受恩。又承持挚，他日见行院，把来做夸谈之本。人过留名，雁过留声。把师长台衔，便请师称说。言语不敢多喋，尚容请教。只此是话。

大元新话：普通一喏。上覆诸位师长在上，小弟在末之间。按唐家礼数，陈七子家风，三岁孩儿，谁不理会得。皆是古言先语，古人言雷声之下。布鼓难鸣，按大元体例，世图改变，别有数名。还有一答头，二答头，三答头，一字额，大开门，花钵蕉，大圆额，小圆额，银锭打索绾角儿，打辫绾角儿。三川钵浪，七川钵浪，川着练槌儿。还哪个打头，哪个打底？花钵蕉打头，七川钵浪打底。大开门打头，三川钵浪打底。小圆额打头，打索儿绾角儿打底。银锭样儿打头，打辫儿打底。一字额打头，练槌儿打底。

泊墟市：人烟稠密，市井繁华。聚皇都于碧玉盘中，簇市井在画堂帐里。一年四季，动多少客旅经求。十日两墟，百万贯钱。买卖门面铺席，家家务本赛公平。酒肆茶坊,日日招商图旺相。真个众中得数,分明四远传扬。眼前总是富豪家,天下彰名花锦地。

泊州府:萍踪浪迹,况在江湖。披星戴月,时人错认。作征夫全靠步儿薄艺,今日幸瞻贵府,胜似小皇都。最好追游处,柳陌共花衙地繁华。人慷慨,景难图。骈阗鼓乐,四时歌舞,庆欢娱真个地灵人杰。又且酒平肉贱,富贵恤贫徒,端的人间少,分明别地无。对孙吴休讲兵书战策,对孔孟休讲经史文谈。此乃是班门戏斧。浅短之间,尚容请教。

出途茶碗:高名达士,先生在上。小弟在末之间,玷辱"镊青"二字。浪走江湖,擅入师长教门。此日到于座下,甚有冲撞。一来无人引进,二来衣衫褴褛。一双贱足,擅入贵地,甚有得罪。以望师长看"镊青"二字之面,莫责小人之过。论要买其明茶,伏事师长更提数句,有劳清听。或有到处不到处,万望师长一条锦被都遮。更不敢多喋。只此是话。

案前茶碗:普同三喏。万万年香火在上,万万年贵府在上。七色端公前赛神首。正赛神首在上,本行、外行爷父叔伯、高名达士先生在上,案前亲执先生在上,小学生在末之间,近年间参学诸位先生教门,论则有玷门庭。在于旅,况近年间闻及福地一境,正赛清风明月。教门奈缘浅短,无缘瞻仰。此日贱步到于金案之下,答还一炉平安心愿。一则恭惟神首,前往他方,多多抄题上筹利物,周圆不易。二则来拜见诸位掌教先生倚赖,诸人福力协带,还其心愿,下山敬当拜谢。本合欲待更提两句,恐劳清听,浅短之间,幸乞台恕。

寻常茶碗对主人家:未敢对本行先生提话,少坐片时,别有取覆。上覆诸人在上,手作人在末之间。久闻主人开馆不易,小手作人无缘趋侍。今则擅踏贵地马足之下,荷得主人收留盛馆安下,无不知感。适来荷蒙主人指开眉眼,得见本行先生。如云开见日,本合要买一杯草茶,答还主人礼数。恐劳本行先生久坐不当稳便,少坐片时,略借主人威福,对本行先生乱谈数句,言到语不到,幸乞台恕。

答还茶话:上覆高名达士先生在上,小弟在末。此日到于座下起居,荷蒙尊师赐酒,无不知感,难以当克。别当拜谢,只此是话。

久闻未相见茶话:即日恭惟老先生法候起居动止多福,久闻大名掌教先生,无缘拜见，不及瞻仰。到我乡里则云有失迎迓，尚望台恕。到他乡里则云此日小弟擅到贵地，不及具榜参见，甚得其罪。某晚进或有是不是处，万望山藏海纳，片云望先生都盖。

下程茶碗：启覆师长在上，小弟在末之间。幼年家门有幸，浪玷三寸宝铁在旅，况旋撰二时衣饭，居常闻先生大誉，无缘瞻仰，比者云开见日，得见台颜，欢喜无限，一时残步到于贵境，不取旨挥。甚得其罪，可望师长看镊青二字，小弟在于部封之下，住得三朝两日，十朝半月，自当谨切伏事。目今浅短，切望恕罪。

小行程：夫刀镊者，乃神仙之术，号曰罗真先生。居在人世，善能梳剃，曾蒙献宗宣诏，整顿龙颜。龙颜大悦，赐与金玉真珠，不敢拜受，退辞阶下。再往天官献宗求教乞度一人为弟子，罗真答曰：观文武两班，看无人可度，只有我王殿下有一人，呼为陈七子，乃是神仙之骨。诗曰：山藏实宝红鸾聚，水里明珠岸草芳。树下有根枝叶旺，泥中有宝土须黄。

买茶提话：上覆尊师老人在上，常闻尊师大名，无缘请见，今荷蒙尊师云临光访，幸乞台恕。小人在末，难以受此。晚生别无效芹，略有三杯淡酒，非为待贤之礼，聊以准茶，盘前冷落空疏，无物可献。亦望尊师莫为见责，小人适来非是买茶提话，乱谈数句，还我尊师礼数。或有言到语不到，说中话不中，先生休为检点。先生在于小人寒舍，三朝两日，别有明茶伏事，幸望尊师一见如故。只此是话，亦望笑留。

行院到我家相见提话：有劳尊师贵步到来，有失迎接。常闻师父端公老人广游江湖，小人无缘得见，今日天有之幸，得遇师父老人。小人夙世有缘，无不知感。

到不相识行院家相见提话：即日恭惟高士先生，尊候动止多福。揖。久闻名誉，无由瞻仰，此日贱足冲撞云步之前，得睹尊颜，天与之幸。揖。本当致备榜子参拜，念小弟在于旅，况书写不办，敢蒙一见如故。

相识久不相见提话：即日恭惟高士先生，尊候动止多福。揖。自别尊长则云尊颜，平交则云丰姿。倏忽已经数载许久，常切瞻仰。揖。但小末缘分浅薄，区区无由再会，今日得睹尊颜丰姿，实是天幸。是有不是，敢望一条锦被都遮，特赐阔略。揖。

买茶提话：四海驰名高士先生，末艺小人不敢逐一摽名，普同三喏，喏喏喏喏。今来小弟贱足，冲突诸位高士。云步之前，部封之下。参拜不及，甚是得罪。敢蒙尊恕，揖。敬当备榜子前来参见。念小弟在于途旅之间，纸笔不专，想高士先生不以此怪责，重蒙觑当。小弟略有一杯淡酒准茶，有劳诸位高士，云步久驻，得罪至甚。返蒙诸位高士置杯礼数相待，受恩无不知感。本合略持数句还唐家礼数，念是晚进小生，十字九缶，不敢提话。班门不敢弄斧，淡言笑语不按陈七子家风，切恐傍人所晒污沾人耳。耻辱行情，言多阻步。只此是话，伏望山藏海纳，片云都遮，喏。

下程茶碗：师长先生在上，小弟在末之间。居常在于山市，闻及师长清德，无缘瞻仰，今者一时贱步到于贵市，不取旨挥，甚是得罪。望先生乃看“镊青”二字，携带小人在于贵市，住得十朝半月，周年半载。早晚二时，自当别有听教。欲待更提数句，古人言行河而把水，对夫子难言，施甚礼乐，浅短之间，幸乞台恕。喏取覆师长先生在上，小弟在末之间。行情买杯淡茶，还唐家礼数，按陈七子家风，恐有提不到处，望赐一手兜笼，只此是话。喏。某自幼年间，有失大人训诲，望赐不外浅陋之恭，敢托四海高人为福，甚是得罪：已自不专，幸望至人不责。行院还礼则云。此来重蒙诸位先生法步到于弊店还礼，难以受踢欲待更提四句，言不按典，非君子之所谈。浅短之间，幸乞台恕。

回茶碗：回茶用。普同三喏。重承贵礼。既不先施，极荷启发愚蒙，不可有来无往，古云谓之俊禽先发，鸟死鸳鸮后飞。兹承教诲，受惠已多。略持数句，拙讷有余假如先生有高谈阔艺，博古闻今，途旅中间。尚容请教，只此是话。

《猥谈》：一代才子祝允明的市井采风札记

一、一代才子祝允明

苏州石刻祝允明像

祝允明(1460—1527)，字希哲，明长洲(今江苏苏州)人，与唐寅、文徵明、徐祯卿齐名的“吴中四才子”之一。因其右手六指，故自号“枝指生”和“枝山”，或自署“枝山老樵”“枝指山人”等。《明史·祝允明传》载，允明“祖显，正统四年进士。内侍传旨试能文者四人，显与焉，入掖门，知欲令教小内竖也，不试而出。由给事中历山西参政。并有声。允明以弘治五年举于乡，久之不第，授广东兴宁知县。捕戮盗魁三十余，邑以无警。稍迁应天通判，谢病归。嘉靖五年卒。允明生而枝指，故自号枝山，又号枝指生。五岁作径尺字，九岁能诗，稍长，博览群集，文章有奇气，当筵疾书，思若涌泉。尤工书法，名动海内。好酒色六博，善新声，求文及书者踵至，多贿妓掩得之。恶礼法士，亦不问生产，有所入，辄召客豪饮，费尽乃已,或分与持去,不留一钱。晚益困,每出,追呼索逋者相随于后,允明益自喜。所著有诗文集六十卷,他杂著百余卷。子续,正德中进士,仕至广西左布政使”。因其同唐寅(1470—1524)情性相投且遭际与共,民间流传着二人诸多逸闻趣事,书画界一向有“唐伯虎的画,祝枝山的字”之说。据《明史·唐寅传》所载,唐寅“性颖利,与里狂生张灵纵酒,不事诸生业。祝允明规之,乃闭户浃岁。举弘治十一年乡试第一”。又与一代才子文徵明相友善,《明史·文徵明传》亦载,徵明“幼不慧,稍长,颖异挺发。学文于吴宽,学书于李应祯,学画于沈周,皆父友也。又与祝允明、唐寅、徐祯卿辈相切劘,名口益著……吴中自吴宽、王鏊以文章领袖馆阁,一时名士沈周、祝允明辈与并驰骋,文风极盛”。

祝允明家学渊源甚是深厚。尽管其父祝瓛早卒,但其自幼至青年时代即生活在几位颇富才华的至亲身边,非但耳濡目染,而且获得关爱与亲炙。其祖父祝颢(1405—1483)是明正统己未(1439)进士,官至山西布政司右参政,精于诗文和行草书,交游颇广。其才华绝世的外祖父徐有贞(1407—1472)为明宣德八年(1433)进士,曾任兵部尚书、华盖殿大学士,封武功伯,而且天文、地理、道释、方技皆通,并兼擅行草书法,书名甚盛。岳父李应祯(1431—1493)以字行,号范庵,以南京太仆少卿致仕,也是一代书法名家。加之其天资聪颖而且勤奋,“年七八岁时,其大父参政公一日适为文成请客书之,予时亦在座,见生侍案旁,嘿然竟日,窃异之。因指文中难字以问,无弗识者,益奇之,且料其他日必能事此也”(《家藏集》卷五一《跋祝生文稿》)。祝允明不仅传世的诸多书画精品影响巨大,其一生的诗文杂著等著述亦甚为丰富,除《怀星堂集》外,还有《苏材小纂》《祝子罪知》《浮物》《野记》《前闻记》《志怪录》《读书笔记》等传世,即如《明史》本传所称“著诗文集六十卷,其他杂著百余卷”,可谓才华横溢。

二、“笔记小说”性质的《猥谈》

祝允明虽进士出身,也做过小官,但其一生主要活跃于市井文人圈子,比较贴近市井生活,因而才能够写出《语怪编》《猥谈》之类“笔记小说”性质的作品。其中,辑存于《烟霞小说》和《说郛续》中略显单薄的一卷《猥谈》,即为一部传统笔记体的市井采风札记。

《四库全书总目提要》云:"《烟霞小说》三十二卷(江苏巡抚采进本),明陆贻孙编。贻孙,苏州人。是书仿曾慥《类说》之例,删取《稗官杂记》凡十二种。中如杨循吉《吴中故语》、黄晔《篷轩记》、马愈《日抄》、杜琼《纪善录》、王凝斋《名臣录》、陆延枝《说听六种》,逸事琐闻,尚资考论。至陆粲《庚巳编》、徐桢卿《异林》、祝允明《语怪编》《猥谈》、杨仪《异纂》、陆灼《艾子后语》六种,则神怪不经之事矣。"然而,《猥谈》却是历代探讨中国戏曲史每每引证的重要文献之一,如"南戏""市语声嗽"诸条。又如多有记述楹联、巧对以及"滑稽语"等,虽有"神怪不经之事"之嫌,但尚有不容忽略的文化史文献价值,系应予整理刊布的民俗语言珍稀文献之一。

《猥谈》一卷,凡33则,即如其书名,所辑皆市井鄙俚琐谈杂事。亦如是书三字骈体自序所道"纪琐事,订细文,述善戏。忆曩昔,长者次,雄论间,获随侍。追后来,广交契,雕龙宾,不遐弃。高轩过,每移晷,或造请,尸客位;及绨缃,古哲对,所见闻,颇多识,择其善,就编记。论写外,有杂碎,齿颊余,匪厚味,聊解颐,不忍置,因粹斯"云云,内容芜杂,多为市井掌故逸闻,乃至趣事。具体条目,如《如厕之对》:

夏忠靖与一黄门,同在吾郡寓馆。黄门晓起如厕,夏呼。谓曰:"披衣趿履而行,急事,急事。"黄门且走且应曰:"弃甲曳兵而走,常输,常输。"

又如《道号与别号》:

道号,别称,古人闲自寓怀,非为敬名设也。今人不敢名,亦不敢字,必以号称。虽尊行贵位,不以属衔为重,而更重所谓"号"。大可笑事也。士大夫名实副者固多,余惟农夫不然。自闾市村陇,嵬人琐夫,不识丁者未尝无号。兼之庸鄙狂怪、松阑泉石,一坐百犯。又兄山则弟必水,伯松则仲叔必竹梅。父此物则子孙引此物于不已,愚哉!患哉!予每徇人为记,说多假记以规讽,犹用自愧。近闻妇人亦有之,向见人称冰壶、老拙,乃婆媪也。又传江西一令讯盗,盗忽对曰:"守愚不敢。"令不解,问左右,一胥云:"守愚者,其号也。”乃知今日贼亦有别号矣。此等风俗,不知何时可变也。

再如《翻覆数叠巧对》一条:

在金陵,春晚与客步秦淮。客摘园林诵曰:“红杏枝头春意闹。”予即眺落晖曰:“乌衣巷口夕阳斜。”少间,予自书所为文。客戏曰:“君之富学善书,应以多指尔。”予猝应曰:“诚不以富,亦只以异。”座客皆笑。一客又拱手而称曰:“不亦君子乎!”予还拱之曰:“展如之人也。”又一客曰:“其孰能与于此哉?”予遽云:“亦可以为成人矣。”一时翻覆数叠,哄堂大洽。

诸如此类市井杂录比比皆是。

三、珍贵的中国戏曲史料

应予以特别关注的是,除一般的市井杂录琐记外,《猥谈》所保存的中国戏曲论述和史料,不仅十分珍稀宝贵,而且其见地至今仍具有很高的学术价值。例如《南戏》一条:

今人间用乐,皆苟简错乱。其初,歌曲丝竹,大率金元之旧,略存十七宫调,亦且不备,只十一调中填辏而已。虽曰不敢以望雅部,然俗部大概高于雅部,不啻数律令之俗部,尤极高而就其律中。又,初无定,一时高下随工任意移易(此病歌与丝音为最),盖视金元制腔之时,又失之矣。

自国初来,公私尚用优伶供事。数十年来,所谓南戏盛行,更为无端,于是声乐大乱。南戏出于宣和之后,南渡之际,谓之温州杂剧。予见旧牒,其时有赵闳夫榜禁,颇述名目,如《赵真女蔡二郎》等,亦不甚多,以后日增。今遍满四方,转转(按:疑为“辗转”之误)改益,又不如旧,而歌唱愈缪(按:“纰缪”之“缪”),极厌观听,盖已略无音律腔调(音者,七音;律者,十二律吕;腔者,章句字数长短、高下,疾徐抑扬之节,各有部位;调者,旧八十四调,后七七宫调,今十一调,正宫不可为中吕之类。此四者,无一不具),愚人蠢工,徇(按:xùn,依从;对众宣示)意更变,妄名余姚腔、海盐腔、弋阳腔、昆山腔之类,变易喉舌趁逐抑扬,杜撰百端,真胡说耳。若以被之管弦,必至失笑,而昧士顾喜之,互为自谩尔。

关于南戏滥觞与源流的这个论述,至今仍为学者们一再引述。再如其《市语声嗽》条谓:

> 生、净、旦、末等名,有谓反其事而称,又或托之唐庄宗,皆缪云也。此本金元阛阓谈吐,所谓“鹘伶声嗽”,今所谓“市语”也。生即男子,旦曰妆旦色,净曰净儿,末曰末尼,孤乃官人,即其土音,何义理之有?《太和谱》略言之。词曲中用土语何限,亦有聚为书者,一览可知。

在稍晚的徐渭(1521—1593)《南词叙录》中,所持相近论断:“南戏始于宋光宗朝,永嘉人所作《赵贞女》《王魁》二种实首之。故刘后村有‘死后是非谁管得,满村听唱蔡郎中’之句。或云宣和间已滥觞,其盛行则自南渡,号曰‘永嘉杂剧’,又曰‘鹘伶声嗽’。其曲则宋人词而益以里巷歌谣,不叶宫调,故士大夫罕有留意者。”又明逸名《墨娥小录》卷十四即为“市语声嗽”专辑,以及明朱有炖《诚斋乐府·乔断魂》“市语声嗽,我也不省得”“你的嗽,我鼻涕了”等语料,均可视为本条记述的直接佐证。

时至当今,戏曲史专家们关于“鹘伶声嗽”作为当时“市语”乃至永嘉戏剧代称的考证,最重要的文本仍属此书之本条。凡此,足见《猥谈》作为中国戏曲珍稀史料特别价值之一斑。

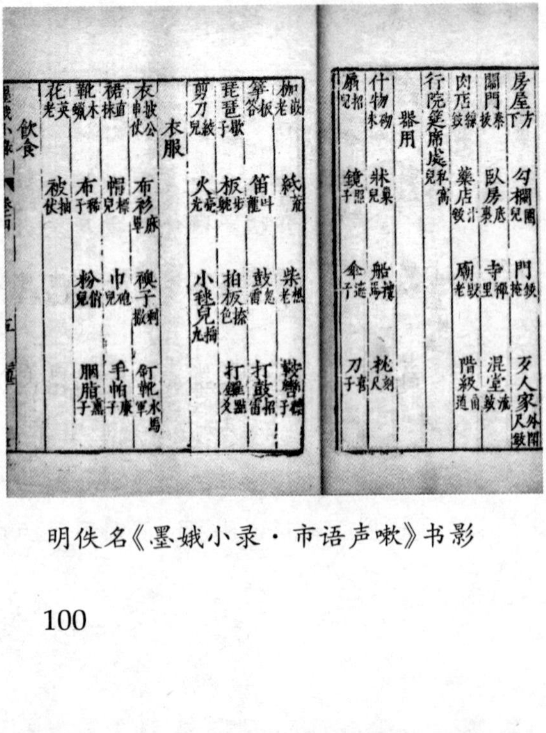
房屋 勾欄 門 歹人家
關門 臥房 寺 混堂
肉店 藥店 廟 階級
行院筵席處
器用
什物 牀 船 枕
扇 鏡 傘 刀
枷 紙 柴 鞍
箏 笛 鼓 打鼓
琵琶 板 拍板 打鑼
剪刀 火 小毯兒
衣服
衣 布衫 襖子 釘靴
裙 帽 巾 手帕
靴 布 粉 胭脂
花 被
飲食

明佚名《墨娥小录·市语声嗽》书影

【附】雅俗轩校注《猥谈》

小引:或由于全书文字较短,《猥谈》一向未见整理成专书出版,因而研究查阅不便。为此,且整理出一个提供有关学者参考使用的校点简注本。个中简注,随文于圆括号中以“雅俗轩按语”形式标示。此以《四库存目丛书》采用的明万历十八年(1590)刻本《烟霞小说》本为底本(简称“万历刻本”),参校以《说郛续》本和清光绪三十一年(1905)上海育文书局石印本《烟霞小说》本(简称“石印本”),进行校点。目录中方括号内的标题,系《说郛续》版本所拟,未加方括号所提示《说郛续》版本所拟标题者,该条为该版本所未收录。

目 录

18.叹食海蛇

19.隐喻麸与肥肠

20.子孙果合与俗俭[俗俭]

21.头食尾供

22.南戏[歌曲]

23.市语声嗽[土语]

24.春画与男风

25.潘沧浪滑稽语

26.《老子》与“老子”[智者]

27.挨宿

28.瓦剌国

29.守尸者之死[无故之死]

30.过癞[癞虫]

31.狗奸与驴奸故事[驴奸]

32.奉化丐户[丐户]

33.新人少出[新人]

1.自叙　伊《猥谈》,纪琐事,订细文,述善戏。忆曩昔,长者次,雄论间,获随侍。追后来,广交契,雕龙宾,不遐弃。高轩过,每移晷,或造请,尸客位;及绨缃,古哲对,所见闻,颇多识,择其善,就编记。论写外,有杂碎,齿颊余,匪厚味,聊解颐,不忍置,因稡(**雅俗轩按:音 zuì,汇集**)斯。祝氏志。

2.孔子上其父书　上大人,丘乙已,化三千,七十士,尔小生,八九子,佳作仁,可知礼。右八句末曳也,字不知何起?今小儿学书必首此,天下同然;书坊有解,胡说耳。《水东日记》言,宋学士晚年写此,必知所自。又《说郛》中曾记之,亦未暇捡。向一友谓予:“此孔子上其父书也。”上大人(句上书大人谓叔梁纥),“丘(句圣人名)乙已,化三千,七十士,尔(句乙一通,言一身所化士如许)小生,八九子,佳(句八九七十二也,言弟子三千中七十二人更佳)作仁(句作犹为也),可知礼”也(仁礼相为用言,七十子善为仁,其于礼可知)。大概取笔画稀少，开童子稍附会，理也。

3.胡金　文字中，称完颜氏为大金，承袭误也。蒙古自称大元，我朝作者何曾予之以“大”，今应云“胡金”尔。文字门称都御史为中丞，府尹为京兆之属，当视语势如何。若结衔之际，亦欲异众书从别代，或妄更变，非也。如官吏部属书尚书，吏部郎中曾摄使，假一品服，还寻缴纳书赐一品服。宪臣出巡易地名，如巡抚交南、巡按贵阳，至如领乡举，书乡进士；赐进士，不书出身。同出身，但书第字。为府县学生，书郡庠邑庠，或长庠、吴庠之类，不知可乎？

4.道号与别号　道号，别称，古人闲自寓怀，非为敬名设也。今人不敢名，亦不敢字，必以号称。虽尊行贵位，不以属衔为重，而更重所谓“号”。大可笑事也。士大夫名实副者固多，余惟农夫不然。自闾市村陇，嵬人琐夫，不识丁者未尝无号。兼之庸鄙狂怪、松澜泉石，一坐百犯。又兄山则弟必水，伯松则仲叔必竹梅。父此物则子孙引此物于不已，愚哉！患哉！予每徇人为记，说多假记以规讽，犹用自愧。近闻妇人亦有之，向见人称冰壶、老拙，乃娄媪也。又传江西一令讯盗，盗忽对曰：“守愚不敢。”令不解，问左右，一胥云：“守愚者，其号也。”乃知今日贼亦有别号矣。此等风俗，不知何时可变也。

5.北人语重　太宗时，山东都指挥朱迪朝辞，北人语重，奏“迪”音如“地”。王色忽厉，左右莫测，纪纲趋下问：“汝名如何写？”迪告之。纲奏曰：“告爷爷，此人名是‘由’字著‘走之儿’。”上乃霁容。上又日持墨帖问解学士：“此木刻乎？”解遽操乡音对曰：“石碑打底。”天颜不悦，久之始解。

6.及第三品　廷试后，及第者连骑于途。人目之曰：“铁状元，银榜眼，金探花。”言其色也。士大夫尤以为善品。

7.趣判　张忠定判瓦匠乞假云：“天晴瓦屋，雨下和泥。”及丁谓判木工状云：“不得将皮补节削凸见心。”人称之。郡守邢公，判重造郡门鼓状云：“务须紧绷密钉，晴雨同声。”

又一守，禁戴帽，不得露网巾。吏草榜云：“前不露边，后不露圈。”守曰：“公文贵简，何作对偶语乎？”吏曰：“当如何？”守曰：“前后不露边圈。”乃不觉一笑。

8.以文墨事见之疏牒　永乐初，饶人朱季文进所著书。杨文贞辈，请笞其人，火其书。近成化末，司马御史提学南畿，得予妇翁李公琬《琰集》旧刻，命学徒翻誊之。众请即用元本，登之木，司马从之。李故假诸督府经历吴宣，宣大怒，疏于朝，言李某以婿祝允明在学，假书令浸润(雅俗轩按：谗言)司马某事下。所司立案而已。后见周原已院判，笑谓予，翰林旧有一可笑事，今得吴经历本作对矣。

一大将，乞翰林某人诗，专令一吏候之，免其他役。吏始甚德之。既逾改，火吏不胜躁，具牒呈其将，言：蒙委领某翰林文字，为渠展转支延，已及半载，显是本官不能作诗，虚词诳脱，彼此一笑而已。以文墨事见之疏牒，前有此翰林，后有子也。又后数年，无锡有陈公懋者，注书与朱子反，亦上于朝。上命笞而遣之。予谓："又与朱季文为对子也。"

9.如厕之对　夏忠靖与一黄门，同在吾郡寓馆。黄门晓起如厕，夏呼。谓曰："披衣趿履而行，急事，急事。"黄门且走且应曰："弃甲曳兵而走，常输，常输。"

10.戚胡陈鉴之对　戚学士澜，美髯，院中呼"戚胡"。与陈司成鉴会宴，投漆木壶。陈顾戚曰："戚胡投漆壶，真壶也，假壶也？"戚应声曰："陈鉴看臣鉴，善鉴欤，恶鉴欤？"

11.状元宰相之对　卞荣，郎中，在某阁老坐。适外报："某廷试首选矣。"阁老曰："状元却是瞌睡汉。"卞答曰："宰相须用读书人。"

12.举子巧对　一举子谒县令，令颇易[异?]之。适投牒者呼云："小人告大人！"令顾举子："可对否？"遽答曰："上士倍中士。"令默然。

13.李西涯巧对　弘治中，虏使语馆伴，有一偶语无对者，因举曰："朝无相，边无将，气数相将。"相君李西涯闻之，随口为词令，应之曰："天难度，地难量，乾坤度量。"

14.翻覆数叠巧对　予在金陵，春晚与客步秦淮。客摘园林诵曰："红杏枝头春意闹。"予即眺落晖曰："乌衣巷口夕阳斜。"少间[闲?]，予自书所为文。客戏曰："君之富学善书，应以多指尔。"予猝应曰："诚不以富，亦只以异。"座客皆笑。一客又拱手而称曰："不亦君子乎！"予还拱之曰："展如之人也。"又一客曰："其孰能与于此哉？"予遽云："亦可以为成人矣。"一时翻覆数叠，哄堂大洽。

15.戏作破题(之一)　宋末人戏作破题。古曲题云："看看月上蒲萄架，那人应是不来也，最苦是一双凤枕，闲在绣帏下。”破云：“时至人未至，君子不能无疑心；物偶人未偶，君子不能无惑心。”吴歌题云：“月子弯弯照几州，几家欢乐几家愁，几家夫妇同罗帐，几家漂散在他州。”破云：“运于上者，无远近之殊；形于下者，有悲欢之异。”小曲题云：“妈妈只要光光镘，我苦何曾管？雪下去送官，卖酒轮番，几曾得免，怎容懒，有客教奴伴。”破云：“吾亲徇利而忘义，既不能以忧人之忧；吾身徇公而忘私，又强欲以乐人之乐。”

16.戏作破题（之二） 王黄门尚文语，予谚语题云：“羊角粽，东家送了西家送。”破云：“取物之名名乎物，因人之惠惠乎人。”

17.倒语诗 《诗林广记》载倒语诗，所谓“如何作元解归去学潜陶”者，人皆知之。景泰中，吾苏一监郡不学，误呼石人为仲翁，滑稽者作诗云：“翁仲将来作仲翁，只因书读少夫工；马金堂玉如何入，只好州苏作判通。”

18.叹食海蛇 王敏道食海蛇，曰：“人何苦嗜之哉，一晌而已。”

19.隐喻麸与肥肠 刘佥宪廷美先生，称“麸”为“抹布”，言“肥肠”为“揩净”也。

20.子孙果合与俗俭 江西俗俭，果榼（**雅俗轩按：音 kē，泛指盒类容器。《北史》：“马脑榼，容三升，玉缝之。”**）作数格，唯中一味，或果、或菜，可食，余悉充以雕木，谓之“子孙果合”。又不解镕蔗糖，亦刻木，饰其色，以代匮。一客欲食，取之，方知赝物，便失笑。覆视之底，有字云：“大德二年重修。”更胡卢也。

21.头食尾供 燕席，荐粉在最后，以粉融释诸毒也。宋艺祖入筵，偶思食之，大官即进上，宋世遂因之称“头食”。其后，仍尾供。近时人更徇其名、反其序，以为知，非也。

22.南戏 今人间用乐，皆苟简错乱。其初，歌曲丝竹，大率金元之旧，略存十七宫调，亦且不备，只十一调中填辏而已。虽曰不敢以望雅部，然俗部大概高于雅部，不啻数律令之俗部，尤极高而就其律中。又，初无定，一时高下随工任意移易（此病歌与丝音为最），盖视金元制腔之时，又失之矣。

自国初来，公私尚用优伶供事。数十年来，所谓南戏盛行，更为无端，于是声乐大乱。南戏出于宣和之后，南渡之际，谓之温州杂剧。予见旧牒，其时有赵闳夫榜禁，颇述名目，如《赵真女蔡二郎》等，亦不甚多，以后日增。今遍满四方，转转（雅俗轩按：疑为“辗转”之误）改益，又不如旧，而歌唱愈缪（雅俗轩按：“纰缪”之“缪”），极厌观听，盖已略无音律腔调（音者，七音；律者，十二律吕；腔者，章句字数长短、高下，疾徐抑扬之节，各有部位；调者，旧八十四调，后七七宫调，今十一调，正宫不可为中吕之类。此四者，无一不具），愚人蠢工，徇（雅俗轩按：音 xùn，依从；对众宣示）意更变，妄名余姚腔、海盐腔、弋阳腔、昆山腔之类，变易喉舌，趁逐抑扬，杜撰百端，真胡说耳。若以被之管弦，必至失笑，而昧士顾喜之，互为自谩尔。

23.市语声嗽　生、净、旦、末等名，有谓反其事而称，又或托之唐庄宗，皆缪（雅俗轩按：“纰缪”之“缪”）云也。此本金元阛阓（雅俗轩按：音 huán huì，街市）谈吐，所谓鹘伶声嗽，今所谓市语也。生即男子，旦曰妆旦色，净曰净儿，末曰末尼，孤乃官人，即其土音，何义理之有？《太和谱》（雅俗轩按：即明朱权《太和正音谱》）略言之。词曲中用土语何限，亦有聚为书者，一览可知。

24.春画与男风　后世淫巧百状，今所谓“春画”。其来亦久。汉广川王画屋为男女嬴交接，置酒，请诸父姊妹饮，令仰视画坐。废齐郁林王于潘妃诸阁壁，皆图男女私亵之状。宋刘瑱画鄱阳王与宠姬照镜欲偶寝状，以寄其妹。此皆信史所书。《迷楼记》云，扬州刺史献炀帝乌铜屏。帝曰：“绘者，假也。此得人之真形，胜绘万倍矣。”释氏《十诵律》亦有画女与人女同之说。《癸辛杂识》言，高丽人作不肖之画于扇上，宋元画家往往有之。又有土木之偶，及铸于镜背后（雅俗轩按：万历刻本作“加”，此从《说郛续》及石印本改），复盖以钩铰关之者，皆宋元人制。

《癸辛杂识》载男娼事未尽，暇日阅史，略得数端，漫笔于此。如卫灵公之弥子瑕，楚襄王之龙阳，建信鄢陵寿陵君，汉高帝之闳藉，文帝之邓通，武帝之韩嫣，哀帝之董贤，胶西王常之侯，得梁冀之秦宫，苻坚之慕容冲谢，惠连之杜德灵，石虎、石宣之申扁□□□□（雅俗轩按：原即如此空四字位）之垣崇，祖唐太子承乾之乐童，马希萼之谢彦颙，闽王璘之归守，明曦之李仁遇，皆载于信史，明著其事。又魏汝南王悦与崔延夏，以左道同游绝房中，而更好男色。又，晋自咸宁、太康之后，男宠大兴，甚于女色，士大夫莫不尚之，天下皆相仿效。或至有夫妇离绝、怨旷妒忌者。男女气乱而妖形，尤正史所列也。又如荀息引《周书》云，

“美女破舌，美男破老”。《战国策》“少男破国，少女破家”，及“男爱不弊轩，女女不弊席”等语，亦明。若昌邑王贺之驺奴宰人，董卓之吕布，魏齐王芳之郭怀、袁信，宋始兴王浚之杨承先，隋炀帝之王蒙，唐明皇之黄䲡儿，汉隐帝之嬖宠，以及诸史所列佞幸，及诸传记凡称嬖之臣，其类尤繁，不可殚举，而□□（雅俗轩按：原即如此空两字位）之论悉矣。其见于赋咏若《玉台》（雅俗轩按：即《玉台新咏》）所载，刘李绰之采菱儿，昭明之伍皓娈童，失名氏之少年。又至岑嘉州赵歌儿之属，亦不能悉录。又《僧祇律》言，舍卫城比丘于男女，黄门三处，非道行淫，与诸戒律所具益详备也。或谓书比顽童，盖未必然，而其他尚多可征，亦猥不足陈已。今浙人见于讼牒，谓之弄嫛，音（雅俗轩按：万历刻本及《说郛续》本处作“鸟”字，此从石印本）如少，去声。

25.潘沧浪滑稽语　潘沧浪者，滑稽之魁。解后，一客扣姓字。客曰：“仆氏陆，字伯阳。”潘哂曰：“齐景公有马千驷，民无得而称焉，六百羊直甚焉（雅俗轩按：石印本本处无“音”字，此从万历刻本及《说郛续》）？”

26.《老子》与“老子”　弘治中，吾郡一豪子，以事官捕之急，窜匿不出。官百计索之不能得。或言，乡耆某多智数。官廷访之，耆乞屏左右，乃曰：“欲得之，须用《老子》（雅俗轩按：此当指《老子》第三十六章所云：“将欲歙之，必故张之；将欲弱之，必故强之；将欲废之，必故兴之；将欲取之，必故与之。”）。”官曰：“‘老子’已在此矣。”耆意盖用欲取先予之术。官所云，谓已执其父也。耆曰：“不是这个‘老子’。”官曰：“正是这个‘老子’。”耆又白如前，官终不悟，即叱之退。曰：“这蠢物，尚谓一人有两‘老子’，何智术之有？”

27.挨宿　谚语起于今时者。永乐中，取庶吉士，比二十八宿，已具周文襄公乞附列，时称“挨宿”，遂迄今名强附丽者。

28.瓦剌国　瓦剌虏最丑恶，北人诋妇女之不正者，曰“瓦剌国”。

29.守尸者之死　人死有轻于鸿毛，又有大无端不若鸿毛者，大抵官府最多。漫记二事。

京师人产儿，一头两身，弃诸野。一丐取示人以乞钱。俄顷，观者墙立，哄传于逻厂中（雅俗轩按：《汉语大词典》：“指明代特务机构。”并且，该条引录《猥谈》此段为唯一的书证）。入（雅俗轩按：万历刻本本处作“人”字，此从《说郛续》及石印本)白于内,未报。而街坊火甲不知,更恐其扰攘也,逐之,丐提孩去。明日,内旨取看,火甲觅丐与儿,皆亡矣。惧,即自经。家独一妻,惧追捕,亦缢。一户遂绝。

又二人遇于途,甲沉醉,乙半酣。甲殴乙,仆,视之,死矣,迳去。总甲见之,亟白于官。时已暮,姑以苇席四悬障尸,众寝卫于外。夜半,乙稍寤,已迷前事。思,安得处此,必犯夜禁,故潜起而逸。归家,已大醒。谓其妻,"甲殴我,明当讼之"。及明,守者失尸,惊惧。须臾官来,谓受赇弃尸,箠楚之守者诬服,请取尸来,乃共往伺于郊。一人醉而来,众前扑杀之,舁入苇室。乙诣甲喧,将讼之。甲与饮,纳之贿,乃释。甲复思,昔者所由固知为我杀人,今若此曷不白之官,因邀乙往首实。官讯守者,所来不能讳,弃市若漕卒、牵夫、公役辈无故之死,又寻常事耳。

30.过癞　吾乡都生自外归,装有水银一小篚箱,箱上书一"银"字为识。舟人以为银也,乘其醉缚而沉之。南方过癞,小说多载之。近闻其症,乃有癞虫自男女精液中过丢,故此脱而彼染。如男入女固易,若女染男者,亦自女精中出随精入男茎中也。若男欲除虫者,以荷叶卷置女阴中,既输泄,即抽出叶,精与虫悉在其中,即弃之。精既不入女阴官,女亦无害也。此治疗妙术,故不厌猥亵详述之。今南中有癞人处,官置癞坊居之,不以贵贱,知体蕴癞者,家便闻官,隐者有罚焉。

31.狗奸与驴奸故事　曩时,妇人与狗奸事,有公牒人皆知之。又,阙媪事,予记在《语怪》。沈休文《宋书》,凡有两事。又,近数年有驴奸事,漫述之。燕京小民,三五家共筑一土室,买一驴,室中置磨,各家有麦共往磨之。一日,三妇磨麦,少休。驴舒息久之,游腾其势。妇下劣戏言:"我辈能当之乎!"一往就之,畏即已。一继之,不胜而退。一哂而往,稍纵焉,畜遂讫事。畜去,而妇毙焉。此等事,如济汉北江都王及《僧祇律》猿猴精舍比丘难提死马等,甚多。宇宙之间,何所不有!

32.奉化丐户　奉化有所谓丐户,俗谓之"大贫",聚处城外,自为匹偶,良人不与接婚。官给衣粮,而本不甚窘赤。妇女稍妆泽,业枕席。其始,皆宦家,以罪杀其人,而籍其牝,官榖之而征其淫,贿以迄今也。金陵教坊称十八家,亦然,奉銮赵之祖，齐氏室所生也。

33.新人少出　城中有女，许嫁乡间富室。及期，来迎。其夕，失女所在，盖与私人期而为巫臣之逃矣。诘旦，家人莫为计，姑以女暴疾辞，而来傧固已洞悉之矣。婿家礼筵方启，嘉仪纷沓，翘企以待。比逆者至，寂然。主人扣从者，皆莫能对。傧以袂掩口附耳告曰："新人少出。"不觉一笑而已。

郝懿行与《证俗文》

在中国民俗语言学史上，出自著名训诂学家郝懿行之手的《证俗文》，是汉籍民俗语言珍稀文献的一部里程碑式的经典著作。钟敬文先生主编《民俗学概论》的第14章《中国民俗学史略》注意到，“明清时期，文人学者做了许多归纳民俗语言的工作，连钱大昕、郝懿行这样的著名学者都参加进来，撰写了《恒言录》和《证俗文》等著作。他们经过亲自调查，记录和保存了一批当时活在群众口头的民俗语汇，为后人研究前代语言民俗的传承情况提供了第一手材料”①。

一、“夫妇著述，一家两先生”

宋代著名女词人李清照与丈夫赵明诚致力于搜集整理研究金石书画，以一部《金石录》名著青史，留下了一段伉俪佳话。训诂学家郝懿行与王照圆伉俪大半生夫唱妇和，相与析疑，共同治学，如同时代的学问家臧庸②所称赞的“有夫

① 钟敬文主编:《民俗学概论》，上海文艺出版社1998年版，第410页。

② 臧庸(1766—1835)，本名镛堂，字在东，号拜经，江苏武进人，乾嘉时期享有盛誉的考据学家之一。学问严谨，长于训诂，曾师事卢文弨，并从钱大昕、段玉裁等为师问学，尝协助阮元汇辑《经籍纂诂》《十三经注疏》等，著述甚丰，有《拜经日记》《拜经文集》《月令杂说》《说诗考异》等。

妇著述,一家两先生”①,成就了700年后的又一段伉俪佳话。

郝懿行(1755—1825),字恂九,号兰皋,山东栖霞人。乾隆二十二年生,卒于道光五年,年六十九。事迹见《清史列传》卷六九、《清史稿》卷四八二等多种。他出身于书香世家,其八世祖郝晋为明末崇祯戊辰进士,父郝培元为乾隆年间贡生。“懿行”之名盖取意于《尚书·立政》“迪忱恂于九德之行”,又以“恂九”为字。7岁入家塾读书,10岁习《诗经》,16岁应童子试,27岁从李承琏治经学。嘉庆四年(1799)进士,曾官户部主事。懿行于嘉庆四年己未科会试时,曾为《上风录》作序的朱珪和另一位大学问家阮元为正副考官。44岁时因父丧丁忧,47岁服除转就农部任职,以后“淹抑户曹,未迁一官”。其为人恭顺谦退,不轻与人交,而学问颇精,著述甚富,以《尔雅义疏》《山海经笺疏》用力最多,成就亦显著。其他著作尚有《春秋说略》《荀子补注》《春秋比》《易说》《书说》《诗经拾遗》等多种。据称尚有《通俗文疏证》十八卷,未见,不知是否即《证俗文》之讹。郝懿行早年的《春秋说略》曾被纪晓岚赞誉为“划尽千秋藤葛”,其几乎用尽毕生精力直至临终前才完成的代表作《尔雅义疏》,备受后世推崇。

《清史稿·儒林传》载:“懿行妻王照圆,字瑞玉。博涉经史,当时著书家,有‘高邮王父子,栖霞郝夫妇’之目。著有《诗说》一卷,《列女传补注》八卷,附《女录》一卷,《女校》一卷。又与懿行以诗答问,懿行录之为《诗问》七卷,其《尔雅义疏》亦间取照圆说;他著有《诗经拾遗》一卷,《汲冢周书辑要》一卷,《竹书纪年校正》十四卷,《荀子补注》一卷……又有《列仙传校正》二卷。”

《清史稿·列传》卷二九五亦载:“郝懿行妻王,名照圆,字瑞玉,一字婉佺,福山人。懿行见《儒林传》。照圆文辞高旷,得六朝人遗意。懿行有所述作,照圆每为写定题识。其所自为书有《列女传补注》八卷,序曰:‘列女传补注者,补曹大家注也。’照圆六岁而孤,母林夫人恩勤鞠育,教以读书。尝从燕间,顾照圆而命之曰:‘昔班氏注《列女传》十五卷,今其书亡,如能补为之注,是余所望于汝也。’照圆谨志之不敢忘。分阴遄迈,奄忽四七,寸草盟心,遂成衔恤。追省前

① 见《释经堂文集》卷二《列女传补注序》。又,近人许维遹撰有《郝兰皋夫妇年谱》,《清华大学学报》(自然科学版)1935年第3期。

言,陨越滋惧。不揣愚蒙,略依先师之诂,用达作者之意,凡所诠释,将以通其隐滞,取供吟讽。至于义所常行,或传记成文,旧人已注,则皆阙而弗论。诚知疏陋,无能纂续前修,庶几念昔先人,少酬明发之怀。《补注》成,请夫子辨析疑义,时加订正,无隐乎尔,窃所慕焉!又校正《列仙传》二卷,旧有赞,考以《隋书·经籍志》,知为晋郭元祖撰,复别出为一卷。又集传记言占梦者为《梦书》一卷,皆自为序,附懿行书以行。尤喜言诗,著《葩经小记》,书未成。懿行撰诗问,谓与照圆相问答,条其余义,别为《诗说》,皆采照圆说为多。光绪间,其孙联薇以书进,因误为照圆著云。自照圆为《列女传补注》,其后又有汪远孙妻梁校注。"

郝懿行夫人王照圆著
《列仙传校证》刊本封面

乾嘉时期的学者中广泛流传的"高邮王父子,栖霞郝夫妻",说的正是当时极负盛名的训诂学家——高邮的王念孙、王引之父子和栖霞的郝懿行、王照圆夫妇。治学上,懿行、照圆夫妻志同道合,而且专攻的兴趣相投,均有卓越建树,成就斐然,时人将之并称共赞,实在名副其实也。

出身于书香门第的王照圆(1763—1851),字瑞玉,号婉佺,福山县(今山东烟台福山区)河北村人,清末女诗人和训诂家。6岁丧父,由母教读《孝经》《内则》《毛诗》,兼读经史习训诂,20岁即著有《葩经小记》。二人婚后志同道合,感情融洽,时常诗词唱和。新婚之夜,王照圆灯下欣然赋诗:"千里良缘彩线牵,三冬谷旦结团圆。挑灯最喜亲风雅,先说《周南》第一篇。"夫妻志趣相投、鱼水和谐的满足、欢悦之情溢于言表。① 大婚的当年秋天,郝懿行济南应试中举,照园

① 诗载夫唱妇和诗文结集《和鸣集》。《关雎》为《周南》第一篇,以此暗寓诗中的"窈窕淑女,君子好逑"之句。

吟诗两首赠夫。其一云:“小试文场久擅名,矮庐一人倍经营。案头挥笔风添势,夜半构思月助明。花结锦成人易懒,云飞露白马登程。如君折得蟾宫桂,自尔方山听鹿鸣。”鼓励丈夫要再接再厉争取进士及第。十年后的清嘉庆四年(1799),郝懿行一举进士及第。

郝懿行多年担任闲职京官,俸禄不丰,而一生嗜书,以读书、藏书、著书、校书为趣,又需常常斥资购书,以至“家中四壁徒然,庭院蓬蒿常满”。不过,以“平生要做校书女,不负乌衣巷里人”自勉的王照圆亦甘于与之一起安贫乐道、淡然处之,伉俪情深,相濡以沫,共同治学。甚至懿行辞世时,一时“无钱举葬,夫人欲归原籍不能,羁留京邸,不知所依”,足见境况之凄苦。最后,妻儿费尽周折筹款才得以扶柩归里安葬。

由于尊古尚雅的传统,历代辑释俚言俗语的学者,多注重于典籍之中追根溯源,以其“由来有自”为是。《证俗文》亦不免俗,自不例外。难得的是,王照圆治学经典,亦与夫相和鸣。她认为朱熹的《诗集传》过于晦涩难懂,于是夫妻俩以答问形式,历经20余年合作完成了《诗问》七卷,其解说则关注到习俗风尚和俗语。如:“瑞玉曰:朝行已早,不遑朝,言武人行尤早不暇至朝,始发也。按:劳训劳苦,与下章没字戾矣。郑笺云:劳劳,广阔。劳劳盖齐语,或方俗语也,此解甚善。”清道光五年(1825)郝懿行69岁时卒于京邸,时年63岁的夫人王照圆回归故里,着手整理丈夫遗书,以求流传,彰显于世。

二、慕服《通俗文》兼取《儒林传》:疏通证明

郝懿行《证俗文》自序即言:“命曰《证俗文》,盖慕服子慎《通俗文》,兼取《儒林传》疏通证明之意云。”

刘叶秋先生曾就《通俗文》的性质与成就指出:“这是一部解释通俗用语的词典……它既释义,也注音,实为以实用为主的通俗词典之先河,对后出的字书、类书,有一定的影响。”①这一点,几乎为古今所公认。今学者段书伟《通俗文辑校》,可谓迄今治《通俗文》较为完善之本。(作者按:至为遗憾的是,是书

① 刘叶秋:《中国字典史略》,中华书局2004年版,第64—65页。

印校不精,颇多校对错误)段氏是书前言云,《通俗文》"集中收集、解释俗言俚语、冷僻俗字为其特色,书中所收俗言俚语,真实地反映了汉代词语的情况,是研究汉语史的宝贵材料"。《通俗文》"一书在未亡佚之前,是很有实用价值的,可以称它为我国第一部俗语词典,它不仅开俗语研究的先河,也是后代各种俗语词典的滥觞"云云①,所言甚恰当。

据《后汉书·儒林传》卷七九下等所载知,服虔字子慎,初名重,又名只,后改为虔,河南荥阳(今河南省荥阳市东北)人。少时清苦立志,入太学受业。后举孝廉。灵帝中平末(188 前后),拜九江太守。有雅才,善著文论,信古文经学。著述有《春秋左氏传解谊》《春秋隐义》《春秋成长义》《春秋音隐》《左氏膏肓释痾》《汉书音训》以及赋、碑、诔、书记及《连珠》《九愤》等多篇,多逸。服虔病死于战乱之中。事迹又见清谢启昆《小学考》卷四十六、卷四十九。生卒年未详。继扬雄《方言》之后出现的《通俗文》,主要辑释秦汉之际和汉代俚俗语词,搜讨较富,诠释及体例亦比较完备,兼或注音,有别于《方言》,自有特色。个中有些条目释文尤显详备。如《太平御览》卷三四六所引证《通俗文》的几例。(1)"匕首剑属。其头类匕,故曰匕首,短而便用。"(2)"床,三尺五曰榻板,独坐曰枰,八尺曰床。"(3)"容丽曰媌,形美曰媠,容美曰媠。南楚以好为娃,肥骨柔弱曰婀娜,颊辅妍美曰妩媚。"有研究指出②,以征引旧籍来注解《文选》是李善注的显著特征,也是李善注具有较高学术价值的原因。作为我国第一部解释俗言俚语的训诂专著《通俗文》,李善注《文选》时曾被多次引用,以解决《文选》俗语词的训释。凡此,其价值可见一斑,亦正因此而得以保存和流传。《通俗文》同《方言》一起开创了中国汉语俗语辞书的先河,郝懿行《证俗文》间或引证《通俗文》只有为数不多的几例,更重要的在于继承其辑录广泛、辑释详备这一优长。

① 段书伟:《通俗文辑校》前言,中州古籍出版社 1993 年版,第 1—3 页。

② 段书伟:《〈文选〉李善注引用〈通俗文〉评述》,《郑州大学学报》(哲学社会科学版)1997 年第 1 期。另外,尚有几篇相关文章可资参考:韩卫斌《服虔及其〈通俗文〉》,《新乡师范高等专科学校学报》2007 年第 1 期;林源《〈通俗文〉性质略论》,《古籍整理研究学刊》2004 年第 3 期;陈建梁《〈通俗文〉作者考》,《文献》1995 年第 2 期。

晒书堂藏版光绪十年(1884)
东路厅署刊本《证俗文》封面书影

《郝氏遗书》封面书影

晒书堂藏版光绪十年(1884)
东路厅署刊本《证俗文》卷二正文
(部分)书影

晒书堂藏版光绪十年(1884)
东路厅署刊本《证俗文》目录(部分)
书影

《证俗文》十九卷，郝联荪等同校。晒书堂藏版。光绪十年(1884)东路厅署刊本，《郝氏遗书》、日本汲古书院《明清俗语辞书集成》《续修四库全书》《中国民俗方言谣谚丛刊初编》以及《郝懿行集》诸本，均据此影印或点校。卷首有作者自撰《证俗文述首》，说明撰著是书所自："余年在逾立，始有志乎读书。资性迟钝，日裁数十行，能信讽者裁百余言。及浃辰之闲，忽忽如梦，彼百余言已忘其半。更阅一时，半者又亡，偶复追忆，宛如隔世。今齿将及艾，前志不遂，良可于邑，日月不贷人；一得之愚，恐终不复能为我有也。近六七年来，遇有所得，用纸札记，藏弆遂多。今检其纸，有破损者，雨湿者，烟熏者，纸尾细书不可辨者。乃者涒滩之岁，稍欲收拾散亡，集而录之。作噩之年，乃能粗就分别部居，令不杂厕，凡为十九卷。"是知《证俗文》为郝氏晚年间集腋成裘之作。

清代著名学问家董恂(1807—1892)，非常看重《证俗文》一书，在79岁时曾亲为补编全书的目录，以便检索。即如所撰《补〈证俗文〉目录序》中盛赞称："今续读先生所著《证俗文》一书，窃叹其淹贯古今，出入经史，征引浩博，断制谨严，所以沾丐后人者不少，洋洋乎大观哉。"

盛赞郝懿行《证俗文》的四朝重臣董恂

補證俗文目錄序
恂獲讀蘭臯先生曬書堂文集
筆記單錄暨先生尊人楳叟聞
評，皆摘而手繕之矣。恂資識駑
鈍，每苦氣浮眼大，隨之而滑，以
故凡所讀書，輒句讀之，丹黃之，
後摘而手繕之，冀以斂其心，使
多肆其大較也。今續讀先生所

證俗文　卷首序　一

著證俗文一書，竊嘆其淹貫古
今，出入經史，徵引浩博，斷制謹
嚴，所以沾丐後人者不少，洋洋
乎大觀哉。將擬繕之，則愛無可
割；將脩繕之，則恂今年閏春烁
已七十有九，僅不首量，設功眾
亐年塗不美遺一未了亐胸中
孚計是書凡十有九卷，書中所

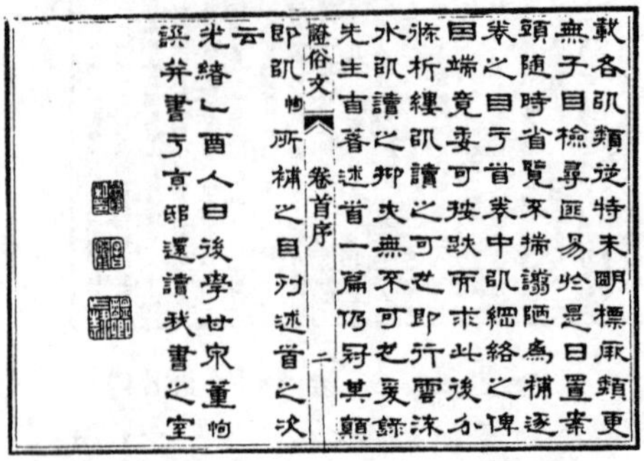

載，各以類從，特未明標厥類，更
無子目，檢尋匪易。於是日置案
頭，隨時省覽，不揣譾陋，為補逐
卷之目于首，卷中以細絡之，俾
目端竟委，可按跡而求。此後亦
條析縷以讀之可也，即行雪沫
水以讀之，抑亦無不可也。叟錄
先生有著述首一篇，仍冠其類，

證俗文　卷首序　二

即以恂所補之目列述首之次
云。
光緒乙酉人日，後學甘泉董恂
誤弁書于京邸還讀我書之室

清董恂《补〈证俗文〉目录序》书影

三、博采民俗语汇，探究民俗语源

汉刘向《说苑·君道》："博采其辞，乃择可观。"《后汉书·郎顗传》亦云："博采异谋，开不讳之路。"二者原本就察人而言，考察俗语、民俗语汇又何尝不是如此。

《证俗文》全书洋洋数十万字，辑释俗语、民俗语汇以及杂事字词凡140多条，其中考释杂字有260多个。不分门类，而各卷内容大致集中。卷一为饮食，卷二为服饰，卷三为日用什物，卷四为亲族称谓，卷五为岁时节令，卷六为名物杂事，卷七为日用计量，卷八为典制，卷九为官署，卷十为杂考，卷十一为神祇，卷十二为动植物，卷十三为俗语杂字，卷十四为奇字，卷十五为别字，卷十六为误字，卷十七为名物杂称，卷十八为异域殊语名物称谓，卷十九为梵语、佛家语汉译考释。其中，卷十七名物杂称24事，各事又释相关俗语称谓若干。是书以训诂学方法考释俗语杂事，征引较广，经史子集，字书、类书、韵书、小说、笔记，乃至戏曲，均在其列，援古证全以示流变，郝氏自家见解，有时则间以按语形式写进释文。如例：

行李　古者行人谓之行李，本当作行理。理，治也。行李者，古字假借通用。又案：岑，古文使字，与李字形相近，或行岑伪为行李，转为行理，亦未可知；而经传无岑，先儒亦不言是误疑，未敢信也。《左氏僖三十年传》：行李之往来；《襄八年传》：亦不使一介行李。皆作李。《昭十三年传》：行理之命；杜注：使人也。《周语》：行理以节逆之；贾逵曰：理，吏也，（案：《汉书·百官公卿表》：长吏，少吏；师古曰：吏，理也。）小行人也。皆作理。而《周礼》小行人，孔晁注复作李。《日知录》三十二卷：唐时谓官府导从之人亦曰行李。《旧唐书·温造传》：左拾遗舒元褒，言元和长庆中，中丞行李不过半坊，今乃远至两坊，谓之笼街、喝道。敕曰：宪官之职在指佞触邪，不在行李，岂其不敢称卤簿，而别为是名邪。案：今俗治行装亦曰行李，斯则谬矣，盖循其名而不则其实者。（卷六）

击壤　古时儿童戏具，非土壤也。《周处·风土记》："以木为之，前广后锐,长尺三寸,其形如履。古童儿所戏之器,非土壤也。先侧一壤于地,遥于三十四步,以手中壤击之,中者为上。”案:即飞砖戏也。《集韵》:“墒,徒和切,飞砖戏也。”宋世,寒食有飞墒之戏。梅尧臣《禁烟》诗:“窈窕踏歌相把袂,轻浮赌胜各飞墒。”案:亦曰抛墒。今名为打瓦,实则投石。其石方长大小不一,先立一石于十步之外,手石掷击,或以足蹴踏,发机命中。盖本古人投石之艺,因以角力。儿童此戏捷于木为者也。又有木橛之戏谓之打椿。读为竹怀切。木为短橛,平置于地,手木击撞,令飞跃阶上,以为得携,奔头刺尾,各臻其胜,唯兹二者屯里儿童尤为竞尚矣。案:《崔驷·西巡颂表》曰:“唐虞之世。樵夫牧竖。击辕中韶。感于和也。”《班固集》:“击辕相杵亦足乐也。”《曹植书》:“击辕之歌有应风雅。”是知击壤、击辕并唐虞时事。

胡卢　笑也。《后汉书·应劭传》:掩口卢胡而笑。《注》引《阚子》亦曰俛而掩口卢。胡而笑,曰:比燕石也。案:大笑曰呵呵,《集韵》引《博雅》云:呵呵,笑也。又声转为赫赫。《朝野佥载》:正月三白,田公笑赫赫。一作胡卢。《孔丛子·抗志篇》卫君胡卢大笑,盖胡卢笑在喉间声。今时俗语犹谓咽喉作声曰胡卢也。胡卢疑即胡咙字,声转为胡卢耳。胡咙又即喉咙字,古人读喉为胡也。《汉书·息夫躬传》师古曰:咽,喉咙,即今人言胡咙耳。亦作咙胡,《后汉书》请为诸君鼓咙胡,是也。案:《说文》:胡,牛颔垂也。《释名》:胡,互也,在咽下垂。能敛互物也。《诗》曰:狼跋其胡。狼之老者,颔下垂胡,故又以为寿考之称。《诗》曰胡考之宁,《传》曰:虽及胡耇。《释名》:胡耇,咽皮如鸡,胡也。《逸周书·谥法解》:弥年寿考曰胡,保民耆艾曰胡。而晋有王胡之字修龄。(卷六)

俗谓无业、不务正业的游民或流氓为“混混儿”。如清代小说《官场现形记》第二十八回:“这夏十京城之内也很有几个朋友。无奈同他来往的都是混混一流。”再如《负曝闲谈》第八回:“回头一问贾家的管家,管家说:‘这三个人都是混混。’劲斋方知道是流氓。”又如《孽海花》第二十一回:“当库丁的都是著名混混儿。他们认定一两个王公做靠主,谋得了库缺。”云云。追根溯源,究其实则当是郝懿行《证俗文》所辑释的“马流”之流。其卷六载：

> 马流　今俗谓不务本业而飘荡者，曰马流。韩愈《送广师》诗：衙时龙户集，上日马人来。注：即马流也。一作马留，《唐书·环王传》：西屠夷盖马援还，留不去者才十户，隋末孳衍至三百，皆姓马。俗以其寓，故号。马留人与林邑分唐南境。《方隅胜略》谓马人散处南海，谓之马流。

凡此诸例，已足见《证俗文》考据辨证俗语精审详密，征引多具所出，释义严谨确切，言必有据，不尚空论，是其身为一代考据训诂学家之长。如考释“阿堵”，追根溯源，则知原为晋代俗语中的指代词，后讹借指钱。如“马流”从古代对南海民族及后汉马援南征时遗留部卒的后人的称谓，考知“马流”语源。马援南征之事又见于《水经注》卷三六《温水》：“马文渊（即马援）立两铜柱于林邑岸北，有遗兵十余家不反，居寿泠岸南而对铜柱，悉姓马，自婚姻，今有二百户。交州以其流寓，号曰马流。言语饮食，尚与华同。”亦可为证。刘叶秋先生认为，不仅《通俗编》《恒言录》未收“阿堵”一条，而且当代辞书《辞源》《辞海》的解说也没有是书详明；其编次之有条理，注释之谨严，超过《通俗编》，较《恒言录》亦胜一筹，可以和他的《尔雅义疏》《山海经笺疏》媲美①，评价可谓允洽。

然而，尽管郝氏功力颇深，治学严谨，《证俗文》毕竟是其晚年积累零札并疏理编次而成，其时“齿将及艾”，唯恐“前志不遂”，尤感“日月不贷人”，则是书未免有仓促之痕。如其卷一七中 24 事各含若干俗语，考释辨证则远不及卷六等各卷之精审详密。例如：“俗语嚏云人道我：《诗·邶风》‘愿言则嚏’笺：‘今俗人嚏云人道我。’此古之遗语也。”释义、引证均略，又无考辨（或无可辨者），与《土风录》卷十五“喷嚏曰人说我”条释文相比，远不如顾氏考释得详密。就《证俗文》全书内容而言，亦嫌芜杂。一如明方以智《通雅》所辑有医方专卷，《证俗文》中不止有以书名为条专为介绍者，如卷六的起居注，又“古天子即位策书”之类，卷十所辑“尧冢有三”“文武周公墓有二”“首阳山有五”“孔子生年月”“黄河

① 刘叶秋：《中国字典史略》，中华书局 1983 年版，第 165—166 页。

源委”“水泉盐铁”之类，亦远远超出其“盖慕服子慎《通俗文》兼取《儒林传》疏通证明之意”之初衷，是为体例虽善而疏误于收录范围。虽有此段，而《证俗文》仍不失为一部学术和文献价值均高的俗语辞书，惜刊本流布未广。

刘叶秋先生在谈到明清俗语辞书时提出：“明清两代编辑方言的俗语词典，则大致可以分为两种：一种是考证一般的常言俗语，如明陈士元的《俚言解》、张存坤的《雅俗稽言》，清翟灏的《通俗编》、郝懿行的《证俗文》之类，解说字词，略似《通俗文》，而偏重引证，标目分门，又如类书。其采辑范围，由经史子集扩大到类书和历代笔记杂著、小说、戏曲以及里巷琐言，所包甚广，近于百科性的知识词典。这类词典数量较多，用处较大。另一种是考证某一地区的方言的，如明李实的《蜀语》、清胡文英的《吴下方言考》之类，应该算作方言词典的正宗，但为数寥寥，影响不大。”①可以说，这是中国汉语俗语、俗语辞书史的最基本也是最主要的类型。

四、疏通俗雅，互为辨证

显然，书名《证俗文》之所谓“证”，即“兼取《儒林传》疏通证明之意”；其“俗”，乃就服虔的《通俗文》而言。“疏通证明”，即《汉书·儒林传·孟喜》所言及的：“喜好自称誉，得《易》家候阴阳灾变书，诈言师田生且死时枕喜膝，独传喜，诸儒以此耀之。同门梁丘贺疏通证明之，曰：‘田生绝于施仇手中，时喜归东海，安得此事？’”颜师古注云：“疏通，犹言分别也。”也就是说，《证俗文》是一部辨析阐释雅俗语词之作。

郝氏一生“为人谦退，讷若不出口，然自守廉介，不轻与人晋接。遇非素知者，相对竟日无一语，迨谈论经义，则喋喋忘倦。所居四壁萧然，庭院蓬蒿常满，僮仆不备，懿行处之晏如。浮沉郎署，视官之荣悴，若无与于己者，而一肆力于著述，漏下四鼓者四十年”，著述甚丰。其“笺疏山海经，援引各籍，正名辨物，事刊疏谬，辞取雅驯。阮元谓吴氏广注征引虽博，失之芜杂；毕沅校本，订正文字尚多疏略；惟懿行精而不凿，博而不滥”（《清史稿·儒林传》）。《证俗文》一书，

---

① 刘叶秋：《中国字典史略》，中华书局2004年版，第64—65页。

也体现了其前半生几十年的专攻和学术积累，颇见其治学严谨而功力深厚。《鲁迅辑校古籍手稿》第六函第五册中包括 1910 年年底至 1911 年年初抄录自《郝氏遗书》的三部手抄稿：抄录于"庚戌十一月"的《蜂衙小记》《燕子春秋》和抄录于"庚戌十二月"的《记海错》①。

其中，包括嘉庆十九年(1814)脱稿的《晋宋书故》，以及次年成书的《宋琐语》等。例如：《晋宋故书·阿堵》条全文为：

> "阿堵"音者，即今人言"者个"。"阿"，发语词；"堵"，从者，声义得通借。《说文》云："者，别事词也。"故指其物而别之曰"者个"，方俗之言有符训诂，浅人不晓，书作"这个"。不知"这"字音"彦"(《玉篇》："这，宜剑切。迎也。")，以"这"为"者"，其谬甚矣。凡言"者个"随其所指理俱可通。故《晋书·王衍传》："口未尝言钱，妇郭欲试之，令婢以钱绕床，使不得行。衍晨起，见钱谓婢曰：举阿堵物欲？"案：阿堵盖当时方言，犹言阿筒者，筒而非专谓钱也。故《世说·巧艺篇》："顾长康曰：传神写照正在阿堵中。谓眼也。"《文学篇》："殷中军见佛经云：理应阿堵上，《雅量篇》注谓经也。谢安目卫士谓：明公何有壁间著阿堵辈？谓兵也。"益知此语为晋代方言，今人读为睹，音则失之矣。

至编著《证俗文》时，则节取其从"《晋书·王衍传》：口未尝言钱……"至结尾的后半部分(即上述引文中带下画线的部分)辑录为条。

《清史稿·儒林传》载："懿行之于《尔雅》，用力最久，稿凡数易，垂殁而后成。于古训同异，名物疑似，必详加辩论，疏通证明，故所造较晋涵为深。高邮王念孙为之点阅，寄仪征阮元刊行。元总裁会试时，从经义中识拔懿行者也。"懿行自道："邵晋涵《尔雅正义》搜辑较广，然声音训诂之原，尚多壅阂，故鲜发明。今余作义疏，于字借声转处，词繁不杀，殆欲明其所以然。"又曰："余田居多载，遇草木虫鱼有弗知者，必询其名，详察其形，考之古书，以征其然否。今兹疏

① 上海古籍出版社 1993 年版。

中其异于旧说者,皆经目验,非凭胸臆,此余书(即所著《尔雅义疏》)所以别乎邵氏也。"(《清史稿·儒林传》)个中,其撰著《证俗文》即在于"补《尔雅》《方言》《释名》之所未备。《尔雅义疏》之作,类发轫于此"。有研究认为①,"《证俗文》是一部具有一定规模的考释性辞书。博采古今载籍,搜罗宏富;穷原竟委,详加考核;疏通证明,阐明古义;正名辨物,足资考证。对后人研究古代名物制度、文字训诂之学实有裨益"。同时更为其晚年撰《尔雅义疏》作了充分的准备。或因如此,《证俗文》不仅数处引证《尔雅》《方言》《释名》,还在选辑条目、分类、释义体例等诸方面,与诸书多相观照。洋洋大观数十万言的《尔雅义疏》,显非短时间的一时之作。清嘉庆十七年(1812)郝懿行56岁时开始整理《证俗文》,次年完稿。道光二年(1822),郝懿行病殁的前一年,亦即《证俗文》成书的九年之后,《尔雅义疏》完成。

《证俗文》成书的过程中,已经含有对《尔雅》有关条目的考释。

牛郎织女传说古已有之,源远流长。在其流传过程中,"牵牛"流变为"黄姑"亦由来已久。南宋范成大《吴郡志十三·祠庙下》:"黄姑庙,在昆山县东三十六里,地名黄姑。父老相传,尝有牵牛织女星精降焉,女以金篦划河,河水涌溢,今村西有百沸河。乡人异之,为立祠。旧列车、女二像,后人去牵牛,独祠织女,祈祷有应。岁七夕,乡人醵集庙下占事,无毫厘差。旧有庙记,今亡之。"南宋龚明之《中吴纪闻》亦载,牛郎织女庙的"祠中列两像,建炎兵火时,士大夫多避地东冈(今太仓),有范姓者,经从祠下题于壁云:'商飙初到月理轮,乌鹊桥边绰约身。闻道佳期对一夕,因何朝暮对斯人。'乡人遂去牵牛像,今独织女存焉"。而且,两书均有"牛郎织女降生黄姑"的记载。由诸家记载可见,"黄姑",亦即"黄姑庙"所在之"昆山县东三十六里,地名黄姑"之"黄姑村",即为江苏省太仓县城厢镇南今胜昔村4组的古旧村名。《苏州府志》《太仓州志》和《镇洋县志》等方志亦多记载"织女庙在太仓州(城)南七里黄姑塘,宋咸淳五年建,嘉定知县朱象祖重修"。南宋诗人范成大(1126—1193),平江吴郡(郡治在今江苏

① 许维遹:《郝兰皋夫妇年谱》,《清华大学学报》(自然科学版)1935年第3期。张子才:《郝懿行的〈证俗文〉》,《辞书研究》1990年第5期。

苏州)人,故里距太仓黄姑村不远。龚明之(1091—1182)本身就是太仓南郊人。

关于称“牵牛星”为“黄姑”,郝懿行《尔雅义疏·释天·何鼓谓之牵牛》云:“何鼓,亦名黄姑,声相转耳。”这一论断,可与其《证俗文》卷一六《误字·黄姑女》条相互呼应和观照。所释如下:

黄姑女 《尔雅·释天》:“河鼓谓之牵牛。”盖语讹声转为黄姑。古诗云:“东飞伯劳西飞燕,黄姑织女时相见。”李太白诗“黄姑与侄女相去不盈尺”,是皆以黄姑为牵牛也。至李后主诗:“迢迢牵牛星,杳在河之阳。粲粲黄姑女,耿耿遥相望。”以黄姑为织女尤讹。

郝氏的论断并非其新发明,其说先已见诸《荆楚岁时记·牵牛织女聚会赋情》所考:

七月七日,为牵牛织女聚会之夜。

按:戴德《夏小正》云,是月织女东向,盖言星也。《春秋运斗枢》云:“牵牛,神名略。”石氏《星经》:“牵牛,名天关。”《佐助期》云:“织女,神名收阴。”《史记·天官书》云,是天帝外孙。傅玄《拟天问》云:“七月七日牵牛织女会天河。”此则其事也。河鼓、黄姑,牵牛也,皆语之转。

又如明崇祯年间张采《太仓州志》卷一五《名绩》所记述:“黄姑村。去张泾关渡东南三里,相传牵牛织女二星降其地。织女以金篦划河,水涌,牵牛不得渡,土人因立祠,今俗呼织女庙。庙西有水名百沸河。黄姑者,河鼓也,犹桑落反语为牵郎。宋龚宗元住村内。”张采(1596—1648),字受先,号南郭,亦为江苏太仓人。

广博精审考证详赡的《通俗编》

清代有两位未见载于《古今同姓名大辞典》的同名人物——“翟灏”。一位是著有《尔雅补郭》《通俗编》，历官金华、衢州府学教授的仁和（今浙江杭州）人“巢翟子”翟晴江；一位是因曾任台湾府淡水厅新庄县丞而著有《台阳笔记》的山东淄博人翟笠山。

这里所要评议的，是翟晴江及其主要著作《通俗编》。

一、关于《通俗编》之“通俗”

所谓“俗”，通常指民间的或民间流行的。“通俗”之“俗”，则进而扩展为泛指多数人常见、通晓程度浅显的事物。《京本通俗小说·冯玉梅团圆》：“话须通俗方传远，语必关风始动人。”《后西游记》第一回“老大圣姓孙，名悟空，取经时又有个通俗之号叫作行者，又自称齐天大圣”，其中的“通俗”，显然皆在此语义范围之内。

若追根溯源的话，今见所存最早与《通俗编》书名、题材相近似的汉文典籍是《通俗文》。有人提出，《通俗文》书名之“通俗文”，应理解为“通——俗文”，即“通晓——常用语词”,《通俗文》是一部“通晓常用语词”的辞书①。那么,《通俗编》书名之“通俗”该当何解呢?《颜氏家训·书证》云:“《通俗文》,世间题云‘河南服虔字子慎造’。虔既是汉人,其《叙》乃引苏林、张揖;苏、张皆是魏人,且郑玄以前,全不解反语。《通俗》反音,甚为近俗。”林慰曾校勘并序臧庸辑录本《通俗文》谓:“是书释物命名,体近《尔雅》,晓古今之异旨,通世俗之殊言。”其所谓“世俗之殊言”,亦常言俗语。

再如明代陈士元《俚言解序》自序云:“乡俗常语,多有证据。听者玩熟而茫无考辨,则古圣察迩言何为哉?尝读《方言》与今时所言颇不类。而《通俗文》并《释常谈》等书又指引不广,余暇日著《俚言解》六百八十八章。庶乎陪佳客之诙谐,共鸿儒而博论,不至面墙云尔。兹未能尽梓,聊录三百余章梓之。”在作者关于本书编纂缘起与宗旨的说明中所说的“乡俗常语”,亦即常言俗语。清郝懿行在《证俗文述首》中说“命曰《证俗文》,盖慕服子慎《通俗文》,兼取《儒林传》疏通证明之意云”,是述命名之由,亦是开宗明义。《证俗文》和《通俗文》辑释的语料,亦皆常言俗语之类。同属关注通俗文化研究大家的李调元在为光绪本《通俗编》撰写的序文中,也谈到了本书的书名。他认为,本书“以其通于方言故曰‘俗’”。

那么,《通俗编》辑释的“有见于经传,学士大夫所不习,而莞蒻灶妾口常及之”的言语,亦属常言俗语。与《通俗编》亦属同类著作的晚清孙锦标《通俗常言疏证》的书名,亦恰可作为“通俗”二字语义所指的旁注或佐证。

二、广博精审、考证精详而自成一家

《通俗编》三十八卷,有无不宜斋刻本、武林竹简斋本、《函海》二十六卷本、《丛书集成初编》本以及商务印书馆 1958 年标点校排本、东方出版社 2013 年出版的陈志明编校本和中华书局 2013 年出版的颜春峰点校本。是书辑释俗语、方言、名物称谓凡 5454 个条目,按内容分为天文、地理、时序、伦常、仕进、政治、文学、武功、仪节、祝诵、品目、行事、交际、境遇、性情、身体、言笑、称谓、神鬼、释

① 林源:《〈通俗文〉书名考》,《中国语文》2009 年第 3 期。

道、艺术、妇女、货财、居住、服饰、器用、饮食、兽畜、禽鱼、草木、俳优、数目、语词、状貌、声音、杂字、故事、识余38类,类各为卷。卷首有“乾隆十有六年岁在辛未仲秋西隒弟周天度”之序。其中,商务印书馆和中华书局本则将梁同书《频罗庵遗集》卷一四的《直语补证》附印于《通俗编》之后成其完璧,并统编有联合索引,便利读者检查使用。

是书一如周序所称,其考释俗语语义、探索语源颇为精审;而征引古籍文献亦很详赡。再即翟氏将考释中的见解、判断,皆以按语形式加以阐述。

《本草纲目》载:“蟹,横行甲虫也。外刚内柔,于卦象《离》。骨眼蜩腹,咂脑鲎足,二螯八跪,利钳尖爪,壳脆而坚,有十二星点。”寥寥数言,蟹之形象特征跃然纸上。不过何以谓“蟹”,尚不得而知。翟灏的《通俗编·禽鱼·旁蟹》有详细的考释:“《周礼·梓人》疏:‘蟹谓之螃蟹,以其侧行者也。’按:语义当正作旁,今字从虫,疑是后人率加。《埤雅·释鱼》云:‘蟹旁行。故里语谓之旁蟹。’可证。”也就是说,“螃蟹”是两个形声字构成的合成名词。而且,由于包括俗语等“通俗”内容,所以本书还有多个涉“蟹”条目,丰富了关于“螃蟹”的文化信息。如:

无不宜斋雕本《通俗编》封面书影

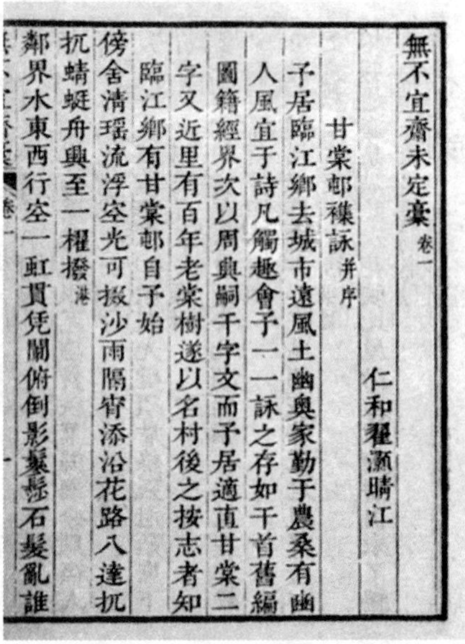
無不宜齋未定稾 卷一
仁和翟灝晴江
甘棠郵襍詠 并序
子居臨江鄉去城市遠風土幽與家勤于農桑有幽人風宜于詩凡觸趣會予一一詠之存如干首舊編圖籍經界次以周興嗣千字文而予居適直甘棠二字又近里有百年老棠樹遂以名村後之按志者知臨江鄉有甘棠郵自予始
傍舍清瑤流浮空光可掇沙雨隔宵添沿花路八達抗抗蜻蜓舟輿至一榷撥港
鄰界水東西行空一虹貫凭闌俯倒影纍纍石髮亂誰

翟灏《无不宜斋未定稿》正文首页书影

一蟹不如一蟹　《圣宋掇遗》："陶谷奉使吴越，吴懿王宴之。以其嗜蟹，自蝤蛑至蟛蜞，凡罗列十余种。谷笑曰：'真所谓一蟹不如一蟹也。'王铚《国老谈苑》载此事，作'一代不如一代'。"

落汤螃蟹　《五灯会元》："云门偃曰：'忽一日眼光落地，莫似落汤螃蟹，手脚忙乱。'"

冷眼看螃蟹　《元曲选·潇湘雨》剧："常将冷眼看螃蟹，看你横行到几时？"今院本袭用甚多。

虾荒蟹乱　高德基《平江记事》："大德丁未，吴中蟹厄如蝗，平田皆满，稻谷荡尽。吴谚：'虾荒蟹乱。'谓此也。"

拈蛇弄蝎　《蟹谱》："艺祖遣使江表，宋齐丘送于郊次。酒行语热，使者启令曰：'须啖二物，各取南北所尚。复以二物，仍用南北俚语。'乃曰：'先吃鳣鱼，又吃螃蟹，一似拈蛇弄蝎。'齐丘继声曰：'先吃乳苏，后吃荠团，一似噇脓灌血。'"

以"锭"用作计量固体墨块的量词，由来已久，至少是宋陈师道《后山谈丛》卷一可见"秦少游有李廷珪墨半锭"这样的记载。由是，乃有"墨锭"之谓。但它是由金锭、银锭之"锭"而来。这种渊源关系，翟氏的《通俗编·货财·锭》作有详赡令人信服的考释：

铤　《南史·梁卢陵王传》："嗣子应不慧，见内库金铤，问左右：'此可食不？'"《旧唐书·薛收传》："上书谏猎。太宗诏赐黄金四十铤。"《五代史·贾纬传》："言桑维翰死，有银八千铤。"《传灯录》："药山俨令供养主抄化甘行者，舍银两铤。"按：世俗计金银以"锭"，"锭"为"铤"之讹也。"锭"乃有足灯，盖今烛台之类。与金银略无关涉。古计墨亦曰几"铤"，今并讹为"锭"矣。

无论是以讹传讹还是同音通假，以"锭"用作固体墨块的计量词以及"墨锭"之说，均已约定俗成毋庸改易。但是，通过考释辨析了解其渊源由来，仍不失其文化史和汉语史的意义。

再看如下诸例：

内人　《天禄识余》："唐女妓入宜春院谓之内人，今概称妻为内人，非。"按：宜春院说见《崔令教坊记》。王建《宫词》："寒食内人常白打，库中先散与金钱。"张祜诗："三百内人连袖舞，内人已唱春莺啭。"所云似是女妓，然此惟唐时为然，前古大不然也。《周礼》"内宰会内人之稍食"，"内小臣正内人之礼事"，"阍人几内人之出入"，"寺人掌内人之戒令，典妇功，授内人之事"，"斋内竖，有祭祀宾客丧纪之事，则为内人跸"。凡云内人，皆指女御，即天子八十一御妻也。平人之妻而上方于天子九御，方嫌其过于尊贵，翻谓之渎其妻室乎？《礼记・檀弓》："敬姜言文伯死，朋友诸臣未有出涕者，而内人皆行哭失声。"郑康成注："内人，妻妾也。"可见此称之通于臣下，自春秋时然。经文详备如此，顾独牵惑于后世小说乎？又世亦称妻曰"内子"。白居易有《代内子贺兄嫂》诗。《考礼杂记》："内子以鞠衣。"注："内子，卿之适妻。"《春秋传》："赵姬请逆季隗于狄，赵衰以为内子，而已下之。"以此自称其妻，亦觉过于尊贵。（卷一八《称谓》）

恶模样　《义山杂俎》品目有恶模样凡十二事。《老学庵笔记》："秦桧之以女孙嫁郭知运，自答聘书，有不卑作赘之语。其夫人欲去之曰：'恶模样。'秦曰：'必如此乃约束得定。'"（卷一一《品目》）

千闻不如一见　《汉书・赵充国传》："百闻不如一见，臣愿驰至金城图上方略。"《陈书・萧摩诃传》："侯安都谓曰：'卿骁勇有名，千闻不如一见。'"（卷一三《交际》）

灵利　东坡《杂纂二续》载"谩不得"四事，其一曰"灵利孩儿买物"。《陆象山语录》："既是一个人，如何不打叠教灵利。"《悦生随抄》："范蜀公言：'家中子弟，连名百字，几乎寻尽矣。或曰百灵、百利、百巧、百穷，必未取以名也。'蜀公为之大笑。"按：《五灯会元》宗智谓云"你不妨灵利"，沩山谓智闲"聪明灵利"，以及"灵利座主""灵利道者""灵利衲子""灵利汉""灵利人"，俱作灵利。而此语见之字书者，惟《广韵》令刂字下云："令刂利，快性人也。”则“剁利”其正文矣。朱淑真诗云:“始知怜悧不如痴。”《字汇》云:“《方言》谓黠慧曰伶俐。”俱传文未得真也。

凡此,《通俗编》的学术性、资料性及实用性价值,均不可低估,是历代同类著作中的上乘之作。是书不仅于200年前有较高的实用意义和学术价值,即或于今后的一段时期内,仍将对于我们探讨某些俗语词源,研究语汇的发展演变、汉语构词法规律,以及研究古代社会的名物制度、民俗风貌,均有重要价值,它丰富而有条理的资料可为学术研究提供很大便利。

三、梁山舟《直语类录》让位《通俗编》甘为“补证”

翟晴江的好友梁山舟,因见翟氏《通俗编》比自编之书“赅博有加”,于是放弃自编计划改作翟书的补证。其自云:“尝集《直语类录》一书,分甲乙丙丁四卷。甲载经传史汉通俗之文,乙采里巷鄙谈全语,丙则古人诗句之引用俗谚者,丁则常用俗字,以见于百家小说为准。其有非杭人所称,而他省方言,得之所闻者,别列戊部入之。戊者,附也。眉居江氏、金圃谢氏,尝为余序之。自晴江翟氏《通俗编》出,赅博有加焉,遂悉屏去。然其中亦有翟氏所遗,或举一语而征引不同者,随手记存,不复类次。名曰《补证》,将以质之晴江。”(梁同书《直语补证》自序)

《直语补证》在增补、丰富《通俗编》的同时,还注意对其进行指谬、订误或商榷。其“质之晴江”者,主要有:

小便　《通俗编》引《晋语》“少溲”注,误。

上头　女子加笄,俗云“上头”,本不见所出。然《南史·华宝传》“父戍长安,临别谓宝曰‘须我还当为汝上头’云云”,是言丈夫冠礼也。冠与笄等重,则“上头”二字,义通可知。《通俗编》泛引乐府、《香奁诗》及附引《南史》,以为“上头”不独女子,语既亵,误矣。

奴才　《通俗编》所引各条皆未确。唯五代姚洪骂董璋“尔为李七郎奴,扫马粪,得一脔残炙,感恩无尽。今天子付以茅土,结党反噬。尔本奴才,即无耻。吾忠义之士,不忍为也"云云,是今骂奴仆为奴才之证。

就亲　就婿,见《公羊传·襄公十六年》注。余尝举以示翟氏,今载在《通俗编》者是也。而"就亲"二字,实始见于《旧五代史·钱元瓘传》"就亲宣州"云云。

绿头巾　《封氏闻见记》:"李封为延陵令,吏人有罪,不加杖罚,但令裹碧头巾以辱之。"正与今俗语合。而《通俗编》引《七修类稿》载此段语云:裹碧绿有误。明人《杂俎》:"娼妓有不隶于官,家居卖奸者,谓之土妓。俗谓之私窠子。又以妻之外淫合,目其夫为乌龟。盖龟不能交,纵牝者与蛇交也。隶于官者为乐户,又为水户。国初之制,绿其巾以示辱。盖古赭衣之意。至今里闬,尚以绿头巾相戏也。"

元宝　今以名黄白大铤。《通俗编》引汉以来历代钱文并人名为证,亦无确义。按:《吕氏春秋·恃君揽·召类》篇:"文武有常,圣人之元也。"汉高诱注:"元,宝也。"则"元"自有"宝"义。不但训"大"、训"首"而已,亦不可不晓。《蜀志·秦宓传》裴注,引《益部耆旧传》:"刘焉表荐处士任安,味精道度,厉节高邈,揆其器量,国之元宝。

壒撒堆　元遗山《送穷》诗:"煎饼虚抛壒撒堆。"三字为庸竖常谈,即今搕垃圾字,言秽杂不净也。《通俗编》未详此。《东坡题跋》有《书拉杂变》一则,即"搕"也。

榫卯　凡刻木以相入,以盈入虚谓之"笋",以虚受盈谓之"卯"。故俗有"笋头""卯眼"之语。按:设业设虡,《诗》传作"栒"。《礼·明堂位》"龙簨虡",《考工记》"梓人为笋虡",字各不同。皆"筍"也。"卯"则见于《晋书·五行志上》:"旧为屐者。齿皆达楄上。名曰露卯。太元中,忽不彻,名曰阴卯,识者以为卯谋也,必有阴谋之事。"《通俗编·杂志门》"榫"字一条下引《程子语录》"榫犯圆则圆,榫卯方则方"云云。"榫"既非古,"卯"亦失考,故补之。

梁同书(1723—1815),字元颖,号山舟,晚号不翁、石翁、新吾长翁,清钱塘(今浙江杭州)人,大学士梁诗正之子。乾隆时特赐进士,翰林院庶吉士加侍讲衔。梁氏作为与翁方纲、刘墉、王梦楼并称于时的一代著名书画家、藏书家，著有《频罗庵遗集》《频罗庵论书》《频罗庵书画跋》《日贯斋涂说》《笔史》等。诗雅文峭，但为书名所掩。其书貌丰骨劲，味厚神藏，得苏轼、米芾之神韵，章法平稳，行距疏朗，用笔平和自然，承袭赵孟頫、董其昌之遗风。在海内外影响颇大，当时日本、朝鲜、琉球等多以其书法为贵，纷纷登门求书。90 岁时尚不知疲倦地为人书写碑文墓志，书迹在海内外传世甚富。

如此一位大家，全无相轻陋习，进退自谦，尽显严谨学风与君子品格，实属难能可贵，至今仍可为鉴也。

梁同书像(原载《中国历代书画家集》)

四、盛誉之下无讳瑕疵

可以说，《通俗编》尚未正式付梓就以其精审详赡不胫而走。

仅就《函海》本《通俗编》，先后就有 15 卷和 25 卷的分别。从《函海后序》可知，李调元编辑《函海》时，先看到的是《通俗编》15 卷初稿，后又见到的 25 卷本也是个未定稿本。因而，他说："欲知道所在，不外格物，此翟子《通俗》所由编也。事不越目前，言常在唇间，而搜列众书有如獭祭，约分门类而不列其目……夫奇山僻水，(司)马迁或有未游；河源星汉，张骞或有未到。余故校入《函海》，以比锡我百朋而并公诸天下云。此本为草创之稿，不如修饰润色之本完善，惟第十九卷有关俳优杂剧者，搜罗繁富，较定本为胜，寸有所长，犹可取录焉。"显然，尽管知为"草创之稿"还是辑入，乃在于看重是书的独到价值。

清代著名学者周中孚(号郑堂)在其仿《四库全书总目提要》体例撰述的大型目录学著作《郑堂读书记》中评论说："晴江之为《通俗编》，颇尽一生精力，故能搜罗宏富，考证精详，而自成其为一家之书，非他家所能及也。"(《郑堂读书记 · 补逸》卷二七)

清张之洞《书目答问》将《通俗编》与赵翼《陔馀丛考》、钱大昕《恒言录》并列为"儒家类考订之属"，认为是"读一切经史子集之羽翼"。

李慈铭像

无不宜斋刻本38卷，武林竹简斋藏版，前有乾隆十六年（1751）周天度序。

清同治十二年（1873）十一月二十日晚上，被称为“旧文学的殿军”的“越缦老人”李慈铭（1830—1894），“夜既倦甚，又苦烦躁，因阅翟晴江《通俗编》以自遣”。披览中评价《通俗编》是介于《恒言录》与《陔馀丛考》之间的一部“繁富独出”“足以资谈助、正俗谬”之作。《越缦堂日记》具体写道：

> 翟氏书共三十八卷，分三十八门，采取极博，下至稗官小说，无所不搜，而经史所有，转有遗落者。如俗以鸡之种大者为“大健头鸡”，本于《尔雅》“未成鸡健”。俗以附和人为“吃屁”，本于《列子》“承公孙之余窍”。此类甚多，不可枚举。然异闻琐事，足以资谈助、正俗谬。其《俳优》《故事》两门，尤可观也。此事始于王伯厚《困学纪闻》“俗语多有所本”一条，所载皆经史语。自后陶宗仪《辍耕录》、杨慎《丹铅总录》、胡应麟《庄岳委谈》、郎瑛《七修类稿》等书，多喜证据俗事，渐近小说。近儒钱竹汀《恒言录》专取经史诸子，不及猥谈。赵云松《陔馀丛考》闲载间里谡辞，加以证佐。翟氏书在钱、赵之间，虽各不相谋，要为繁富独出者矣。

翟氏《通俗编》是历代俗语辞书中一部影响颇大的宏富精审之作，不仅在当时颇有影响，也受到了后世训诂学家的青睐。清末民初同章太炎一起被誉为“乾嘉以来小学的集大成者”“传统语言文字学的承前启后人”和“国学大师”的训诂学家黄侃，关注到是书并撰有《通俗编笺识》（载黄焯编《量守庐群书笺识》，武汉大学出版社1985年6月版），又辑作《通俗编辞语类题识》（滕志贤编《新辑黄侃学术文集》，南京大学出版社2008年版）。笺识注意到是书“之乎者也，之皆是之借，除有所往之之，皆兮與乎之借。俗语只连用不变于古，单用则之变的或底以连系，变这以指斥。乎变呵，者亦变的、底，也变呀”现象。依此，黄氏对《通俗编》的若干条目辩证。如例：

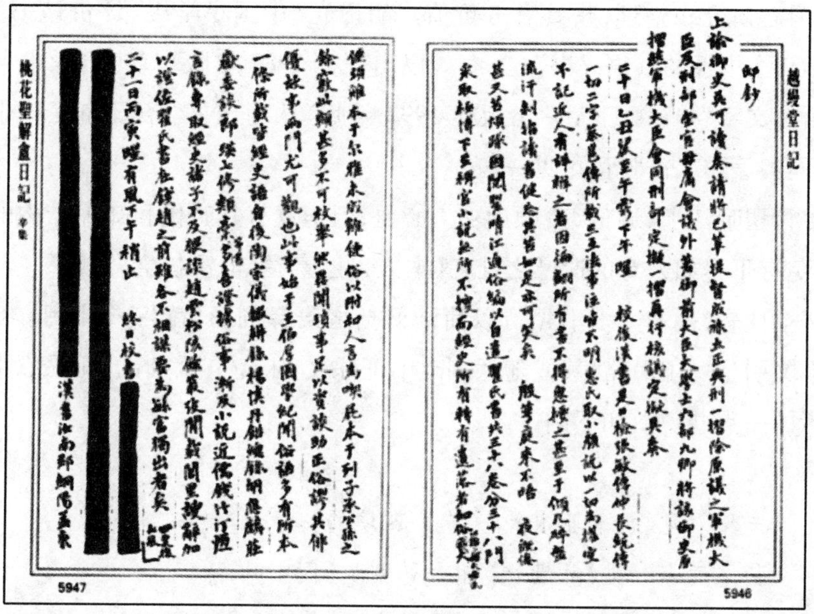

李慈铭清同治十二年(1873)十一月二十日《越缦堂日记》当页手迹

波波　或说极谛。“脯”即“傅”,“毕罗”乃其缓音,吾乡转读如巴。

自然　然犹如是。

才方　俗云“刚”或“刚才”。

放雕　谓诈曰“刁”,即“侜张”之“侜”字。

究竟　俗云“到底”。

业已　古又云“绪已”。犹“事已”也。

只管　俗亦云“只顾”。

不成　俗亦云“不见得”。

耐可　“耐可”即“宁可”。

真个　“个”当为“果”,倒之则曰“果真”。

莫须有　“莫须”,今云“莫要”。

黄侃的笺识,不仅对方言探源、音转研究等富有借鉴意义,而且对于《通俗编》的专题研究和整理,颇具参考价值。胡奇光《中国小学史》评价该书为“可说是百科全书性的俗语辞书”(上海人民出版社1987年版),《中国学术名著提要·语言文字卷》(复旦大学出版社1992年版)认为该书“条目和资料非常丰富,为同类著作之首”等,可见一斑。

尽管翟晴江于《通俗编》颇用功力心血,但毕竟有其时代和知识结构的局限性,难免有不尽如人意的遗憾之处,其本人也已察觉,但没机会补救了。与以往同类辞书比较,是书大多不先行以简洁概括之语释词而后再旁征博引,特别是有些释文引证过于简略,甚或随意删改书证原文,未免有嫌杂乱,几乎成为读过是书者的一点共识。如下例:

老境　见《曲礼正义》。(卷一四境遇)
倚老卖老　见《元曲选》谢金吾剧。(同上)
没酒没浆,不成道场　见《元曲选》桃花女剧。(卷二七饮食)
醉后添杯不如无　《五灯会元》雪峰悦举场。(同上)

凡此,皆略注所出,有的条目援引书证不注出处、任意删节,如同索引而又出处不详。个别条目尚有征引错误,如卷二八兽畜类“捉虎易放虎难”条,引张鷟《朝野遗记》有关岳飞语,而张鷟乃唐人,著有《朝野佥载》,何以记述至宋朝事。而《朝野遗记》撰人不详,别为一书,抑或有误署为张鷟撰者,翟氏或即疏误于此。此外,有少数条目分类似嫌不切实际,如将“四分五裂”入地理类,将“部落”入武功类,将“卖炭”入艺术类等,均为失当。当然,也存在着分类不够确当或考释不尽精到处。对此,当时即有《直语补证》予以指谬、订误和补充以期完善,后又有训诂学家黄侃撰有《通俗编笺识》为之商榷匡正,皆翟氏之幸也,《通俗编》之幸也。

五、奇崛的“通俗”饱含深厚学养与个性

汉唐乐府、宋词元曲是中国文化史上雅俗文化交融的艺术典范。王安石说:“苏州司业诗名老,乐府皆言妙入神。看似寻常最奇崛,成如容易却艰辛。”

(《题张司业诗》)翟晴江之所以以毕生心血成就一部《通俗编》,光是引用的书目,即达2700余种之多,可以说凝聚了其一生深厚的学养和相关学术成就。

翟灏(1712—1788),字大川,改字晴江,自号“巢翟子”。仁和(今浙江杭州)人。乾隆十九年(1754年)进士,历任金华、衢州府学教授。性嗜读书,藏书校书,自经史外。建书楼三楹,凡诸子百家、山经地志、稗史说部、佛乘道诰等书,广加收罗,储书检校,名曰“书巢”。藏书家杭世骏有《书巢记》,记其储书,记其“环堵之室,而卷且盈万”。翟氏一生勤奋撰述,孜孜不倦,著有《四书考异》《尔雅补郭》《湖山便览》《艮山杂志》《通俗编》《无不宜斋诗集》《说文算经证》《周书考证》《汉书艺文补志》等多种,而以《通俗编》最为著名。据知,日本京都大学藏有翟灏《无不宜斋诗集》《无不宜斋文集》的稿本。(蒋寅:《日藏汉籍一瞥》,《文史知识》2007年第3期)其弟翟瀚,字莼江,亦好藏书,所收多善本,有藏书印“翟瀚之印”。

周天度《通俗编》序云:“语有见于经传,学士大夫所不习,而荛蓊灶妾口常及之。若中古以还,载籍极博,抑又繁不胜举矣。盖方言流注,或每变而移其初,而人情尤忽于所近也。余友晴江翟氏,山舟梁氏,咸博学而精心。山舟在南中,常出所著《直语类录》示余,余叹以为善。比来都门,复见晴江手辑《通俗编》,则勾稽证释,视山舟详数倍焉。二君种业树文,兼综细大,故未易伯仲。然山舟键户端居,读书之外,罕与人事接,其所录在约举义例,而不求其多。晴江则往来南北十许年,五方风土,靡所不涉,车尘间未尝一日废书。坠文轶事,殚见洽闻,溢其余能,以及乎此。宜其积累宏富,考据精详,而条贯罔不备也。世人务为夸毗。遇所不知,辄曰:吾何为而屑此?以视二君之稽古多获,而犹不怠弃庸近。用知善学者,诚有耻于一物,必无使荛僮灶妾之得拄其颊而后可。”云云。

又如梁同书《翟晴江先生传》云:“生平无他嗜好,一意于书。自经史外,苟有可资多识者,縻不览。诸子之瑰论,百家之琐语,山经地志之异闻,荒冢破壁之奇字,包孕而贯串之。下至街谈巷说,亦必考所由来,有所得辄札记之。自壮至老,撰述无倦。目短视,离牍才寸,客至前,不知也。教人必以诚。有以古书义质者,如缫茧丝,如决奔泉,反复数千言不竭。……同时以博通称者有两人焉，一为先生，一则西林吴先生。吴先生奉释氏教，于内典尤精。”

清袁枚《随园诗话》云：“吾乡翟进士灏，《咏烟草》五十韵，典雅出色，在韩慕庐先生烟草诗之上。”吴衡照《莲子居词话》卷三《厉鹗有烟癖》亦云：“厉樊榭生平有烟癖，类韩慕庐。尝谱天香词，传诸好事。同时汪韩门、翟晴江有诗，全谢山有赋，足备菰材故寔。方灵皋之官礼部也，曾请饬烟禁，以裕民食。今则土叶殆遍，而吾杭制切，尤有名已。”所言翟晴江《咏烟草》诗，是历代为数不多的以烟为题材的诗作。乾隆时人王端履《重论文斋笔录》卷一录此诗评云：“读翟晴江无不宜斋稿，有五言排律一篇，组织工细，布置妥帖。”诗的末段云：“涩回尝橄榄，疫辟浸茱萸。洱海薯粮绌，番禺蒟酱输。作骚多剩馥，采药早遗珠。郭璞笺仍缺，嵇含状莫摹。滇南功独奏，闽右路群趋。种未周三甲，风先布八区。相思名旖旎，呵应语模糊。损益人凭说，辛芳尔不渝。诗肠感熏染，吟谢淡巴菰。”显然，吟咏烟草亦如撰《通俗编》，照样要溯其历史，亦习性也。

诸如上述，其学养可鉴。翟晴江能成“一家之书”者，自幼即显个性矣。且再赘述一例翟晴江赶打游僧故事。

周作人的《儿童杂事诗·翟晴江》写道：“不攻异端卫圣道，但嫌光顶著香疤。手携三尺齐眉棍，赶打游僧秃脑瓜。”他记述了翟灏童年的一个故事，亦即梁同书《翟晴江先生传》所述，当地同时以博通称者有两人，一为翟晴江，再就是“奉释氏教，于内典尤精”的西林吴先生。而“不信西方圣人之说”的晴江先生“尝自言，童子时读书塾中，有僧过其门，适塾师外出，率众童子持棓（棒）往击僧，僧跄踉走避。（晴江的父亲）封公见而挞之，先生曰：‘吾恶其秃也。’故虽甚好书，卒不喜瞿昙氏之书，其不同如此”。

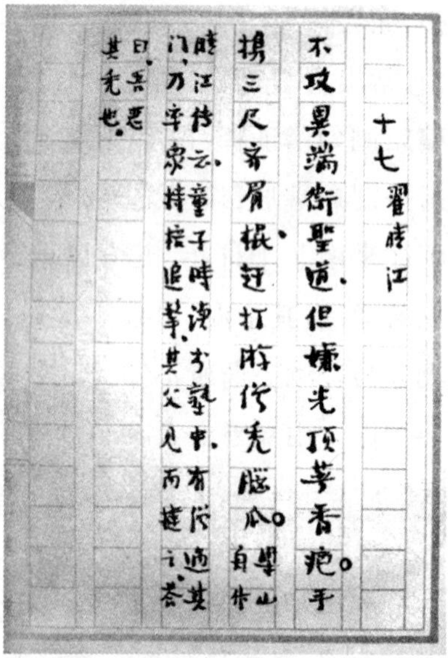

周作人《儿童杂事诗·翟晴江》释语

丰子恺为周作人《儿童杂事诗·翟晴江》
配图《赶打游僧秃脑袋》

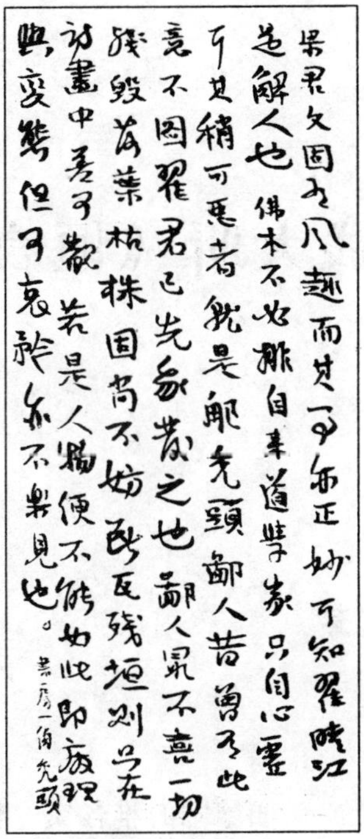
梁君文固有风趣而其事亦正妙可知翟晴江是解人也 佛本不必排自来道学家只自心虚耳其稍可恶者就是那秃头鄙人昔曾有此意不图翟君已先我发之也 鄙人最不喜一切残毁落叶枯株固尚不妨断瓦残垣则只在诗画中差可观若是人物便不能如此即病理与变态但可哀矜亦不乐见也。
书房一角 秃头

关于翟晴江故事的周作人
《书房一角·秃头》手迹

周作人《看书偶记·秃头》一则还写道:“梁君文固有风趣,而其事亦正妙,可知翟晴江是解人也。佛本不必排,自来道学家只自心虚耳,其稍可恶者就是那秃头,鄙人昔曾有此意,不图翟氏已先我发之矣。鄙人最不喜一切残毁,落叶枯株固尚不妨,断瓦残垣则只在诗画中差可观,若是人物便不能如是,即病理与变态,但可哀矜,亦不乐见也。”(又见于《书房一角》)

钱大昕《恒言录》和钱大昭的《迩言》

一如德国的雅各布·格林和威廉·格林这对“格林兄弟”，同为世界著名的一代语言学家兼童话学家，世界名著《简·爱》《呼啸山庄》和《艾格尼丝·格雷》的作者夏洛蒂·勃朗特、艾米丽·勃朗特与安妮·勃朗特，均为英国家喻户晓的作家，被誉为“勃朗特三姐妹”。中国历史上，也有许多著名的兄弟或姊妹学者。例如，东汉史学家班彪的长子班固、次子班超和女儿班昭，史谓“班氏三兄妹”。被誉为“太康之英”的西晋文学家、书法家陆机(261—303)与其弟陆云合称“二陆”。北宋理学家程颐、程颢两兄弟，史称“二程”。北宋散文家苏洵(号老泉)，连同其子苏轼(东坡)、苏辙兄弟世称“三苏”，在“唐宋八大家”中就占据了三席。明代后期公安派代表作家袁宗道、袁宏道、袁中道三兄弟，在历史上合称“三袁”。

清以降，更有洪坤煊、洪颐煊和洪震煊兄弟三人并称“三洪”，被誉为“浙东三杰”，《清史稿》的“儒林”“文苑”诸传中，洪氏三兄弟即占三传。清代浙江平湖诗人丁嗣微、丁裔沆兄弟，时人誉之“双丁”。何绍业、何绍基兄弟，均为清朝著名的金石学家兼书法家。个中，分别著有《恒言录》和《迩言》的经学家兼训诂考据学家钱大昕、钱大昭，也是一对乾嘉学派著名的同胞兄弟学者。《恒言录》和《迩言》均属中国文献史上重要的汉籍民俗语言珍稀文献，是自周秦以来采风问俗的经典著作。

一、钱大昕与《恒言录》

钱大昕像(见《清代学者像传》)

五月秧针绿，兼旬雨泽稀。瓯窭干欲坼，布谷暮空飞。

米价频年长，田园生计非。老农占甲子，辛苦候荆扉。

读这首明快晓畅的《五月》，悯农之外似乎还可以给人以田园的意蕴。但是若读其《和竹君戒坛读辽法钧大师碑因吊学士王鼎三十韵》，尤其是那300余言充满书卷气的考释性自注，则尽显乾嘉学派学者的本色了。再看其《寄王琴德》诗的自白：“惟余文字癖，欲疗医无案；语辨宋鲁讹，文证豕亥乱”，更犹如一位老学究的自画像。在清代诗坛上，钱大昕无多大诗名。但在其毕生驰骋的经学考据领域，则不容小觑。且莫说《廿二史考异》《十驾斋养心录》《音韵问答》《经典文字考异》《唐石经考异》《声类》《潜揅堂文集》等诸多传世之作，单是其生前未及刊行流传的一部《恒言录》，即非同一般。特别是，在研究民俗的题材方面，则是以属于“大雅”的传统考据方法，辑录考释生活中的常言俗语。

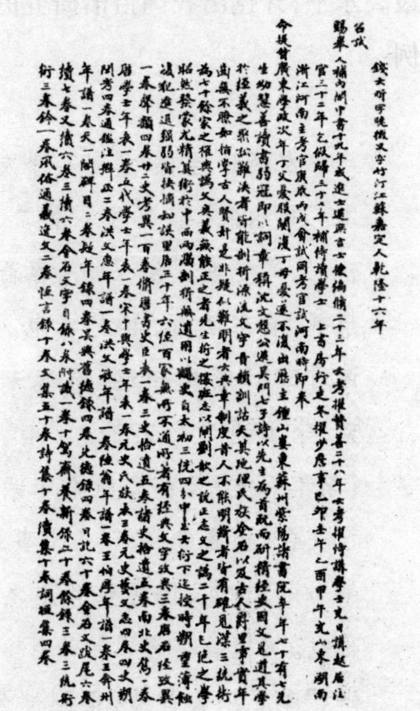

钱大昕字晓征又字竹汀江苏嘉定人乾隆十六年

《清代学者像传》之《钱大昕传》

书名所谓的“恒言”，亦即常言俗语。是书内容、体例略如《通俗编》，性质亦近似，然分类又似较《通俗编》稍为严谨一些。先经乌程张鉴、扬州阮常生补注，后又有陈鳣《恒言广证》六卷，使其内容益加详密。全书6卷，凡分19类：卷一为吉语、人身、交际、毁誉四类；卷二为常语、单字、叠字三类；卷三为亲属称谓；卷四为仕宦、选举、法禁、货财四类；卷五为俗仪、居处器用、饮食衣饰三类；卷六为文翰、方术、成语、俗谚有出四类。总计凡800余条，或以内容划分类别，或间以俗语结构形式划分，如“单字类”“叠字类”。皆以考据学方法征引经史子集文献，考证俗语源流，是宋王应麟《困学纪闻》提出“俗语有所本”以来，继《通雅·谚原》《通俗编》之后的又一部考释俗语的力作。现代著名训诂学家杨树达盛赞之：“余少时读钱晓徵《恒言录》，颇喜其翔实。”（《〈俗语典〉序》）亦有当代学者评价其“已初具俗语辞典的规模，在编写质量上达到清代俗语研究的最高水平，开创出我国俗语研究的新局面，堪称不朽之作”①。且看书中如下诸例：

友婿曰连襟　今人呼友婿曰连襟，盖有所本。马永卿《懒真子录》：“江北人呼僚婿为连袂，又呼连襟。”洪文敏《容斋三笔》载：“从兄在泉幕，淮东使者，其友婿也。发京状荐之，为作谢君曰：‘襟袂相连，夙愧末亲之孤陋；云泥悬望，分无通贵之哀怜。’”皆用杜诗。上句乃用《李十五丈》云：“孤陋忝末亲，等级相比肩；人生意气合，相遇襟袂连。”此事适着题，而与前《送韦书记》诗句，偶可整齐用之。然则宋人已有此称也。《能改斋漫录》：“李参政昌龄家女多得贵婿。”参正范公仲淹，枢副郑公戬，皆自小官布衣选配为联袂。（卷三亲属称谓类）

碑刻钱大昕像

① 赵伯义：《论钱大昕的〈恒言录〉》，《河北学刊》1997年第3期。

恒言錄

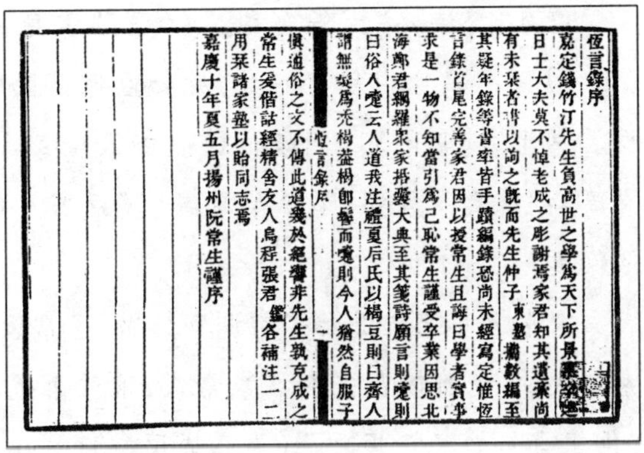

恒言錄序

嘉定錢竹汀先生負高世之學爲天下所景

日士大夫莫不悼老成之彫謝焉家君知其遺稾尚

有未梓者傳以詢之既而先生仲子東壁擕數編至

其疑年錄等書皆手蹟編錄恐尚未經寫定惟恒

言錄首尾完善家君因以授常生且誨曰學者實事

求是一物不知當引爲己恥常生謹受卒業因思北

海鄭君網羅衆家搜纂大典至其箋詩願言則嚏則

曰俗人嚏云人道我注禮夏后氏以楬豆則曰齊人

謂無髮爲禿楬益楬即髻而嚏則今人猶然自服子

恒言錄序　一

愼道俗之文不傳此道幾於絕響非先生孰克成之

常生爰偕詁經精舍友人烏程張君鑑各補注一二

用棐諸家塾以貽同志焉

嘉慶十年夏五月揚州阮常生謹序

《恒言录》封面及卷首的阮常生序

恒言錄卷一

嘉定錢大昕及之纂

吉語類

吉祥

易繫辭吉事有祥莊子吉祥止止戰國策聖人所

謂吉祥善事淮南主術訓儼然元默而吉祥受福

吉利

易林蒙之姤舉家蒙歡吉利無殃曹操小字吉利

常生案吉利見易大有爻辭

歡喜

恒言錄卷一　一

戰國策秦人歡喜趙人畏懼易林坤之同人析薪

在魁福祿歡喜訟之兌執玉歡喜佩之解擊同人

之姤東家歌舞長樂歡喜家人之屯少齊在門夫

子歡喜賁之无妄函珠爲寶心悅歡喜漸之咸雞

東來服國人歡喜巽之賁公孫上堂大君歡喜中

孚之隨蜩螗歡喜艸木嘉茂道德指歸論舉措得

時天下歡喜史記樂書接歡喜合殷勤漢書蕭望

之傳窮穴黎庶莫不懽喜王莽傳神祇懽喜後漢

書陳蕃傳人鬼歡喜 鑑案說文歡喜樂也正當以歡喜連讀

賀喜

見急就篇顏氏注云賀喜言有喜而可賀也易林

賀喜從福日利蕃息

喜歡

晉書祖約傳祖侯遠來木得喜歡 鑑案魏志管輅傳裴注故郡將劉邠好易而不能精與輅相見意甚喜歡又文選應休璉與從弟君苗君冑書閒者北遊喜歡無量

常生案古樂府善哉行今日相樂皆當喜歡

快樂

易林乾之履富饒豐衍快樂無已 鑑案國策秦策高誘注快樂也

快活

北史和士開傳一日快活敵千年七修類稾引桑

恒言錄卷一　二

維翰云居宰相如著新襪襪外面好看其中不快

活也 常生案白居易詩快活不知如我者人間能有幾多人又誰知將相公侯外別有優游快活

人

自在

列子周穆王篇遂能存亾自在漢書王嘉傳恣心

自在杜子美詩自在嬌鶯恰恰啼

安穩

王符潛夫論行步欲安穩魏伯陽參同契下篇吉

人乘負安穩長生晉書顧愷之傳行人安穩布帆

無恙舊唐書嚴善思傳事既不經恐非安穩 常生案潛

《恒言录》正文书影

重身　《诗》:“大任有身。”《传》:“重身也。”《笺》云:“重谓怀孕也。”《正义》云:“以身中复有一身,故云重也。”陆德明云:“重,直勇反,又直龙反。”常生案《素问》:“问岐伯曰:‘妇人重身毒之奈何。’”鉴案:《说苑·修文篇》:“取禽不麛卵,不杀孕重者。”《汉书·匈奴传》:“孕重坠犊。”(卷四俗仪类)

家常饭　范文正云:“常调官好做,家常饭好吃。”陆放翁诗:“茆檐唤客家常饭,竹院随僧自在茶。”家常饭,宋时语也。鉴案:《五灯会元》道楷云:“佛祖言句如家常茶饭。”(卷六成语类)

打秋风　《七修类稿》:“俗以干人云打秋风,累想不得其义。”偶于友人处,见米芾札有此二字,乃丰熟之丰。然后知二字有理,而来历亦远。常生案:《野获编》:“都城俗事对偶,以打秋风对撞太岁。”盖俗以自远干求曰打秋风,以依托官府赚人钱物曰撞太岁也。《暖姝由笔》:靖江郭令辞《谒客》诗,有“秋风切莫过江来”之句。(卷六成语类)

《恒言录》六卷,有嘉庆十年(1805)扬州阮氏刊本(收入《文选楼丛书》),光绪十年(1884)长沙龙氏刊《潜妍堂全书》本、《丛书集成初编》本,以商务印书馆1958年排印本(附陈鳣《恒言广证》六卷)为完备。最新版本为江苏古籍出版社1997年出版的由陈文和主持点校的《嘉定钱大昕全集》。有文章①对此文集收录的繁体字点校本《恒言录》指出微瑕,认为南北朝时,“孃”字出现了“母亲”义,“娘”字出现了“年轻女子”义,这种分别一直延续至中晚唐前。中晚唐以后,“娘”字渐渐出现了“母亲”义,但“孃”字始终未曾出现“年轻女子”义,与“娘”字的用法区别甚严。无论从汉语史表义,还是从原刻本存真这两个方面来看,今版(《嘉定钱大昕全集》)繁体本《恒言录》中的两处8个“娘”字均属“孃”字之校误。

是书卷首有嘉庆十年(1805)扬州阮常生序,对于了解、研究《恒言录》颇有价值。序称:“嘉定钱竹汀先生负高志之学,为天下所景慕。卒之日,是大夫莫

---

①　曹翔:《古文献“孃”“娘”的分别与〈恒言录〉校误》,《台州学院学报》2009年第2期。

不悼老成之雕谢焉。家君知其遗稿尚有未刊者,书以询之。既而,先生仲子东塾携数编至。其《疑年录》等书,率皆于迹编录,恐尚未经写定,惟《恒言录》首尾完善。家君因以授常生,且诲曰:学者实事求是,一物不知,当引为己耻。常生谨受卒业。因思北海郑君网罗众家,囊括大典,至其笺《诗》,愿言则嚏,则曰俗人嚏云人道我;注《礼》夏后氏以楬豆,则曰齐人谓无发为秃楬。盖楬即鬝,而嚏则今人犹然。自服子慎《通俗文》之不传,此道几于绝响,非先生孰克成之。常生爰偕诂经精舍有人乌程张君鉴,各补注一二,用刊诸家塾,以贻同志焉。"是知《恒言录》乃钱氏遗稿,乃自阮常生、张鉴补注后刊布流传。

钱大昕(1728—1804),字及之,一字晓徵,号辛楣,又号竹汀居士。先世居江苏常熟,其为清江苏嘉定人。生于清雍正六年,卒于嘉庆九年。乾隆十三年(1748)肄业于苏州紫阳书院,十九年(1754)举进士,官至詹事府少詹事。三十八年(1773)以父忧而归,居家凡三十余年,历主钟山、娄东、紫阳三书院,门生数千人,终卒于紫阳书院。大昕博学,平生著述颇富,辑有《潜研堂文集》等,皆传于世。事迹见《清史稿》卷四八一、《清史列传》卷六八、《清代学者像传》等多种史志。

有学者对《恒言录》做了比较全面的研究之后认为,钱大昕为清代著名学者,博通经史,尤其精于传统小学。在经学盛行的封建社会里,俗语被斥为低级的词语,不能登大雅之堂。而钱氏却独具慧眼,继承东汉服虔《通俗文》的研究传统,在治经史、小学之余,留心于俗语的研究,《恒言录》即其在此方面的研究结晶。《恒言录》继承前人的研究传统,钱氏借鉴雅学著作的编写经验,在俗语研究上取得卓越成就。首先是钱氏博古通今,长于辨析古今异义,释义精微,为后代树立了楷模。其次是求本溯源,启迪后代学者对词语进行判断分析。钱氏征引书证,尽量选取最早用例,显示词语产生的时代。再次是体例严谨,为后代俗语辞典的编写奠定了坚实的基础。①

二、陈鳣的《恒言广证》

《恒言广证》六卷,稿本未刊。商务印书馆据上海历史文献图书馆藏过录本

① 赵伯义:《论钱大昕的〈恒言录〉》,《河北学刊》1997年第3期。

(无序)校勘补正,与《恒言录》合排一册,1958年9月出版。系由叶景葵《卷庵书跋》为是书所作跋文发现,又知叶氏遗书都保存在历史文献图书馆,当即是一书。据《海昌艺文志》卷一四著录称,是书有写本,藏吴氏竹初山房。是书体例一如《恒言录》,然条目无增益。唯依《恒言录》原列条目补以引据,即"广证"者。清羊复礼所刊陈鳣著《简庄文钞续编》卷一有陈氏嘉庆十九年(1814)自叙,亦载清管廷芬、蒋学坚辑《海昌艺文志》之卷一四。是序云:"自扬雄作《方言》而后,则有若服虔《通俗文》,厥后刘霁有《释俗语》,沈约有《俗说》,无名氏有《释常谈》,龚颐正有《续常谈》,其书或存或亡。近时翟晴江教授著《通俗编》,盛推繁富,然细案之多未精当。及读钱竹汀詹事《恒言录》,叹其实事求是,考证精明。自非经传洽熟,旁通百家,何能至此。詹事著书满家,俱已风行于世。《恒言录》为仪征阮公子长生校刊,又偕乌程张明经鉴补注,亦属详审。鳣于披阅时,间有管见,出于原录之外,及二家所未补者,疏记上下,积而成帙,目曰《恒言广证》,仍分为六卷。"云云。由是则显见"广证"宗旨所在,其于《恒言录》评价颇高,之于《通俗编》所议,亦属允当。例如:

友婿曰连襟　鳣案:《尔匹》:两婿相谓曰亚。郭注:今江东人呼为僚婿。《汉书·严助传》:家贫为友婿富人所辱。注:师古曰,友婿,同门之婿。(卷三亲属称谓类)

重身　鳣案:《内经·痿论篇》:黄帝问曰:妇人重身,毒之何如?岐伯曰:有故无殒。王砯注:上无殒言母必全;亦无殒,言子亦不死也。(卷四俗仪类)

家常饭　鳣案:《独醒杂志》引范文正云:家常饭好吃。齐已诗:应笑晨持一杯苦,腥膻市里叫家常。(卷六成语类)

打秋风　鳣案:《宋史·食货志》:或有货物,则抽分给赏。分风、丰风一声之转,因抽分而作抽丰,因抽丰而作秋风耳。(卷六成语类)

在《恒言录》原有的考据及阮、张补证基础上,又进一步逐个俗语予以广征博引,使之更为详备,增加许多源流信息,同时亦烦琐许多。

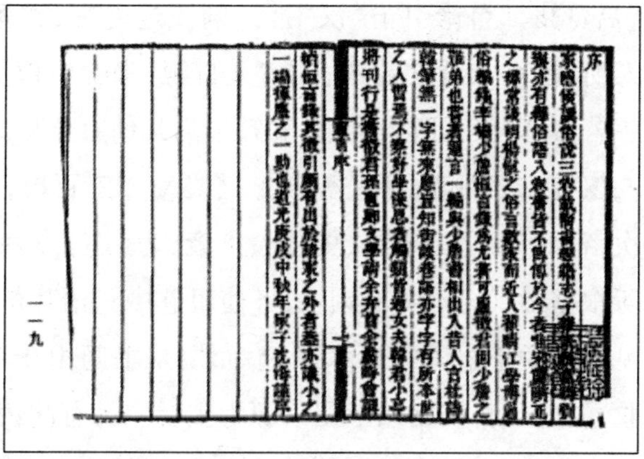

钱大昭《迩言》封面及正文之书影

三、钱大昭与《迩言》

《礼记·中庸》:“舜好问,而好察迩言。”郑玄注:“迩,近也。近言而善,易以进人。”朱熹《集注》云:“迩言者,浅近之言。”宋刘敞《贤论》:“昔者舜有天下,大圣人也,惟其不欲其身贤而已矣,是以舜好问,好察迩言。”又清陈康祺《郎潜纪闻》卷三:“圣祖仁皇帝西巡,俯察迩言,采及清望,温旨褒奖。”可知《迩言》书名所显示其宗旨,乃辑释通俗常语之作。至于帝舜及清圣祖康熙皇帝“察迩言”,皆在于晋人常璩《华阳国志》中所说:“考八方之风雅,通九州之异同,主海内之音韵……知天下风俗也。”

钱大昭像(见《清代学者像传》)

《迩言》六卷,有道光二十九年(1849)原刻本、《啸园丛书》本,1959年商务印书馆排印本(与《释谚》《语窦》《常语寻源》《俗说》合订一册,题为《迩言等五种》)。卷首有乾隆壬寅(1782)作者自序、道光庚戌(1830)沈涛序,卷末又有光绪四年(1878)“仁和葛元勋理斋氏”的题识。大昭自序称:“乃谚为无逸之所戒。然齐人有言,孟子以证乘势;南人有言,孔子以警无恒。夏谚、周谚,引于经传;齐鄙语引于《吕览》,邹鲁谚引于《汉书》。则浅近之言,亦圣贤所不废乎。夫今古一耳,古人所言,今人谓之古语;在古人自视,未尝不以为今语也。笔之于书,遂为故实。若然,则今人所为俗语,安知不为几前百年后之故实乎!旧有无名氏《释常谈》,又有宋龚颐正《续释常谈》,皆寥寥二三百事,无甚可观。因于塞涉猎之暇,类次俗语俗事之见于经、史、子、集者,为《迩言》六卷,于以见一话一言,亦不可无所根据焉。至于爬罗剔抉,务使里巷中只语片解,俱合于古,则请俟诸异日。"可见大昭关于俗语的学术思想,而撰是书乃由于不屑于《释常谈》《续释常谈》之收录太少,自撰则以考据语源为主旨。另有沈涛(字西雍,号匏、十经斋等,嘉庆举人,好金石文字,长于考订)序中,历数其家隐侯(沈约)所撰《俗说》等历代俗语辞书,认为尤以《通俗编》和大昭兄钱少詹(大昕)《恒言录》为著,而《迩言》与之"相出入",即相差不多,类似。又称:"余曩时曾撰《续恒言录》,其征引颇有出于诸家之外者,盖亦识小之一端,挥麈之一助也。"亦知沈涛曾著有《续恒言录》,然未见著录和刊行流传。光绪初葛元勋的卷末识语云:"语称,大舜迩言必察。迩言者,浅近之言也。浅近之言在当时则觉鄙俚,而后人沿袭历数十百年之久,往往遂成典故。古之口头语,沿为今日之典故;今之口头语,亦尽有沿自古人者,此钱君可庐《迩言》一书所由昉也。"是释书名所自,并重复钱大昭自序中关于俗语的思想以阐述《迩言》宗旨。全书凡六卷,卷一辑158条,卷二辑111条,卷三辑52条,卷四辑98条,卷五辑130条,卷六辑58条,计600余条。不分类,举凡饮食起居、言语举止、交际、礼仪、名物、技艺、典制、亲族称谓、习语等,多有涉及。释文一般不释义,只征引经史、笔记等为证,莫如《恒言录》《土风录》《证俗文》详备。如例:

贼佁　今吴俗骂人曰贼佁,读若胎。扬雄《方言》云:佁,农夫之丑称也。南楚凡骂庸贼,谓之田佁。郭璞注:俫佁,怒钝儿,或曰仆臣佁,亦至贼之号也。(卷四)

不耐烦　嵇康《与山巨源绝交书》云:心不耐烦,而官事鞅掌,机务缠其心,事故繁其虑,七不堪也。《宋书·庾登之传》云:弟炳之,为人强急而不耐烦。宾客干诉非理者,忿詈形于辞色。(卷五)

不中用　《史记·秦始皇本纪》云:吾前收天下书不中用者。又《外戚世家》云:武帝择宫人不中用者,斥出归之。《汉书·王尊传》云:助太守为治,其不中用,趣自避退。(卷五)

张三李四　《朱子语类》云:如这众人,只是一个道理,有张三、有李四,李四不可为张三,张三不可为李四。(卷六)

冷灰里豆爆　《朱子语类》:问程子,谓致之节目如何?曰:如此理会也未可,须存得子心,却逐节子思索,自然有个觉处,如谚所谓冷灰里豆爆。(卷六)

凡此可见,释文虽简明,却远不如《恒言录》详密,如"张三李四"条唯引《朱子语类》,如《恒言录》;而陈鳣《恒言广证》已补以《五灯会元》书证,大昭似未见及。征引多注所出,较之唐宋同类著作为精。

由于此书是由张鉴和阮常生各加补注后才刊行的,因此张、阮二人的注释也为原作丰富了不少内容。其中,张鉴和阮常生所做的注释分别标明"鉴案"和"常生案"。如:

长久　《老子》:天长地久。天地所以能长且久者,以其不自生,故能长久。[鉴案]《礼记》:内和顺而后家可长久也。(卷一)

打秋风　《七修类稿》:俗以干人云"打秋风",累思不得其义。偶于友人处,见米芾札有此二字,"风"乃"丰熟"之"丰",然后只二字有理。[常生案]《野获编》:都城俗事对偶,以"打秋风"对"撞太岁"。盖俗以自远干求曰"打秋风",以依托官府赚人钱物曰"撞太岁"也。(卷六)

《迩言》与《恒言录》同是辑录常语俗言,虽各有千秋,但在一些条目征引的材料方面莫如《恒言录》丰富。比如"耳边风"一条:

耳边风　杜荀鹤诗云:百岁有涯头上雪,万般无染耳边风。(《迩言》卷五)

耳边风 《南齐书》武十七王传：吾日冀汝美，勿得敕如风过耳，使吾失气。杜荀鹤诗：万般无染耳边风。（《恒言录》卷六）

《迩言》只征引了杜荀鹤的诗为书证，《恒言录》则首录《南齐书》语例为证，可得见"耳边风"是由"过耳风"演化而来的轨迹。

但是，《迩言》有些条目的考释和文献征引，不仅不见于其他同类著作，而且亦很翔实，颇见大昭之学养功底。如"斟酌"一条的释文：

《国语·周语》云：而后王斟酌焉。《荀子·富国篇》云：节其流，开其源，而时斟酌焉。《汉书·律历志》云：斟酌建指，以齐七政。《扬雄传》云：皆斟酌其本，相与放依而驰骋云。《叙传》云：斟酌六经，放易象论。《白虎通》云：言周公辅成王，能斟酌文武之道而成之也。《后汉书·章帝赞》曰：左右艺文，斟酌律礼。《张奋传》云：犹周公斟酌文武之道。《班彪传》云：因斟酌前史而讥正得失。班固《两都赋》云：腾酒车而斟酌。又典引云：屡访群儒，咨故老。与之乎斟酌道德之渊源，肴核仁义之林薮。仲长统昌言云：非能斟酌贤愚之分，以开盛衰之数也。《蔡邕传》云：斟酌群言。韪其是而矫其非。《魏志·袁涣传》云：常谈曰：世治则礼详，世乱则礼简。全在斟酌之间耳。《宋书·恩幸传》论：都正俗士，斟酌时宜。（卷一）

又如"生活"一条的释文，亦然。罗振玉《俗说》仅仅简略释云："《孟子》，民非水火不生活。"至于《迩言》的释文，则详尽许多：

《孟子》云：民非水火不生活。诗于嗟阔兮，不我活兮。毛传云：不与我生活也。刘向《说苑·建本篇》云：譬犹食于釜甑，须以生活而非陶冶者也。《汉书·郊祀志》云：稷者百谷之主，所以奉宗庙，共粢盛，人所食以生活也。《南史》梁武帝谓临川王曰：阿六，汝生活大可。《北魏书·祖莹传》云：莹常语人曰：文章须自出机杼，成一家风骨，何能共人同生活也？盖讥世人好偷窃他文，以为己用。（卷一）

钱大昭(1744—1813),字晦之,号竹庐,江苏嘉定(今属上海)人,钱大昕之弟,生于乾隆九年,卒于嘉庆十八年。昭事兄如严师,得昕指授,时有"两苏"①之比。大昭淡于仕进,嘉庆元年(1796)方举孝廉方正,赐六品顶戴。昭学不及其兄,然淹贯群籍,与兄齐名,趣在闭户读书,著有《说文统释》《广雅义疏》《诗古训》《经说》《尔雅释文补》《两汉书辨疑》《三国志辨疑》等。经学之门出身,亦为经学名家,《迩言》注重考证而疏于释义,亦其学风也。

四、阮元、陈鳣、张鉴和阮常生

钱氏兄弟的《恒言录》《迩言》两书之所以能够得以流传至今,被视为中国文献史上重要的汉籍民俗语言珍稀文献,除二人自身的才华和学术眼光外,特别得益于乾嘉学派纯正的学风,尤其是得益于阮元、陈鳣、张鉴和阮常生诸位的无私相助和他们与二位的深厚情谊。

陈鳣(1753—1817),字仲鱼,号简庄,一号河庄,浙江海宁人,嘉庆三年(1798)举人,鳣博学好古,学宗许、郑,强记博识,尤致力于训诂,长于校勘辑佚,在京师,与钱大昕、王念孙等往来,被阮元称为"浙中经学最深之士",著有《说文声系》《说文解字正义》《石经说》以及《续唐书》《论语古义》《简庄文钞》等。事迹见《清史稿》卷四四、《清史列传》卷六九以及《清代学者像传》等。如此一位乾嘉学派之大家能够突破"文人相轻""同行是冤家"的陈规陋俗和陈腐观念,以学术为重,以情义为重,对《恒言录》加以补证,深化了钱大昕的研究成果,人品高尚,学风端正,实属难能可贵,堪为今人楷模。

陈鳣像(据《清代学者像传》)

① "两苏"为历史上对宋代文学家苏轼和苏辙兄弟的习惯合称。如宋刘克庄《贺新郎·己未九日同季弟子侄饮》词:"不羡两苏并二宋,愿弟兄岁岁同吹帽。"又《宋史·巢谷传》:"谷独慨然自眉山诵言,欲徒步访两苏。"

今本《恒言录》,是大昕死后经其世交好友阮元之子阮常生,及门生张鉴加以补注之后,辑入嘉庆十年(1805)刊刻的《文选楼丛书》得以首次流传于世。此即《郑堂读书记补逸》所记述的,大昕"没后,其仲子(东塾)始以手定原稿,授阮元台之子(长生亦即阮常生)乃与乌程张(鉴)更为补注一二而刊于家塾焉。前有嘉庆十年长生序"。经张鉴、阮常生补注的《恒言录》,内容益加详密。

张鉴(1768—1850),字春冶,又字荀鹤,号秋水,清浙江乌程(今湖州市吴兴区)人。张鉴家贫,曾以卖画自给。据《清史列传》《文苑》《清史稿》和汪曰祯著《南浔镇志》等史志的记载得知,嘉庆五年(1800),阮元出任浙江巡抚,于西湖筑"诂经精舍",张鉴和"同里杨凤苞、施国祁皆与焉",均作为阮元的门生"肄业其中",并成为阮元的得意门生。受聘担任诂经精舍讲席,成为东南经学名师之一。张鉴在阮元浙江学政和两任浙江巡抚任上一直追随其左右,成为阮的重要幕僚。其间,曾协助阮元编纂了《经籍籑诂》《盐法志》《儒林传》等著作。嘉庆九年(1804),阮元于扬州家祠内所建隋文选楼落成,张鉴曾作《隋文选楼铭》,称颂阮元敬仰先贤、弘扬选学的精神。嘉庆十三年(1808),阮元"督师宁波剿海寇,携鉴同行",其间,"年近六旬,膺风疾,里居不出,自号贞疾居士"的张鉴作为幕僚,在协助阮元谋划海防和赈灾诸事务的同时,撰写了《海运刍言》等书。如《清史稿》所载:"道光四年,河决高家堰,漕运阻。英和遂奏行海运,多采用鉴说。卒,年八十三。"道光二十六年(1846),他被"选授武义(今浙江武义县)教谕",执掌一县文庙、祭祀、教育及教诲生徒诸事,位属正八品官员,著有《古文尚书脞说》《十三经丛说》《西夏纪事本末》等多种,皆传于世。

阮常生,一作长生,字彬甫、寿昌,号小云,原系阮元的族子,后过继为阮元长子,妻为扬州学派重要学者刘台拱长女刘繁荣。嘉庆二十二年(1807),常生以荫生考授主事,官至直隶清河道,署直隶按察使,后又出任山东省永平府知府,于道光十三年(1833)病卒于任所,年仅46岁。常生为人、做官和做学问,皆秉承家风家学。一生为官清正廉直,官声政誉颇著,是道光时期的惊天大案宝华峪陵寝工程贪腐案中极少数未受牵连反而获得升迁的官员。相传其出任清河道时,巡行各堡,仅备用一部驿站专用车和两匹马,随行也只是一二员仆人,让人很难想到这是监司大员,迎谒的官员往往相见不相识,失之交臂。同

阮常生自用的梯形端砚和砚铭

时，常生也是多才多艺的才子，但不以才地矜物，能嗣家学而又能够独立思考，而且还擅长金石书法，尤其精于擘窠书，《扬州府志》称其“生平研究经术，精钟鼎大小诸篆，得柳诚悬笔意”。所著《后汉洛阳宫室图考》及《小方吟馆诗抄》，《仪征县志》（道光本）复著录其《团云书屋诗抄》等，皆传世。

阮元（1764—1849），字伯元，号云台（或作芸台），又号揅经老人、雷塘庵主等，江苏扬州人，是历官乾隆、嘉庆、道光三朝而始终坚持学术研究的乾嘉学派主要代表人物，为学术泰斗，经学领袖。《清史稿》卷三六四阮元本传称其“身历乾嘉文物鼎盛之时，主持风会数十年，海内学者奉为山斗焉”。阮元的学术渊源主要来自戴震，但作为通达有见地的学者，他对钱大昕、汪中、程瑶田、凌廷堪、焦循等人的学问，也很推崇、敬佩，至少是“略其短而著其功，表其长而正其误”（《西河全集·后序》）。个中，尤其盛赞大昕为学之精博，能兼清初以来诸学之大成。在大昕去世之次日（十月二十一日），阮元在为《十驾斋养新录》所撰序中，将之概括为“九难”。文曰：

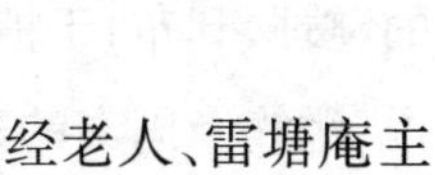

阮元像（据《清代学者像传》）

国初以来，诸儒或言道德，或言经术，或言史学，或言天学，或言地理，或言文字音韵，或言金石诗文，专精者固多，兼擅者尚少，惟嘉定钱辛楣先生能兼其成。由今言之，盖有九难。先生讲学上书房，归里甚早，人伦师表，履蹈粹然，此人所难能一也。先生深于道德性情之理，持论必执其中，实事必求其是，此人所难能二也。先生潜研经学，传注疏义，无不洞彻原委，此人所难能三也。先生于正史杂史，无不讨寻，订千年未正之讹，此人所难能四也。先生精通天算，《三统》上下，无不推而明之，此人所难能五也。先生校正地志，于天下古今沿革分合，无不考而明之，此人所难能六也。先生于六书音韵，观其会通，得古人声音文字之本，此人所难能七也。先生于金石，无不编录，于官制史事，考核尤精，此人所难能八也。先生诗古文词，及其早岁，久已主盟坛坫，冠冕馆阁，此人所难能九也。合此九难，求之百载，归于嘉定，孰不云然！

凡此，可见一斑。或正因此，阮元、常生父子，陈鳣和张鉴，如此这般的“大蔓”群体，每位都是清代学术史上大名鼎鼎的大学者，合力参与大昕两兄弟著作的整理、刊布，于情于理，足见一代学人人品之高、学风之雅。就成就而言，可以说，滥觞于周秦的采风问俗传统，乾嘉学派精英们得以划时代地发扬和深化。一些采风问俗的经典作品，便是如此这般锤炼出来的。

清代民间文化百科全书《俚俗集》

《俚俗集》是清代福申所著的一部具有一定规模的笔记体类书。因其以稿本存世，故而愈显珍贵。

一、“俚俗”并非粗鄙庸俗

言及“俚俗”，即让人产生“粗俗”“粗鄙庸俗”“不文雅”之类的联想。晚清朱文炳《海上竹枝词》“芳名最喜学双文，燕燕莺莺固绝群。可笑媛媛同宝宝，一般俚俗不堪闻”之“俚俗”，显指当时沪上“芳名最喜学双文”的粗鄙取名时尚。但并不尽然。其实还应想到“民俗”“土俗”之类，亦属于这个词的含义范畴，因为“俚”通常用指民间的、世俗的、通俗的或乡土的。如吴士熹竹枝词《广中杂诗》“家修奁具嫁蚕姑，盛饰曾如嫁女孥。俚俗亲情原自重，听来姻娅乱相呼”之“俚俗”，则指南粤当时“嫁蚕姑”乡土习俗。甚至，专指通俗浅近的“俚语”“俚歌”和方言俗语。唐刘禹锡所谓“但闻怨响音，不辨俚语词”（《插田歌》），正是福申《俚俗集》书名用意之所在。《俚俗集》通过对所辑录的方言俗语、俚语词和民俗语汇等民间文化语言化石的考释，记录展示了清及清以前社会生活史上民间层面五彩缤纷的活世相。

本书的影印本前言特别指出："我国浩瀚的古籍中保存下来的古代民俗资料，令人叹为观止。但像《俚俗集》这样专门辑录民俗的类书则较为罕见。《俚俗集》的辑录者查阅了经、史、子、集、业书等各类古典文献，所引用的书籍近千种。内容涉及天文、地理、时令、官制、兵制、选举、人事、风俗、宗教、信仰、节日仪式、民间戏剧、民间游戏、民间医药、传统手工艺、传统的自然知识、民间衣饰、房屋形式、传统食谱等民俗事象，同时又收集了大量的与民俗有关的神话、传说、民间故事、格言、俗语、儿歌、口头禅、惯用语、谜语等口头艺术词汇。由于此书集中而又分类地保存了历代文献中有关民俗的文化遗产，有人称其为：'艺苑之英华，学问之渊薮。'为当今的民俗学研究提供了丰富的资料，具有较高的参考价值。"①

《北京图书馆稿本钞本丛刊》影印本《俚俗集》封面书影

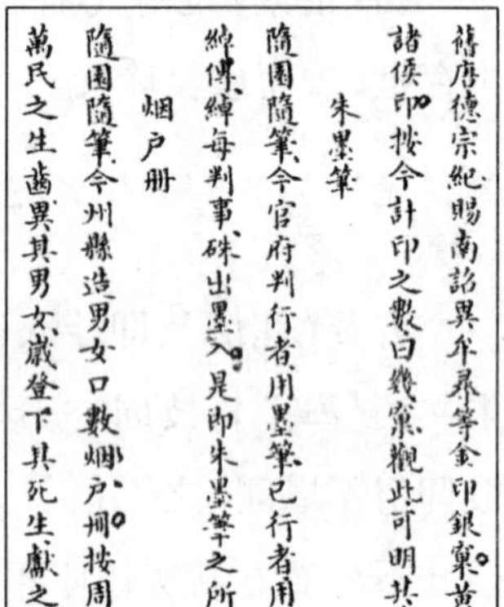
舊唐德宗紀賜南詔異牟尋等金印銀窠。黃綃詩六窠只佩
諸侯印按今計印之數曰幾窠觀此可明其義俗又作顆
朱墨筆
隨園隨筆今官府判行者用墨筆已行者用朱筆按北周蘇
綽傳綽每判事殊出墨入。是即朱墨筆之所由始
烟户册
隨園隨筆今州縣造男女口數烟户冊。按周禮司民之職掌
萬民之生齒異其男女歲登下其死生獻之於王鄭註登上
179

《俚俗集》正文书影

二、《俚俗集》版本及作者福申

《俚俗集》共四十九卷，清道光年间长白福申禹门编辑，稿本未刊，今存国家图书馆。辑入《北京图书馆稿本钞本丛刊》，书目文献出版社 1993 年据以影印出版。稿本卷首有麟庆《俚俗集叙》一篇，各卷首皆署"长白福申禹门辑，濑阳彭琳宾南校"。影印本卷首有署名刘一民的出版说明，以及在原有总目的基础上编制的细目，以方便查检。

① 《俚俗集》影印本前言，书目文献出版社 1993 年版，第 3 页。

清代所绘，为《俚俗集》作序者麟庆画像

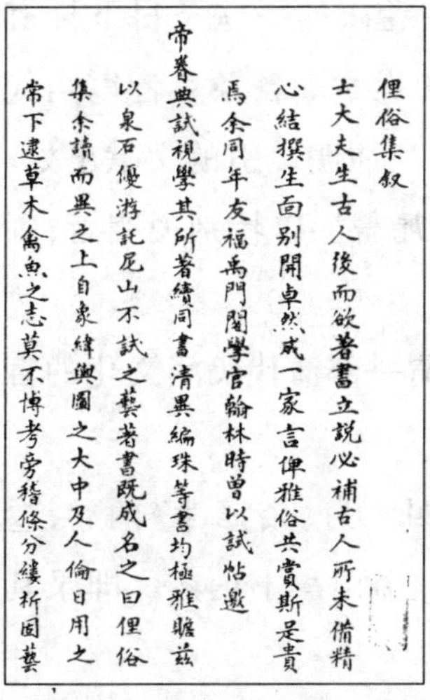

俚俗集叙

士大夫生古人後而欲著書立説必補古人所未備精

心結撰生面別開卓然成一家言俾雅俗共賞斯是貴

焉余同年友福禹門閣學官翰林時曾以試帖邀

帝眷典試視學其所著續同書清異編珠等書均極雅馴茲

以泉石優游託庇山不試之藝著書既成名之曰俚俗

集余讀而異之上自象緯輿圖之大中及人倫日用之

常下逮草木禽魚之志莫不博考旁稽條分縷析囿藝

《俚俗集》麟庆序文首页书影

至于《俚俗集》从何时开始辑录成书，由于缺乏文献记载，尚难以确定。但就其好友麟庆书序落款的日期，可推断是书至迟脱稿于道光二十五年(1845)。

福申，字佑之，号禹门，满族正黄旗人。嘉庆十六年(1811)辛未科殿试金榜进士，官至内阁学士，曾发起成立“城西文社”。道光八年(1828)被革职后，便赋闲家居，潜心治学，终日以辑书录文为快事。

据清四川总督刘秉璋第三子刘声木十枝撰的《苌楚斋三笔》卷一《城西文社盛事》载：“嘉庆癸亥(1803)，满洲福禹门太史申，偕同志二十人，倡立城西文社。谒□□(曲按：此原缺)鲍觉生侍郎桂星，称弟子。当从游之时，惟常轩、荔岩已举于乡，余皆诸生。未几，同社十九人皆登科第，亦熙朝之盛事，科名之佳话，师生之美谈。名氏科第，均见《觉生诗钞》，兹复备录于此：癸亥之明年为甲子，乡试中式者五人：昆峰那莪、中峰岳魁、蔼堂三福、谧斋恒安、绪堂福保。又三岁丁卯科，中式者六人：云亭锺祥、禹民铭德、清园永泰、云桥毓书、显堂荣第、宗室醴洤奕溥。而捷南宫者：乙丑常轩穆彰阿，后任中堂，己巳昆峰、绪堂，皆以知县用，禹民授编修，谧斋任中书。惟昆峰两试皆旗元，归班待选。禹门戊辰中乡试，继与醴洤并入词馆，荔岩、铁麟出宰楚北。至甲戌会试，翥青云麟成进士，出宰秦中。丁丑，图南联捷入农曹，清园同榜。庚辰会试，枢之庆辰亦捷南宫。中惟蔼人早逝未与，云云。自来同社科举之盛，未有盛于此者。”由此可知,福申于当时京门士子群体之中较有声望。

福申学问广博,著作颇丰。《清史稿·艺文志》著录其著作两种,《八旗艺文编目》还著录有《续同书》24卷,《续同书余集》《方舆类聚》16卷等十种,即《方舆类异》2卷、《清异编珠》2卷、《时序传说编珠》12卷、《路史编珠》4卷、《山海经分类编珠》、《干之类联》4卷和《补古锦囊》。此外还有《词林海错类选》4卷、《古锦囊》46卷(稿本)。以上主要是类书,《俚俗集》即其中一种。其才学、文章颇得同道赞誉,如同代人蒋祥墀在为其《续同书》所撰序文中曰:“长白福禹门大理,初官翰林,留心搜讨,纂辑甚富,寻由坊阶擢卿职,趋公之暇,不废铅椠,凡史建鉴诸书无不博览。”翰林学士鲍桂星称其“貌清弱而胸有积卷”。

三、《俚俗集》的内容和体例

《俚俗集》49卷,共辑录方言俗语、俚语词和民俗语汇2500余条,分作天文、时令、节事、地事、国事、文事、试事、武事、杂礼、吉事、凶事、人事、妇事、戏事、官称、尊称、劣称、泛称、伦常、艺术、形体、疾病、药材、释道、神鬼、俗禳、俗忌、俗谚和俗言29大类,每大类下根据具体事象又细分若干小类。例如,天文类下再细分为天、日、星、云、风、雨、雷、雪等。在有些卷次的一些条目下标有“以下为动物”或“以下为法器”之类字样,作为分别的提示。各条目皆以当代或前代文献为书证材料,考释民俗事象源流由来始末,均注明援引的文献出处。各条目援引的文献少的仅仅一种,多者可达十数种。凡需加以特别说明者,则以小字置于“禹门按”三字之下予以区别。

就其内容之丰富广博和篇幅之厚重规模来讲,堪谓一部清代民间文化的百科全书,已足见作者视野之开阔。

纵览《俚俗集》,多俗言俗事条目,尤其卷四五至四六为《俗谚考》两卷,卷四七至四九为《俗言考》三卷,所辑所释更为切近俗语、俗语辞书内容。即录其五卷细目如次:

卷四五《俗谚考》上　日没胭脂红二句　日出早四句　月子弯弯二句　月如弯弓四句　乾星照湿土来日依旧雨　南闪千年北闪眼前　电光东

南四句　未雨先雷船去步归　雷声大雨点小　云行东八句　行云流水　甲子雨谚甲申雨　雨打梅花头无水饮牛　十日雨连连高山也是田　直待雨沐头　雨落走进屋里来　白撞雨　四丙寅晴　河射角堪夜作　天河东西浆洗寒衣　朝暮霞　要宜麦见三白　冬无雪麦不结　夹雨夹雪无休无歇　一年一日　五月谚　风吹上元灯雨打寒食坟　有利无利但看二月十二　寒食下田　三卯　三月谚　立夏小满　四月朔　四月八日占谚　四月十四谚　十六日谚　五月雨晴　端午谚　未吃端午粽布袄未可送　黄梅谚　六月谚　六月初三谚　六月不热五谷不结　七月十六谚　立秋谚　处暑谚　八月初一谚　秋分秋社谚　云罩中秋月雨打上元灯　九月谚　重阳谚　九月十三谚　冬月谚　十月液雨谚　冬至谚　腊月谚　残年立春谚　除夜谚　太岁谚

卷四六《俗谚考》下　京师四多　京师十可笑　山东出相山西出将　作舍道旁三年不成　千金之子二句　士相扶为墙人相扶为王　官司谚语　相门有相将门有将　布政太守县令谚　公门有公卿门有卿　御史谚　郎属巡城口号　不痴不聋不成姑公　乡里夫妻步步相随　教妇初来教儿婴孩　踬马破车恶妇破家　男生内向女生外向　贫贱之交不可忘糟糠之妻不下堂　若要长观后养　小舅小叔相追相逐　美男美女　起居谚　当断不断反受其乱　不瞽不聋不能成功　老老大大作这个说话　闻事四句　吉者福之门凶者祸之根　福生有基祸生有胎　千人所指无病而死　快人二句　有病不治二句　病从口入祸从口出　眉毫二句　好大胆　浙西谚　相骂无好言相打无好拳　见怪不怪其怪自败　谈人说鬼四句　人作千年调鬼见拍手笑　钱无耳可使鬼　有钱生无钱死　杀人偿命欠债还钱　得人钱财与人消灾　三世仕宦方解着衣吃饭　贫儿谚　没酒没浆不成道场　酒困谚　借书还书谚　港曲笔秃谚　赵老送灯台一去便不来　梅实　麦秀风摇稻秀雨浇　无奈冬瓜何捉住瓠子磨　为狼为虎　象胆獭肝谚　赤脚道人趁兔　着靴人吃肉　牛食如浇羊食如烧　猪来贫狗来富猫儿来开质库　鸡寒上距鸭寒下嘴　猪婆龙为殃癞头鼋顶缸　之乎者也已焉哉

卷四七《俗言考》一　天长地久　惊天动地　回天地造化　谢天谢地　天翻地覆　上天无路入地无门　天网恢恢　天从人愿　人定胜天　坐井观天　有天没日头　见天日风花雪月　翻云覆雨　风流云散　随风倒舵　系风捕影　如风过耳　耳边风　风中烛　飞风　口欲东南风　荡风冒雪　雪上加霜　雪中送炭　各人自扫门前雪二句　如汤浇雪　闭门不管庭前月　近水楼台先得月　满船空载月明归　雨淋头　久旱逢甘雨四句　日出事还生　白日莫闲过青春不再来　过得一日过一日　又得浮生半日闲　明日愁来夜行不休　日暮途穷　朝不谋夕　今日不知明日事　一场春梦　一年一度　三日三夜何以过日　不今不古　周而复始　人生一世　耽误少年　趁时　叙寒温　温暾及热　冷处着把火　趋炎附热　在家常早起　五更侵早起更有夜行人　早起三朝当一工　辇毂之下　天涯海角　人杰地灵　落地无地穴可人　无立锥之地　平地起骨堆　村气　急流勇退　远水不救近火　半截入土　不习水土　差路　拖泥带水　随乡入乡　轻车熟路　狭路相逢　路绝人断　开生路　得出路　渐入佳境　游山玩水　不识泰山　泰山压卵　这山望着那山高　海水不可斗量　海枯见底　不到乌江未肯休　黄河尚有澄清日　细水长流　水泄不通　水涨船高　覆水难收　水落石出　水清石见　以卵投石　飞沙走石　穷坑难满　临渴掘井　过河拆桥　逢桥须下马过渡莫争船　奔波　东行西走　指东画西　四通八达　无边无碍　传近极乐世界　千年田八百主　但存方寸地留与子孙耕　十年江上无人问　天下瓜分　四分五裂　一败涂地　阴沟里翻船　但有路可上更高人也行　盐豉蛮　山河壮帝居　水至清则无鱼　求田问舍

卷四八《俗言考》二　不能为人　不中用　不可无一不可有二　如坐针毡　长进　不长进　相打　不耐烦　大名之下难以旧居　三十六策走为上计　一劳永逸　不快活　快活不作好事　求人不如求己　此处不留人自有留人处　清贫浊富　管事　致意　作人情　痴人前不可说梦　人生五十不为夭　举头三尺有神明　人样子　张三李四　破天荒　打秋风　大把势　杀风景　买东西　躲破鼓　张到　风流罪过　见笑大方　先

打后商量　数见不鲜　自己情虽切他人未肯忙　在家贫亦好　败俗伤风　落地逃旁若无人　识时务者在乎俊杰　不理　不快　不济　不肯　不依　不大是　不得当　不得行　不成人　不是人　不成器　不中意　无奈何　有道理　是何道理　俗不可医　大而无当　有名无实　名过其实　妄自尊大　唯我独尊　内清外浊　随高就低　未知深浅　无所短长　不分皂白　不知甘苦　不知香臭　不知痛痒　不知利害　不识时务　不可教训　不可救药　笑杀天下人　扫兴扯淡　跳出圈子　寸步不离　行不开　十步九回头　顾前不顾后　知进不知退　使智不使力　年老成精　少所见多所怪　白日见鬼　时衰鬼弄人　开门揖盗　贼去关门　盗不入五女之家　愁人莫向愁人说　不风流处却风流　天下本无事　事已如此无可奈何　阿癐癐　奔命　不对牡　跳槽　哓人　祸福　斗滚　推耸　鲒门　家贫思良妻国乱思良将　知子莫若父知臣莫若君　巧妻常伴拙夫眠　君子之交淡如水小人之交甘如醴　宁逢恶宾莫逢敌人　贫贱之交不可忘　糟糠之妻不下堂　儿孙自有儿孙福　养儿防老积谷防饥　生子痴了官事　老蚌出名珠　掌中珠　三岁至老　将门有将相门有相　官久自富　得他心肯日是我运通时　一朝权在手便是令行时　庸庸多厚福　不能流芳百世亦当遗臭万年　小屈必有大伸　富贵逼人来　笑骂由他笑骂　好官还我为之　相逢尽道休官好林下何曾见一人　腹有诗书　雅人深致　名下定无虚士　读书种子　龙虎榜　一物不知君子耻之　寄人篱下　雨脚书橱　抱佛脚　五经扫地　一部十七史何处说起　自身照不亮　诮下第诗　善恶到头终有报只争来早与来迟　为善无近名为恶无近刑　祸福无门为人所召　不为福先不为祸始　因祸为福转败为功　福无双至祸不单行　福过灾生　择祸莫若轻　全受富贵之谓福

卷四九《俗言考》三　客气　习气　本色　绵力　热心人痴心人　福至心灵　良心发现　小心谨慎　阴地不如心地好　开心见诚　以肉为心　心肝　铁石心肠　心猿意马　三头二面　改头换面　有头无尾　摇头摆尾　空头　垂头丧气　撞头磕脑　面目可憎语言无味　头不梳面不洗　面孔作面子　当面蹉过　当面背面　真人面前不说假　人面兽心　桦

皮脸　眼珠子　凡夫肉眼　眼不见为净　眼中钉　眉来眼去　火烧眉毛　一毛不拔　吹毛求疵　胡麻黑胖长　口尚乳臭　冲口而出　嘴尖　嘴头硬　插嘴　路上行人口似碑　老婆舌头　耳而目之　耳闻不如目见　六耳不同谋　难将一人手掩得天下目　伸手不见掌　左手得来右手用　三只手　老手旧臆膊　孤掌难鸣　缩手旁观　十指有长短　手忙脚乱　七手八脚　前脚后脚　不及脚指　脚踏实地　汗流浃背　握两手汗　精神满腹　胆大于身　胆愈大而心愈小　怨入骨髓　懒到骨头皮　老头皮　明目张胆　是非只为多开口烦恼皆因强出头　听人穿鼻　没把鼻　磨牙　吻嘴　眵模糊　把头把脑　近觑　用眼瞟　手托腮　矮𨁏矬𨁏子　那得此副急泪　白发　方寸　三寸舌　闻名不如见面　人死不知心　以色事他人能得几时好　仔细思量底模样　心发𧻓　醋心　市语　话靶　闲话　三分语　老生常谈　先人之语　造言生事　闭口不言　人平不语　高声大骂　啧有烦言　说长道短　说三道四　多言多败　千说万说　一语撞倒墙　说得行不得　能言不能行　前言不及后语　以不解解之　轻诺者必寡信　说得天花乱坠　有理不在高声　事无不可对人言　浑身是口难分解　可与人言无二三　欲加之罪不患无辞　一言出口驷马难追　忠言逆耳　人微言轻　谈何容易　滑稽　姑妄言之姑妄听之

四、备受贵胄学者完颜麟庆激赏和推崇

现在仔细看一下是书稿本卷首麟庆的《俚俗集叙》。书序全文写道：

士大夫生古人后，而欲著书立说，必补古人所未备。精心结撰、别开生面，卓然成一家言，俾雅俗共赏，斯是贵焉。余同年友——福禹门，阁学官翰林时曾以试帖邀。

帝眷典试，视学其所著《续同书》《清异编珠》等书，均积雅赡。兹以泉石优游，托尼山不试之艺著书，既成名之曰《俚俗集》。余读而异之，上自象纬舆图之大，中及人伦日用之常，下逮草木禽鱼之志，莫不博考旁稽、条分缕析。

固艺苑之英华,学问之渊薮也。乃作者之志,非如纂言家之采葺曩篇,徒侈浩博而已。诚有见夫古今来风会递迁,习尚互异,自一名一物一事一言,或有其音而无其文,或有其文而无其义,或有其文有其义而不暇核其文。义所从出与街谈巷议之。所以相沿爰于每篇之中皆加考核,援古证今,讲明切究,较之《扬子方言》、焦澹园《俗书刊误》,尤加详焉。自非神周六合学贯三才、家藏万卷之书、目极十行之敏,杜门息辙为之数十年而能纤悉不遗。若是哉,末册用俗物、俗语骈俪成文天然绮合。本纪昀、汤诰诸公所集踵而增之,甚至一市廛之地、一辙迹所经,过目不忘、触手成趣、巧思浚发,真有不可思议者或谓有才如此,而托于卑论侪俗,得毋自隘其著述之体?余曰不然。朱子论大人之学,固云众物之表里,精粗无不到矣,是书钜细毕赅,体用兼备,见深见浅,存乎其人。善读者勿以管窥则游戏之。文章无往非格致之余绪,记有之曰"明照万物而不遗微小",不当作如是观乎?读竟,爰为之序。

时道光二十有五年岁次,乙巳秋九月既望,年愚弟麟庆书,于半亩园之退思斋。

"明照万物而不遗微小",语出《礼记·经解》:"天子者,与天地参,故德配天地,兼利万物,与日月并明,明照四海而不遗微小。"乃旧时称颂圣贤、帝王之辞,意思是赞颂其业绩之光辉灿烂堪比日月之辉煌。凡此,足见完颜麟庆对福申《俚俗集》激赏、赞誉之高和推崇之至。

麟庆,即完颜麟庆(1791—1846),字伯余,别字振祥,号见亭,满洲镶黄旗人。嘉庆十四年(1809)进士,道光年间曾出任江南河道总督十年,蓄清刷黄,筑坝建闸,政绩颇著,后以河决革职,随即再起,官四品京堂,同时又因《鸿雪因缘记》《黄运河口古今图说》《河工器具图说》《凝香室集》等著述赢得学界的赞誉,是有清一代著名的官员和学者。麟庆乃金世宗完颜雍的第24世孙,其七世祖达齐哈以军功"从龙入关",被誉为"金源世胄,铁券家声"。其父完颜庭镠官至泰安知府,其母恽珠为汉人,系阳湖(今江苏武进)才女,清初常州画派代表人物恽格之后。

落款所谓"半亩园",乃京城著名园林,设计、建造出于时为清初陕西巡抚贾汉复幕僚的一代著名戏剧家、造园家李渔之手，道光年间成为河道总督麟庆的居所。麟庆将宅院重新修缮，在恢复原貌的同时又增添许多新的园林景观，古朴而雅静清新，入园即令人心旷神怡。据说，半亩园如意大门所雕麒麟，即寓意麟庆的名字。麟庆曾有《题半亩园退思斋》联语云："文酒聚三楹，晤对间今今古古；烟霞藏十笏，卧游边水水山山。"

如此这般人物的激赏与推崇，亦可窥见《俚俗集》价值斐然、作者学养的深厚广博，以及两位学者之间的深情厚谊。

五、使用、整理时需要注意到的微瑕

《俚俗集》并非现代意义上的辞书或百科全书，顶多只能算得上"准辞书"或"准百科全书"。因而，不可苛求古人前贤。但是，在使用时确也需要注意到其存在的不完善之处，或说是微瑕，也可为本书的整理作提示。

首先是影印版的出版说明所指出的(《俚俗集》影印本前言，书目文献出版社1993年版，第3页)：

> 每个条目内容繁简不一，最短的只有五个字，最长的达两千余字。或许是由于条目较多，内容繁杂，以一人之力，在编排及内容选择上难免有疏漏之处。首先是同一条目的重复出现。例如："风流云散"(卷一、卷四十七)；"翻云覆雨"(卷一、卷四十七)；"耳边风"(卷一、卷四十七)；"风中烛"(卷一、卷四十七)；"膢腊"(卷四)；"洗象"(卷四、卷三十九)；"衙同"(卷五)；"细作"(卷九、卷十八)；"天下无事，佣人扰之"(卷十三)；"月事"(卷十四、卷二十五)；"肉桂"(卷二十七、卷二十八)；"贫贱之交不可忘，糟糠之妻不下堂"(卷四十六、卷四十八)；"相门有相，将门有将"(卷四十六、卷四十八)等。其次，在分类上，也有一些不尽合理及牵强附会之处。作为稿本，全书大部分书写端正，但其中个别卷次及补遗部分字迹潦草，破坏了整部书的统一和美感，实为憾事。

其次是，一如以往同类著作，皆以探源为旨要。然《俚俗集》考释颇嫌简略。

且以如下数条为例：

读书种子　《鹤林玉露》，周益公谓士大夫家，可使读书种子衰息乎。又姚广孝谓方孝孺，同详《明史》。

龙虎榜　刘昌言《上吕蒙正丞相诗》云："一举首登龙虎榜，十年身到凤凰池。"

一物不知君子耻之　《晋史》，陶渊明谓范隆曰：一物不知君子之耻。又《梁史》，陶弘景亦有此语。又刘渊曰：一物不知君子耻之。

寄人篱下　《齐书》，张融曰：作文，不肯寄人篱下。

两脚书橱　又，陆隆学极博，而读易，不解文义。王俭曰：陆公，书橱也。今人谓读书多，而不能用者，为"两脚书橱"，本此。

抱佛脚　《坚瓠集》，士子遇文宗，按临，始思用功，谓之抱佛脚。此说传闻已久，而未知所本，及见宋张南《游宦纪闻》载云，南之南，有蕃国，俗尚释教，人有犯罪应诛者，捕之急，则趋寺中抱佛脚悔过，愿髡发为僧，以赎前罪，即贯之。谚云闲时不烧香，急则抱佛脚，本此。

五经扫地　《唐史》，祝钦明以经学显入内宴，钦明作八风舞，摇头腕目，卢藏用曰：五经扫地矣。

一部十七史何处说起　《宋史》，文天祥入燕，孛罗丞相欲屈之，问盘古至今，几帝几王。天祥曰：一部十七史，从何说起，吾非应博学宏词科，何暇泛论。

总之，就其价值而言，无论作为"类书"还是民俗百科全书，至今仍不失其实用价值，有必要加以研究和整理。尤其是清嘉庆以后，当时类书被视为鄙陋之学，鲜有人问津，福申却数年里坚持不怠，辑录了包括《俚俗集》在内的皇皇十数种类书，足见其学术眼光之深，甚是难能可贵。

顾张思“乐操土风不忘旧”之《土风录》

由于历史上的种种缘故,一些饱含前贤智慧和心血的重要学术典籍往往遭受湮没乃至失传的命运。说起来,《土风录》是幸运的。其付梓问世久无反响,就连当时的学术大家钱大昕所作之序亦不见于其文集《潜研堂集》中,因而颇显珍稀。仅仅200余年之后,由于被日本汉学家长泽规矩也慧眼识珠,以家藏本影印辑入《明清俗语辞书集成》而获重新传布,立即引起了人们的关注,特别是进入了民俗语言学家们的视野。

一、书名、版本、作者和内容

《土风录》十八卷,清顾张思著,今所见为清嘉庆三年(1798)巾箱本,《贩书偶记》著录,日本汲古书院《明清俗语辞书集成》据以影印。卷首有乾隆六十年(1795)“竹汀居士”钱大昕序,嘉庆三年“盘陀老人”朱珪序。是书刊行以来,今已稀见。

书名之“土风”,语出《左传·成公九年》“乐操土风,不忘旧也”。本谓乡谣俗曲,后则用以泛指地方风俗习惯,如《宋书·文帝纪》元嘉二十六年:“城邑高明,土风淳一。”亦若三国吴陆士衡《吴趋行》所云:“土风清且嘉,则以为风俗之

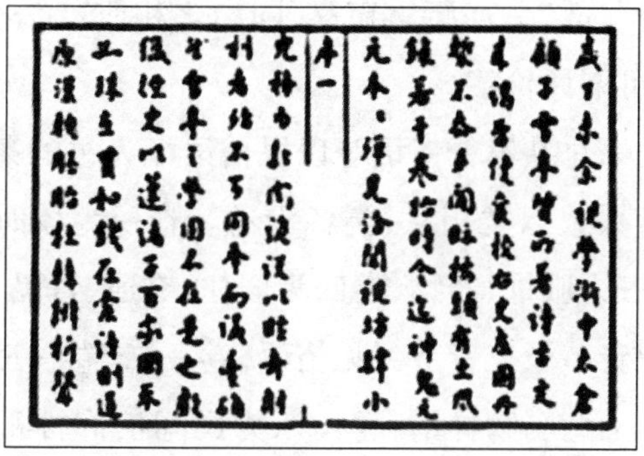

《土风录》内封及朱珪序书影

通称。吴五方之言语习尚各有所传授，而相沿日久上昧其所自，惟儒者博涉而贯通之。”

从朱珪序得知，著者字雪亭，江苏太仓州人。于苏州教授之暇，作此书。因求朱珪增削诗文，朱氏始知有此书，故于嘉庆三年(1798)著者诣安徽访珪之际，经珪劝勉而付梓。日本著名汉学家长泽规矩也之《解题》认为：“按图书分类法，本书与《俗语解》，或当归于子部杂家类、杂考或小说家类、杂事类之属。但就其解释俗语言，亦诚为可珍视之作。……‘土风’一语，其民谣之意，见于《左传·成公九年》；至左思《魏都赋》、陆机《吴趋行》，始转为风俗之意。本书则取为集录地方言语之意。犹记此本似战后获之琳琅阁，此后于他处未尝见之，故若干缺字未能补苴。”

著名训诂学家钱大昕序谓：“其铺叙节物，则《阳羡风土》《荆楚岁时》之遗也；其诠释器服，则《匡谬正俗》《事物纪原》之例也；其考证方语，则《方言》《释名》《释常谈》之亚也。征引必检原文，而道听途说勿取也；折衷必谐六书，而乡壁虚造弗尚也”，“余向有《恒言录》，其体例略相侣，而雪亭之杷罗多有出余录

钱大昕《土风录》序书影

之外者”，故“叙而行之窃喜，同声之相应”，云云。这些评语出自一代学问大家笔下，可谓评价甚高。

此书总共辑释俗语等以民俗语汇为主的条目1000多条，不分门类，条目根据内容大致以类相从，类各为卷。卷一为岁时节令，卷二为丧葬、婚娶、娱乐游戏，卷三为服饰、器物，卷四为居住、交通、食品，卷五为日用杂物，卷六至卷一一多为双音节及三音节习见俗语，卷一二、卷一三为四音节以上习见俗语，卷一四至卷一七为名物称谓，卷一八为民间信仰神祇习俗。内容多涉典章制度、风物掌故。是书体例似《通俗编》《恒言录》而稍善，考释亦时可补两书所不备，亦自有许多详审精彩之处，颇见考据功力。例如，很早即见诸典籍的“行李”这个词，历史颇为悠久，远在春秋战国时即已出现，本义是指使者，而后逐渐用指行旅、行程、行踪等。如宋姚宽《西溪丛语》卷上所载：

> 唐李济翁《资暇录》云：“古‘使’字作‘岑’。《左氏春秋传》言‘行李’乃是‘行使’，后人误为‘李’字。”《春秋·僖公三十年》，《左氏传》云：“若舍郑以为东道主，行李之往来，共其困乏。”杜预曰：“李，使人也。”又《襄公八年》，《左氏传》云：“亦不使一介行李告于寡君。”杜预曰：“行李，行人也。”又《昭公十三年》，《左氏传》曰：“诸侯靖兵，好以为事，行理之命，无月不至。”杜预曰：“行理，使人通聘问者。”或言“理”，或言“李”，皆谓行使也。但文其言谓之“行李”，亦作“理”耳，以此知其非改古文为“岑”也。古文字多矣，李济翁不言字出何书，未可遽尔泛举而改作也。刘孝威《结客少年场行》云：“少年李六郡，遨游遍五都。”李作“使”音。

迨至明清，开始出现了现代汉语所说的“出行携带的物品”这个语义。《土风录·行李》条，一如《西溪丛语》，用了很大篇幅记述用字和语义演变轨迹，但其首先断言“出门衣装，曰行李”，直接印证了这个时期的语言事实。这一点，也正是本书学术含量的一点微观体现。如其例：

> 行李　出门衣装，曰行李。见《左传》：“行李之往来，亦不使一介行

李。”李,杜注:“行人也,亦作行理。”《国语》:“行理以节逆之。”《左传》:“行理之命,无月不至。”孔氏正义《李理通》、方勺《泊宅编》云:“人将有行,必先治装。”如孟子之言“治任理”,亦治也。李济翁《资暇录》以“李”为“使”字之讹。古文“使”作“岑”,与“李”相似云云。盖本杜预注:行人。贾逵注:理当为吏之说。肇法师《答刘遗民书》曰:“冀行李,数有承问。”亦谓:“行使也。”山谷《送张天觉》诗“因来叙行李”用此。

当然,像这个条目如若再征引一些明代文献,诸如明冯惟敏《南锁南枝·吨妓》曲之“半夜三更路儿又跷蹊,东倒西欹顾不得行李”;再如冯梦龙《喻世明言》第一卷之“那时兴哥决意要行,瞒过了浑家,在外面暗暗收拾行李”之类,则更趋完善。但是,怎好苛求古人呢?

周作人的《南北的点心》写道:“据我的观察来说,中国南北两路的点心,根本性质上有一个很大的区别。简单的下一句断语,北方的点心是常食的性质,南方的则是闲食。”(《知堂集外文·四九年以后》)并特别采用《土风录》的条目做了“一点烦琐的考证”。这两个条目是:

点心[馒头·馄饨·包子]　小食,曰点心。见《吴会漫录》:“唐郑为江淮留后,家人备夫人晨馔,夫人谓其弟曰:‘治丧未毕,我未及餐,尔且可点心。’俄而女仆请备夫人点心,诟曰:‘适已点心,今何得又请!’”周辉《北辕录》云:“洗漱冠栉毕,点心已至。”又《癸辛杂识》“赵温叔丞相善啖,阜陵谓曰:‘我欲作小点心相请。’”俗语“小点心”亦有出。点心中有馒头、馄饨、包子等。高承《事物纪原》云:“诸葛亮渡泸,以麦作人首形祭神,因号馒头,取欺谩之意。”程大昌《演繁露》云:“馄饨出于卤中,混氏、屯氏故名。”按《太平御览》引《方言》:“饼,或谓之‘馄’”,是其名已久。《食物志》云:“或作混沌,像其圆形包子。”见王楙《燕翼诒谋录》:“仁宗诞日,赐包子。”

茶食　干点心,曰“茶食”。见宇文懋昭《金志》:“壻先期拜门,戚属偕行,以酒馔往,酒三行,进大软脂、小软脂,如中国寒具,又进蜜糕,人各一盘,曰茶食。”周辉《北辕录》云:“金国宴南使,未行酒,先设茶筵,进茶一盏,谓之茶食。"

此外,周作人还在《饭后随笔·豆沙》中谈道:"我们年年吃月饼和其他有馅的点心,吃惯了豆沙,不觉得怎么特别,其实这是中国所特有的,日本等处也有,乃是从中国传去,所以根本还是一样。据考证家说,《说文》中有豆字上的一个字,注云豆饴,即是后代的豆沙。"并引证《土风录·豆沙》的记载:"饼饵馅以赤豆末、红糖炒之,曰豆沙。见范石湖《祭灶诗》'豆沙甘松粉饵圆'。"清袁学澜《适园丛稿》卷六《田家四时竹枝百首》咏道:"收成二麦近梅炎,紫楝花开睡思添。熟食邻娃争馈饷,茼麻饼馅豆沙甜。"原注:"田家蒸豆和糖为饼馅,名曰豆沙。"显然,其"熟食邻娃争馈饷"之熟食"茼麻饼"同月饼一样,均为"点心"之属。又如晚清秦锡田《周浦塘棹歌·物产》所咏:"赤豆圆匀绚紫霞,糖霜一勺豆融沙。夹沙最好猪油馅,气味清芳点桂花。"亦有注云:"赤豆煮熟,褪皮以糖炒之,名'豆沙',和以猪油,为糕饼之馅,名'猪油夹沙'。加以桂花,香气尤郁。"这就把南方常见的"豆沙馅"描述得甚是清晰,堪为《土风录》有关条目的别注。

二、注重考释民俗语汇及其民俗语源

注重考释一些民俗语汇的民俗语源,也是本书的一大特点,如通常把黄酒称作"老酒",何故?书中《老酒》一条写道:"黄酒,曰老酒。按范石湖诗'扶头老酒中',自注:'老酒,数年陈酒也,南人珍之。'是'老',即'陈'字之意。苏子由《求黄家紫竹杖》诗云:'老酒仍烦为开瓮。'今不论新陈,黄酒通呼'老酒'矣。"(卷六)亦即说,"黄酒"谓之"老酒",在于其属于"数年陈酒也"。

以"一马不跨两鞍"用指封建时代一女不嫁二夫腐朽贞烈观陋俗,在元人关汉卿《窦娥冤》剧中已可获得口语语料的印证:"我一马不跨两鞍。想男儿在日,曾两年匹配,却叫我改嫁别人,其实做不得。"民间传说,元朝时,书生孟志刚死后,尚未生育的未亡人衣氏,让木匠把棺木做得大些,然后她把家里的财物尽数散给了邻居,祭奠完亡夫之后,即向邻居表示一马不跨两鞍,死也要与亡夫同棺共穴。次日,邻里们发现她已死在了亡夫的棺木里。此事,《元史·列女传》所载甚详:"衣氏,汴梁儒生孟志刚妻。志刚卒,贫而无子……是夕,衣氏具鸟黍祭其夫,家之所有悉散之邻里及同居防媪,曰:‘吾闻一马不被二鞍,吾夫既死,与之同棺共穴可也。’遂自刎死。”究其民俗语源,则出自古老的“跨鞍”婚俗。唐苏鹗《苏氏演义》:“婚姻之礼,坐女于马鞍之侧,或谓此北人尚乘鞍马之义。夫鞍者,安也,欲其安稳同载者也。唐段成式《酉阳杂俎》云:‘今士大夫家婚礼,新妇乘马鞍,悉北朝之余风也。’今娶妇家新人入门时跨马鞍,此盖其始也。”道是出自“北朝之余风”,其实还是取汉语“鞍”与“安”谐音制造“平安”口彩,乃至于“今虽名儒巨公、衣冠旧族,莫不皆然”(宋欧阳修《归田录》)。至清代,此俗也已广泛流行于南北各地。清李于潢《汴宋竹枝词》:“跨鞍抛豆转花毡,利市争分撒帐钱。怀挟交杯面含酒,媒人一笑出门前。”清黄兆枚《吉林杂咏》:“满地氍毹锦绣堆,抱瓶新妇跨鞍来。明年筛板悬铃响,是下摇车第一回。”对此,本书亦作有详载:

跨鞍　女临嫁,以马鞍置轿前跨之。案《五代史·刘岳传》云:“婚礼亲迎,有女坐婿鞍合髻之说,尤为不经。”士大夫家且有行之者,是此风始于五代。《姑苏志》云:“婚礼有知节,跨鞍坐床传宝之目,特为烦猥。”昆山郑文康,字介庵,正统进士,有《平桥藁》。《俗礼歌序》云:“昆俗娶妇俗礼甚多,若所谓跨鞍、问龙、进宝、搂饭甑、传彩、斩蔗之类,一无所据。士大夫家亦安而行之,略不怪耻。”附郑氏《跨鞍诗》:“莫跨鞍,莫跨鞍,跨鞍未必家平安。”自注:传要平安,须跨鞍。“鞍高足小跨不过,露出绣鞋人共看。东家娶妇有鞍跨,西家无鞍争笑话。谁知一跨心胆粗,乱走胡行都不怕。呜呼,跨鞍不如不跨好,俗礼纷纷奚足道。”(卷二)

三、征引丰富,间或采集民间口语语料

本书另一重要优长在于所征引资料的范围,似较《通俗编》《恒言录》广泛,由经史子集扩大到类书、方志和历代笔记、小说、杂著等,更有一些俚言俗语显然直接采自民间,因此方可“见风俗之变迁,方言之有自”(朱珪序)。如下数例至为明显:

不中用　无用曰不中用，见《史记·秦始皇本纪》："吾前收天下书，不中用者尽去之。"《汉书·外戚传》："择官人不中用者去之。"又《汉书·王尊传》："敕掾功曹，各自底厉，其不中用趣自避退。"《左传》："无能为役。"杜注："不中为之役使，盖用始皇语。"（卷一一）

脚踏实地　作事着实曰脚踏实地，见《邵氏闻见前录》："司马温公尝问康节曰某何如人，曰君实脚踏实地人也。"《宋史·邵雍传》："作脚着实地。"王勉夫楙临终《诫子诗》云："平生不学口头禅，脚踏实地性虚天。"（卷一二）

天长地久　《道德经》云："天长地久，天地所以能长且久者，以其不自生，故能长生。"俗语"天长地久"，本此。陆倕《石阙铭》："暑往寒来，天久地长，敢镌贞石。"白居易《长恨歌》："天长地久有时尽。"裴敬太白墓碑："天长地久，其名不朽。"卢纶有《天长地久》词五首，见郭茂倩《乐府》。（卷一二）

千里送鹅毛　馈遗自谦云："千里送鹅毛，礼轻情意重。"王厚之《复斋漫录》引谚曰："千里寄鹅毛，物轻情意重。此鄙语也。"山谷取以为诗，《谢陈适用惠纸》云："千里鹅毛意不轻。"案东坡《以扬州土物寄子由》诗云："且同千里送鹅毛。"此言盖起于宋初。山谷又有诗云："鹅毛千里赠，所重以其人。"复斋之说，宋史容注《山谷外集》引之。（卷一三）

不认曰赖　不认前言曰赖，见老苏。《谥法辩论》："有曰赖者。"注："不悔前过曰赖。"今借贷不还亦曰赖。《国语》庆郑云："已赖其地，而又爱其实，盖谓许赚秦河外五城而不与，为赖也。"韦注："赖，赢也。"则为赖藉之义。（卷一四）

喷嚏曰人说我　康成《终风诗笺》："人思我，如是我则嚏也。俗人嚏曰人道我，此古之遗语。"按："此则其说自汉有之。"东坡诗："白发苍颜谁肯记，晓来频嚏为何人？"盖本郑氏。《容斋随笔》云："喷嚏不止者，必噀唾祝云，有人说我。妇人尤甚。"山谷《薛乐道会饮饯行》诗："发嚏知见颂。"《戒庵漫笔》云："今人喷嚏必唾曰：'好人说我常安乐，恶人说我齿牙落。'是知此风多有之。"（卷一五）

四、为科技史提供珍贵史料

因俗语、民俗语汇而兼及博物百科，是应予关注的《土风录》另一编纂特色。书中仅有关酒的条目即多达八九个，此外还有火药火器、染织染料、琉璃玻璃、香水香料等关系中国科技史的珍贵史料。如"佛郎机"条：

> 礮大者，曰发郎机。按《事物绀珠》："佛郎机，铳铜为管。大者千余斤，小者百余斤。'佛郎'本海外国名，嘉靖二十八年入寇，败之得其礮，即以为名。俗以'佛'为'发'，声转也。"《说文》礮注："机石也，今俗作砲。"考《唐书·李密传》"以机发石为攻城具，号将军礮"，是犹不用火药也。宋虞允文始用火药，后遂无用机石者。铳之制，亦起于明初，古只训銎。音蛩，斤斧受柄处。《事物纪原》谓："轩辕作砲，吕望作铳，不知何据。"（余略）

有研究者从科技史的视角注意到，《土风录》辑释了许多有关化学、食品学、医药学、生理学、动物学、植物学乃至经济学内容的条目，仅有关化学方面的条目即有近40条。认为它以"风俗为主，百科为辅"，"丰富了我国科学技术史的资料"①。

五、释义简洁明了

另外，释文间有简语总括性释义，也是《土风录》较《通俗编》《恒言录》等同类著作为善处之一。如上述诸例之"女临嫁以马鞍置轿前跨之""无用曰不中用"等。探析、考释语源大多清晰可辨，如"不认曰赖"，以为由"赢"义引申。又知《国语·齐语》有"相语以利，相示以赖"之证。《新五代史·南平世家·高从诲传》："其后南汉与闽、蜀皆称帝，从诲所向称臣，盖利其赐予。俚俗语谓夺攘苟得无愧耻着为赖子，犹言无赖也，故诸国皆目为高赖子。"此又为一证。然顾氏未及"赖

---

① 田育诚、李素桢：《挖掘〈土风录〉中的化学史料》，《松辽学刊》自然科学版1986年第4期。

子”之例。顾氏考释俗语源流不唯以经史子集为典,且能注意征引民间口语资料为证,注重民俗语源,是知俗语之本。如“千里送鹅毛”条,即间接征引了《复斋漫录》引谚;而且明确述及“民间口语”,如“诓语曰赵”条:“语言不实,曰赵。按《尔雅》‘休无实李’,郭注:‘一名赵李。’无实曰‘赵’,殆取此意。又以‘赵’为‘然’。词家先生云:‘盖五代时民间口语为宋有天下之识,后遂沿之。’”

是书不只是补《通俗编》等所未备,有时亦辨之未详乃至舛误。如《土风录》卷一四“荡船曰划”条:“以浆荡小舟曰划。见《广韵》九麻注:‘划拨,进也,卢花切。’《集韵》:‘舟进竿谓之划。’《正字通》云:‘俗谓小船曰划子,方音读若话。”亦可作桦。陆鲁望诗:‘细浆轻桦下白苹。’”(卷一四)同卷相接下条为“补足曰找”:“《集韵》:‘找,即划字。’《正韵》‘找’注:‘拨进船也。俗以物补余曰找,呼作爪音,载之字典。’”而《通俗编》认为“找”为“划”之变体,胡瓜切,读“找”为“爪”之音,乃系错读反切下字之音,误“瓜”为“爪”之讹变,似显武断。《土风录》卷帙不小,亦难免未善或舛误。尽管如此,是书仍不失为一部力作。

顾张思字雪亭,江苏太仓人,生卒年及事迹未详。张思为钱大昕同时代人,生值乾嘉时代,有“博物君子”之称。学问遍及经史及诸子百家,著述凡数十种,然多不传。虽说《土风录》的著者名不见经传,但为之作序的两位,却是不可等闲视之的显赫名人。钱大昕乃门生数千人,事迹与其弟钱大昭时有“两苏”之比,并见《清史稿·儒林列传》的“一代儒宗”①。另一位作序者朱珪(1730—1806),字石君,号南崖,晚号盘陀老人。原籍浙江萧山,后迁居北京大兴而入籍顺天府。朱珪历任按察使、布政使以及两广总督,吏、兵、户部尚书,协办大学士、太子太保、太子太傅等,没后谥“文正”。其兄朱筠(1729—1781),亦为当朝名臣,著作等身,同为著名学问家、藏书家和清官,一如钱氏兄弟有“两苏”之誉,朱氏兄弟亦时称“二朱”。钱大昕序赞之“好学深思”,认为该书位居“《方言》《释名》《释常谈》之亚”,朱珪则叹之“不虚”,并力促付梓刊行。

此外,尽管事实上本书尚不如《通俗编》《恒言录》精审,但其所辑条目,倒亦常有不见于他书者。如卷一的“空帖拜年”一条:

---

① 详可参见本书“钱大昕《恒言录》和钱大昭的《迩言》”一章,此则不赘言之。

空帖拜年　新正，友朋交贺，以空帖而身不至，前明已然。《文待诏集》拜年诗云："不求见面惟通谒，名纸朝来满敝庐。我亦随人投数纸，世情嫌简不嫌虚。"又周辉《清波杂志》载："元祐间，新正贺节，有士持门状遣仆代往到门。其人出迎，仆云：'已脱笼矣。'谚云'脱笼'者，诈闪也。温公闻之，笑曰：'不诚之事，原不可为！'"是宋已有此风。（卷一）

"名帖""门状""拜帖"之类均属各同类著作常见的条目，但这个"空帖拜年"却是《土风录》所独有的一个条目。即如钱大昕序所言，是书虽与其所著《恒言录》"体例略相侣"，但"多有出余录之外者"。如此看来，钱大昕为本书所作序文失收《潜研堂集》，非但是钱氏的遗憾，亦属《土风录》之憾。因为，若借助钱氏文集的传播，本书亦不至于埋没许久也。

丁惟汾的《俚语证古》和《方言音释》

检视辛亥革命和国民革命的要员名录,诸如叶楚伧、胡朴安、马叙伦、邵力子、柳亚子、夏仁虎等,大多既是一代叱咤风云、名著青史的政治家,同时还是具有深厚学养或在某一领域颇有造诣的专家,乃至硕学大儒,是具有书生本色的学问家。比如,早年即追随孙中山的南社社员胡朴安曾著有《中国文字学史》《中国训诂学史》《文字学ABC》《中华全国风俗志》和《俗语典》(主编)等一系列著作。甚至,民国政要陈果夫亦曾主持耗时十年编撰出版、讲述中国节俗文化的读物《中华民国生活历》。他们大都既有传统文化知识素养的深厚积淀,还饱享海外新文化营养的滋润。可以说,清末民初这一代政治家的总体素质非常可观。

既著有《山东革命党史稿》,还撰有《俚语证古》和《方言音释》等《诂雅堂丛书》的丁惟汾,正是如此众多的一代政要兼学问家。他是"惟丁是赖"的国民党元老、民国开国元勋、孙中山的左膀右臂、蒋中正口中的"七哥",又是著有《诂雅堂丛书》的近代音韵学大儒。

一、叱咤风云载青史，学富五车著文章

纪念辛亥革命100周年之际,丁惟汾故居揭牌仪式在日照市的东港区涛雒镇丁家官庄村举行。丁惟汾的外孙女黄且圆等亲属齐聚丁氏故里,出席了这个难得的盛会。丁惟汾何许人也？一时间在大陆沉寂多年的这个名字重新进入世人的视野。

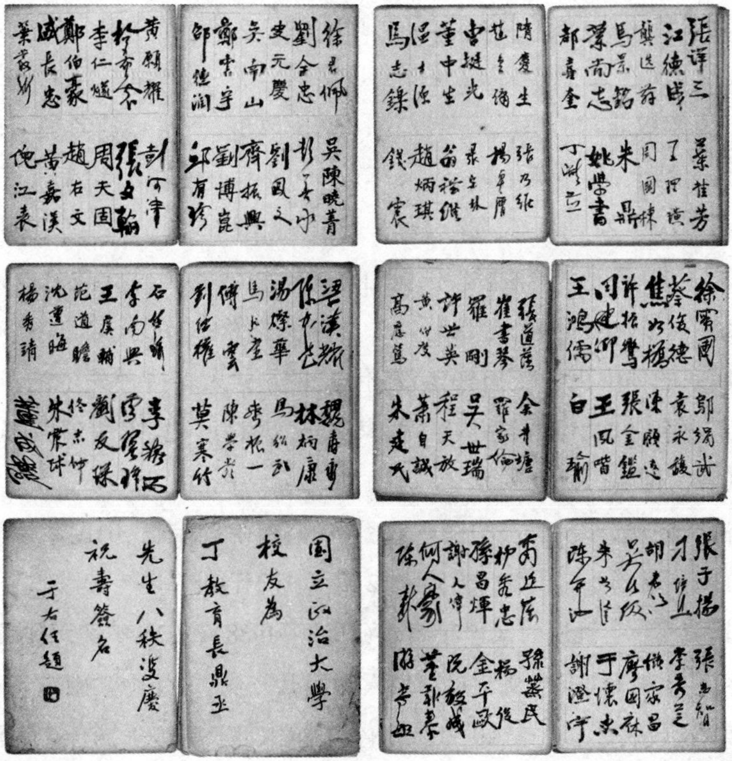

于右任题签的台湾政治大学校友庆贺丁惟汾八十大寿签名簿

当丁惟汾以“杖朝之年”客逝台湾时,于右任挽丁惟汾的联语“开国为元老,传经作大师”,“概括了丁惟汾一生的业绩”①。用笔者的话说“叱咤风云载青史,学富五车著文章”——此即丁氏一生事迹的写照。

丁惟汾(1874—1954),字鼎丞,别号诂雅堂主,人称诂雅先生,山东日照涛

① 李维忠:《丁惟汾生平史料编年》,中国文史出版社2004年版,第1页。

雒镇丁家官庄人。丁惟汾出身齐鲁乡间亦儒亦农的士绅家庭。父亲丁以此，号竹筠，清末秀才，以教私塾收入维持家计。丁惟汾幼承父教，研习国学，1903 年赴日本留学，追随孙中山，是同盟会的创始人之一，与廖仲恺相侔，并称孙中山的左膀右臂。辛亥革命半个多世纪之后的丁氏过世 12 年之际，被李敖赞叹为英雄好汉。李敖从丁惟汾的表弟王崇五所撰《丁先生言行侧记》里读到：辛亥革命成功后，民国建立，丁惟汾先生应选为国会议员。"民国二年，宋案发生，袁世凯将不利于民党，对国会议员中之民党分子，尤视为眼中钉，时先生族人某游宦京师，日哓哓于先生之侧，力劝先生委曲以缓祸，先生愤然曰：'让老袁把我的头拿了去吧！'"李敖非常有感触地赞叹道："这段故事，使我感触老半天！丁惟汾先生在这件事情上，真是英雄好汉。"（李敖 1966 年 4 月 20 日给王崇五的信）

在创建国民政府期间，丁惟汾曾一度任过国民党中央委员会的秘书长。1922 年 9 月 6 日，丁氏与陈独秀、张秋白等 9 人组成的国民党党务改进起草委员会，直接参与了《中国国民党党纲》《中国国民党总章》的草拟。1923 年 2 月，丁氏受在广东的孙中山委派担任参议，代表北方党人支持孙先生的革命活动。在组建南京政府时期，市井流传有"蒋家天下丁家党，孔、宋一门做部长"的歌谣，足显其身为创建国民党的元老与民国开国元勋地位之显要。

丁惟汾历任众议院议员、国民政府委员、监察院副院长、中国政治学校教育长、"总统府资议"等职。1954 年 5 月 12 日病逝于台北，享年 80 岁。

再看其亲友。丁惟汾的亲侄丁君羊（1903—1988），1924 年经郓代英、邓中夏介绍加入社会主义青年团，1925 年春加入中国共产党，历任中共山东省委组织部长、中共第六次代表大会代表和中共满洲省委组织部长等职。族侄丁观海，是"少年日照学会"创始人之一，著名的台大教授。丁观海之子亦即丁惟汾的侄孙丁肇中，是物理学家，诺贝尔物理学奖得主。外孙女婿杨乐，国际知名数学家、中国科学院院士、数学研究所所长。丁惟汾有一子五女，大多侨居国外学有所成。儿子丁履全，留学德国学土木建筑，后随父去了台湾，1995 年去世。孙子丁原和孙女均迁居美国。大女儿、二女儿抗战前去世。三女儿、四女儿分别侨居美国、巴西，都已过世。就职于清华大学的五女儿丁玉隽乃原民建中央主席、全国人大常委会副委员长黄炎培之子黄万里的夫人，数学家杨乐即其女婿。

凡此,在清末民初至20世纪中期的历史记忆中,深深地印载着丁氏早年满腔热血投身革命而且是功勋革命家的影像,及其后半生作为一代训诂学家的著述履痕。值其古稀之寿,与其同乡的另一位著名学者王献唐(1896—1960)为撰《诂雅堂主治学记》述云:"诂雅先生幼承家学,壮岁奔走革命,舟车戎马之际,未尝一日废书。今寿跻七秩,犹伏案操觚,著述愈勤。""先生读诗,复以韵谱之,续得六例,成《毛诗韵聿》。继之《尔雅》,成《尔雅释今》。又治《方言》,成《方言音释》。更以方言求古语,为《俚语证古》。五十年来,读《毛诗》《尔雅》《方言》,凡数是百过,成书百余万言。"其事迹另有杨仲揆《刚毅木讷的学者革命家——丁惟汾传》①可资参阅。

丁惟汾先生像

二、丁氏"结穴"之作《俚语证古》

"结穴"者,归结点之所在也。丁氏一生研治《毛诗》《尔雅》《方言》,每以今日方言俚语求诸古代经传文字。其毕生治学"结穴"之作,乃《俚语证古》。或言之,《俚语证古》是丁惟汾学术积累与研究方法之集大成,治学成就之标志性成果。即如其同乡好友王献唐《诂雅堂主治学记》所阐释的那样:"先生精力萃于《毛诗》《尔雅》《方言》三书,而其结穴则在《俚语证古》。前时注《尔雅》者,至郝氏《义疏》,最称邃密。惟详于义训,而略于音声。栖霞牟陌人,而郝氏雅故,曾遗书识之。注《毛诗》者,后推陈氏《传疏》。注《方言》者,后推钱氏《笺疏》。亦皆于声音未能通贯也。先生注《尔雅》,则以音为经,以义为纬,即音求义,由义证音,取诸左右,若水之逢源,不问漂忽。由周以来,迄今数千年,其名物语言,有已变者,有未变者。未变者,可由今溯古。已变者,有沿循之途轨,折旋之迹象。先生执其流传,证古之名物即今某物名某物,古之语言,即今某语某

① 杨仲揆:《刚毅木讷的学者革命家——丁惟汾传》,台湾近代中国出版社1983年版。

《丁鼎丞先生墓志铭》封面

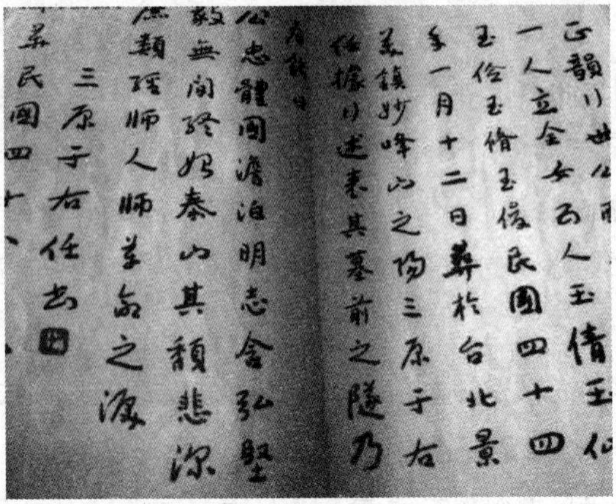
于右任书《丁鼎丞先生墓志铭》

言。若坐先贤于一堂，征文考献，相与共论，上下千古，犹一瞬也。”

清人范寅《越谚》卷上《语言》小序中提出：“九州岛岛殊欲，五方异音。音异、言偏、欲殊、语隔，五帝三王乃制同文之书以通其语言。而仓颉作字之所由肇焉，即扬子云《方言》之所由作焉，亦国史、风诗之所由采焉。世之学者辄以识字自负，岂之文字在后、语言在先。经史子集之文字尤后，方音州谚之语言尤先。经史子集文字所载之语言，实为人籁。方音州谚，文字所不载之语言，乃天籁乎。”《俚语证古·自序》称：“昔郭景纯氏述扬子治《方言》之法曰：考九服之佚言，标六代之绝语，类离词之旨韵，明乖途而同致。间尝论之，其所谓九服之佚言，即当代之方言。其所谓六代之绝语，即唐虞以后之古语也。所谓离同者，概佚言与绝语而通言之也。离者，二也，一语而古今异说，远近异称，故谓之离词也。旨者，近于意义者也。韵者，近于声音者也。将古今远近不同之言，部类其旨韵，旨韵相符者，虽千万变犹为一语也，故曰明乖途而同致也。由今言之，郭氏所谓佚言，即予之所谓俚语；郭氏所谓绝语，即予之所谓古语。其考所谓标者，皆为予《俚语证古》之衣钵也。故予之《俚语证古》，继扬子《方言》而作也。自輶轩采览而后，至周秦而业绝。扬子云生于西汉之末，崛起而远绍宏业。降及东晋，郭景纯始取而注之。自是而后，迄于晚今，继起无人。然欲广先民之声教，探文字之渊源，舍此殆蔑由也。予也不敏，寻坠绪于二千年后，谬成此编，得无有类于僭妄乎。知我罪我，则为予所乐受而不辞者也。”云云。

《俚语证古》是《诂雅堂丛书》的一种，初稿曾题名“俚语解故”，齐鲁书社据台湾1975年的一个印本（未详）与王献唐平乐印庐清钞批校本加以校订，于1983年10月手写影印出版。是书总14卷，类各为卷，凡14类，依《尔雅》《方言》体例。卷一为天，卷二为地，卷三为形貌，卷四为声容，卷五为饮食，卷六为衣服，卷七为家宅，卷八为器用，卷九为草，卷十为木，卷十一为鸟，卷十二为兽，卷十三为虫鱼，卷十四为语丛。全书考释俗语俚言凡1025条，条目以今语列首，次以简语接释；释文则取该条俗语中心词或关键语素直释其语义，次注古今音读、音转，末则征引经史子集、字书等以证其所出有自。休例谨严，考释精审简明。如例：

姑子，嫁子也。妻称夫姊为大姑子，夫妹为小姑子。如字当作嫁。（古音读如）《方言》三：女谓之嫁子。郭云：言往适人。《诗·周南·桃夭》篇：之子于归；《传》云：之子，嫁子也。（卷三形貌）

阿嚏，鼽嚏也。喷鼻谓之打阿嚏。阿为鼽（古音读欧）之双声音转。《月令》：民多鼽嚏。《玉篇》：嚏，喷鼻也。鼽嚏，为喷鼻声。鼽嚏，《淮南·时则训》：鼽室；高注，鼽读怨仇之仇。按仇，古音亦当读欧。（同上）

黄炎培之孙、丁惟汾之外孙黄观鸿回乡考察时在“种德堂”前合影

葛杂子,唼喋子也,葛骨、疵瑕也。鄙吝者谓之葛杂子。葛杂为唼(音读接)喋之双声音转。《淮南·览冥训》,至虚无纯一,而不唼喋从事也。高注,唼喋深算也。按,唼喋为鹭鸶饲食吞吐状,鄙吝者出财,往复深算,如鹭鸶之吐其食者然,故以唼喋子呼之,又谓之葛骨。葛骨为疵瑕(古音上读戈下读骨)之音转。《左传·僖公七年传》,予取予求,不女疵瑕也。(同上)

羊沟,央渎也。家宅出水沟谓之羊沟。羊沟为央渎(古音读窦)之叠韵音转。《荀子·正论篇》:今人或入具央渎,窃其猪彘;扬注:央渎,中渎也。如今人家出水沟也。(卷七家宅)

窠拉,屦履也。织屦粗草谓之窠拉。窠拉为屦(古音读窠)履(古音读类)之音转。《方言》卷四:履,粗者谓之屦。粗履为屦履,即以织屦粗草委屦履。关东人以苞屦为恶拉,亦屦履之音转。

相验,相攸也。男女定婚,互相验视,谓之相验。验为攸之双声音转。《诗·大雅·韩奕》篇:为韩姞相攸;《笺》云:攸,所也,视其所居。(同上)

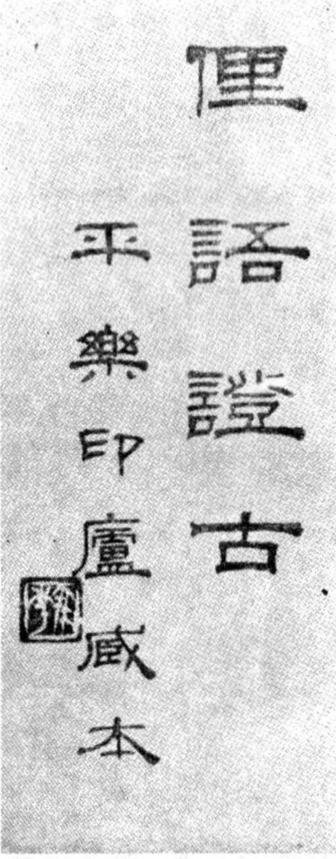

平乐印庐藏本《俚语证古》封面

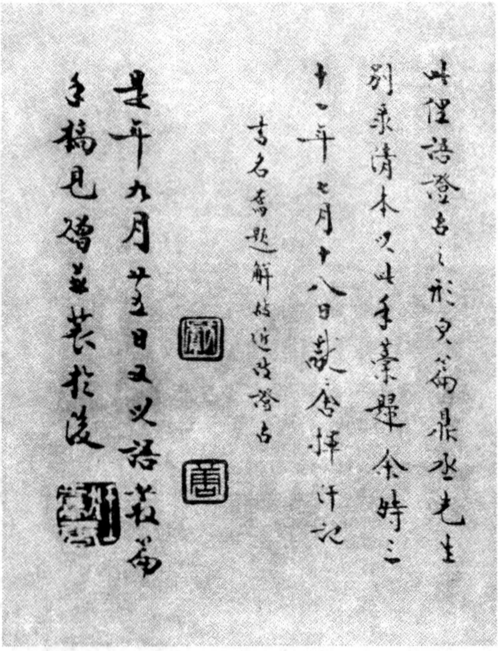

平乐印庐清钞批校本《俚语证古》王献唐手迹

有民俗语言学者的研究指出:《俚语证古》一书保存了大量方言俗语的资料,为我们进一步了解民俗语汇提供了文本,尤其是名物方言俗语,使一些已经消失或正在消失的东西的名称得以保存,为我们阅读古代文献提供依据。而且在此书的最后一卷语丛部分,也可以寻到仍然具有生命力的方言俗语的渊源。如丁个、单崩、趣黑、当戈、拉到等,这些都为我们研究民俗语汇提供了难得的语料资源。丁惟汾先生采用音转原理,将古今方言、俗语沟通起来。一方面具有创新精神,为训示古籍者开辟了一条新的途径。以同音相谐,推论称名辨物之意,并试图探求语源。这种声训方法在本书中得到系统体现。另一方面作者脱离传统词源学方法,以文字资料为本,凭字词音形义推究语源。即如古人作诗词文章,多讲究用典,注重遣词用字要有所本、有其来历。这种崇雅尚古观念,使得推求民间俗语语源亦所本于前人经典文字。于是丁氏便"类次俗语、俗事之见于经史子集","务使里巷中只语片解,俱合于古"。这种以见诸古人文字为语源或出处的主导倾向,不仅贯穿着中国俗语学史,亦是传统词源学的基本方法,即偏重书证文献中的语源。然而,有些词语的语源却是难以单凭史料及音形义演变规律所能考究清楚的,就如上面所列举的"犒劳""胡同""东家""不济",丁氏在对它们进行探源时,都只获得孤立或静态的结论。其实,民俗语言和民俗词汇未必都能见诸典籍,因此在探寻民俗语源上不仅要强调书证,也要看到其他的因素,如政治因素、民俗心理因素、民间口碑资料等。虽然有些民俗语汇在典籍中未曾涉及,但在口语中已经形成一种语言文化被固定下来,就无须一定要为它穿上一件厚重的古典文献的外衣,或通过语音一定要为其寻找到音转根据,这样只会使这些民俗语汇失去它真实的彩衣。①

凡此,已足资观其全书释例大概。据有学者比照《山东方言词典》统计②,全书涉及"胶东片"的方言词条235个,"非常具有代表性";"其中日照方言词条共有486个。与当今日照方言一一对照,主要有基本一致、读音或写法有变、词义有变、很少使用或不再使用、一音多义五种情况。从这些材料可以看出日

① 韩璐:《〈俚语证古〉说略》,《文化学刊》2006年第2期。

② 姜荣、孙夫荣:《丁惟汾〈俚语证古〉引日照方言考》,《文化学刊》2008年第3期。

照方言的某些发展变化,对方言和俗语的研究有很大的作用”。本书因循章太炎先生《新方言》之法,多以通转音训考释俗语语源。考释虽精审,却不乏泥古难拔而有牵强附会之病。例如“葛杂子”条,“葛杂子”,北方话有“生杂子”,指乖僻、调皮成性者,取贬义又指“无赖子”。作者为山东日照人,或以“葛杂子”乃为“生杂子”音讹而取。再例如以“羊沟”为“央渎”之叠韵音转,取证于《荀子》。明环中迂叟《俚言解》卷一“阳沟”条载:“宅舍开沟出水,明显者谓之阳沟,小刓放水谓之阴沟。马缟《古今注》,长安御沟谓之杨沟,植高杨于其上也。一曰羊沟,谓羊喜牴触垣墙,乃为沟,以隔之,故曰羊沟。然缟言盖御沟耳,民家当称阳沟。”《俚言解》的考释令人信服,而《俚语证古》所释,显系牵强之说。又如《俚语证古》卷三形貌释“诨名”为“易名也,化名也”,所考亦不符实际,其释云:“外号谓之诨名。”诨为易(古音读货)之双声音转。《檀弓》,其子成请于谥君曰:日月有时,将葬矣,请所以易其名者。易化同声,易名即化名。周制,死后的谥号,谓之易名。后世生而有诨名,谓之外号。外号,为生时之易也。亦有变名。雒师谋云:吕尚钓厓;注云,尚,名也。又曰望公七年,尚立变名;注云,变名为望。孔颖达曰:盖以所呼之号,遂以为名,以其道可尊尚。又取本名为号也。以“外号谓之诨名”,不错,而随后所考,却多为舛谬不切其实。“诨名”即绰号,俗称外号。《京本通俗小说·拗相公》:“老妪道:官人难道不知王安石即当今之丞相?拗相公是他的诨名。”《水浒传》中梁山泊诸位绿林好汉皆有诨名,如豹子头林冲、黑旋风李逵、母夜叉孙二娘之类。诨号多为别人视其某种性情、专长、体貌特征或就事而送,并约定俗成,本人或认可或不认可,人多如此当面称呼或背地称之。丁氏所考,难免附会之嫌。是书虽精审谨严,却若此不乏不得当之例,是其过于强求通转、泥古之病所致。又是书无子目索引,查检不便,至为遗憾。而为工作方便,笔者于是在编出《俚前解》《证俗文》子目的同时,亦编出《俚语证古》的检索自用,未印行。

三、《俚语证古》的姊妹作《方言音释》

在汉语文化中,如同“俗语”概念一向比较含混模糊那样,“方言”的概念亦然。俗语外部特征之一,是既具有较强的地方性,又受方言制约较甚。由于流

齐鲁书社写印本《方言音释》封面

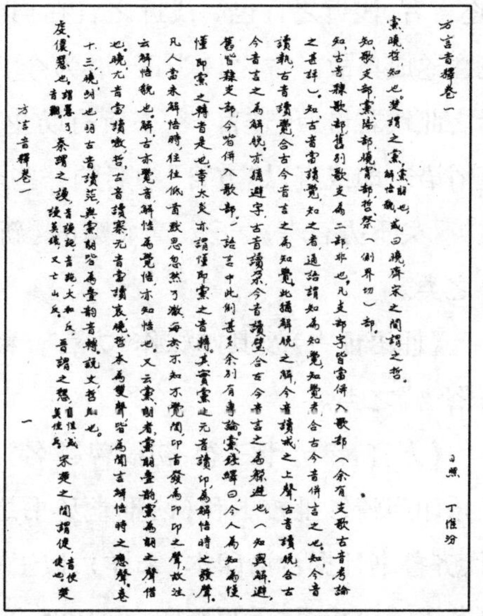

齐鲁书社写印本《方言音释》正文首页

行传布等原因，一个地区的方言之中，又往往包含相当比重的共通性俗语。例如清范寅所著《越谚》各卷，所辑既含方言字词，又含流行俗语，又多半与各地俗语相通，非仅限于越方一地。凡此，才导致形成了“方言俗语”这一现代语言学家认为界定含混、不伦不类的习用术语。然而与历来关于俗语称谓分歧不一同理，“方言俗语”这一概念却是中国传统语言学的一个事实上的俗语认识。脱离这一事实，即难以客观地了解汉语俗语的本来面目。因而，范寅则“爰据勾践旧都之区，信今传古之语，所口习耳熟者，分编语言、名物、音义为上、中、下三卷，名曰《越谚》。使言之于口者，悉达之于笔，淹雅者通今，谫陋者博古”。清唐训方《里语征实》，按一、二、三、四、五、六、七、八、九、十、十二、十四次编次的“里语”，观其实质，亦即“方言俗语”。

明末方以智《通雅》卷四十九《谚原》卷首小引说：“叔然作反切，本出于俚里常言。宋景文《笔记》之如鲫溜为就，突栾为团，鲫令为精，窟笼为孔，不可胜举，讹失日已远矣。然相沿各有其原，考之于古，颇有暗合方音，乃天地间自然而转者。上古之变，为汉晋。汉晋之变，为宋元势也。”可知他也是位“方言俗语”论者。清末葛元煦在为一代著名训诂学家钱大昭的《迩言》所撰跋语中称：

“迩言者，浅近之言也。浅近之言在当时则觉鄙俚，而后沿袭历数十百年之久，往往遂成典故。古之口头语，沿为今日之典故；今之口头语，亦尽有沿自古人者。此钱君可庐《迩言》一书所有昉也。”而《迩言》所辑释的，正是这样一些方言俗语。即或直以“方言”为名的一些著名专著，远起扬雄《方言》，近至清人胡文英《吴下方言考》、近人章炳麟的《新方言》，所选辑考释者，均不外乎方言俗语之类。

《俚语证古》及其姊妹作《方言音释》所谓“俚语”和“方言”，均属于这种“方言俗语”之类。

《方言音释》十三卷，初稿曾题名“方言译”，系《诂雅堂丛书》一种，传世有平乐印庐清钞批校本和《诂雅堂丛书之五——方言译》线装铅印本。1982 年 5 月，齐鲁书社据台湾印本（未详），以王献唐平乐印庐清钞批校初辑本参校，并附录若干王氏校语，手写影印，于 1985 年 1 月出版。是书乃为扬雄《方言》又一注本。各条首列《方言》原文及郭璞旧注，次将有关文字分别归属各个韵部，再次为释文书证，突出“以音释音、以音释义”方法，故称“音释”，是一部别具特色的《方言》注本。卷首丁氏 1933 年在济南寓所撰写的《方言音释序》云：“方言，为四方之言。方，乡也。方言即乡言。举其言而说之，谓之谈。同乡与同乡言，谓

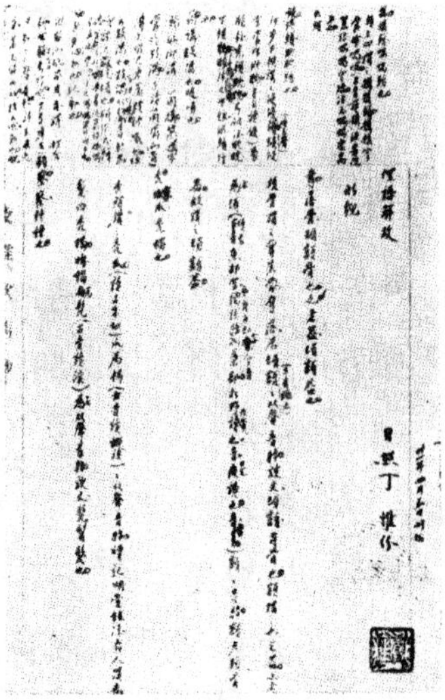

《俚语证古》手稿正文书影之二

（原题《俚语解故》）

丁惟汾《诂雅堂丛书之五——方言译》

线装铅印本正文书影

之乡谈。与异乡言,则不得为乡谈。不为乡谈,即以为异言。同一言也,谈之者因声音之流变不同,遂以为异耳。古先圣王知其然也。采取四方之言,笔之简策,藏诸故府。使人人知异乡所谈同为一言,并非异言。所以通民隐,定民志也。诏告天下,以重来兹,俾子子孙孙世守罔替,永宝用享。扬子云氏,起于汉末,抱残守缺,辑而录之,并为之疏通证明,可谓伟矣。景纯继起,复为训释,而《方言》一书因益彰明。降及后世,继起者虽代有其人,而若隐若现,不绝如缕,盖亦危矣。有清末叶,海禁大开,异国之言,漫衍浸入,通都大邑崇外语鄙国言之风尚,骎骎日炽。国运日危,来轸方遒,顾瞻周道,如有隐忧。爰取《方言》一书,详为念读,略解鰓理。始知四方之言,通为一贯之语,但音有流变耳。以今语证古语,古今无不吻合。即妇人孺子之琐语猥言,与古人亦无少异。夫乃叹今日之言语,仍是原自古初,无少变更,而古先圣王之流泽远矣。因详为爬梳,以音释音,以音释义,作《方言音释》。""异国之言,漫衍侵入",不足惊怪,如《上海俗语大辞典》所辑录的某些因一时流行而误为俗语者,随着时代发展亦多为淘汰,所能保存的,仅适合汉语习俗者而已。然而,一时"通都大邑崇外语鄙国言之风尚,骎骎日炽",却当注意,要为纯洁中华民族语言而奋斗,否则将起连锁反应,乃至"国运日危"。当然,仅此一端尚不足亡国灭族,亦不可视同小可。而泥古守旧,亦为一弊。编纂《方言音释》,缘于爱国之忧,赤子之心,其诚可贵。丁氏所曾"时与往来商讨者,余杭章炳麟太炎,仪征刘师培申叔,蕲春黄侃季刚,皆邃于古音韵者也"(王献唐《诂雅堂主治学记》)。丁氏"诂经,其柄持在声音,声音之运用,其要妙在精熟,犹学书然。知啄勒勾趯之成规,腾于口而涩于用,与不知等。用必沉潜于中,积年累月,久而神明变化,应手得心。先生之于声音亦然。以此治尔雅,更以此治《毛诗》《方言》"。(王献唐《诂雅堂主治学记》)这个源自汉代扬雄《方言》的传统训诂学方法,是丁氏久经实践研习驾轻就熟的路径。其精于音韵训诂之学,又尝读《方言》等书凡数十百过,是其治《方言》作《音释》之本。章氏撰《新方言》专就近代方言而考,而丁氏《方言音释》则旁征书证,以"音释"为本。例如是书之训释"掊"条,即可见之一斑:"掊,深也。掊,之部。深,覃部。掊为剖之异文,俗语音转为刨,平地因掊而深,故掊即谓之深。《史记·封禅书》见地如钩状,掊视得鼎。"(卷一三)

再如丁介民《方言考·方言书考·注疏之属》叙录有丁惟汾《方言译》十三卷所评介:“是书即以音转之道求之,每条先列方言词语所属之韵部,其古韵分部。初合王(念孙)、江(有诰)二家旧条,后又删并,以东与冬合,支与歌合,幽与侯合,缉与叶合,侵元各与谈之一部合。其之、脂、宵、蒸、耕、阳、鱼、真、谆、至、祭十一部如故,凡十七类。文中取证,率以达恉为止,不尚博引,孤证之病,在所难免,又多以齐东俗语相比附疏通,内中颇有失于凿者,如:‘台、既,失也,宋鲁之间曰台。’丁氏云:‘台,之部。既,脂部。失,至部。台古音读提,为遗佚(古音读狄)之合声,《孟子·梁惠王》篇:遗佚而不怨。遗佚俗语音转为拉掉。’以音韵相转之道求方言,以钱氏《方言笺疏》为始,丁氏之说,则多属臆断,且有强人从我之病,其以俗言疏通古语,又乏塙证。大抵是书可备资考,而创述发明,则多有未安也。诂雅堂丛书本,第五种。”①视其叙评,丁介民所见《方言译》卷十三,恐即《方言音释》。若是一书,则其所论,颇有道理,余亦为然。

综上可见,丁氏此书“以音释音,以音释义”这种突出“音释”的训释方法,是《方言音释》最具个性的特点,与以往治扬雄《方言》之众家相比,可谓别开生面。

《俚语证古》和《方言音释》两书是丁氏一生治学的主要代表作品,也是其与世俗生活联系比较直接的“接地气”的作品。就两书的题材而言,与其关注国运民生的从政意识,亦可使人感到有种潜在的交相呼应似的联系。

2007年,丁惟汾侄孙丁观海(丁肇中的父亲)曾将其叔祖、叔祖母二人的名字合于一首题为《追子陵》的“夫妻藏头诗”咏道:“鼎新革故帝制终,丞溺救焚万民拱。全功伟业兴共和,芳踪千古追子陵。”如果说,此诗对《诂雅堂主治学记》所述丁氏生平是一种史诗性描述的话,笔者撰写的两副楹联亦属白描式的概括。余之两联如下:

叱咤风云,丰功载青史;学富五车,妙手著文章。

策马纵横,亡清创新政;卸甲归田,著述还书生。

---

① 丁介民:《方言考》,台湾中华书局1969年版,第50—51页。

丁氏一生为官清正廉洁,死后身无长物,在他病逝后秦老夫人唯赖微薄的抚恤金度日。但是,其为民族的献身精神和作为学者留下的数百万字著作,却是不可多得的宝贵遗产。

四、“诂雅堂主”与“平乐印庐”主人交谊故实

丁氏所著《毛诗解故》《毛诗韵聿》《尔雅释名》《尔雅古音表》《方言音释》《俚语证古》,合称《诂雅堂丛书六种》。这些著述之所以能够得以保存和付梓问世,则要归功于王献唐的清钞整理。借此,论及丁氏学术则不好不述及两位之交谊。

“平乐印庐”主人王献唐晚“诂雅堂主”丁惟汾22岁,相差一代。但二人乡谊颇厚,学谊甚笃。且看如下零散的交往踪迹。

1919年,时任山东省立政法学校国文教员兼《新报》《申报》记者的王献唐,不时有评论山东政事文章见诸报端,引起了丁惟汾的注意和赞赏。后经同乡尹辛农的介绍,于1923年在济南相见订交。自此,献唐拜丁氏为师,学习音韵、训诂之学,过从甚密,成为终生的忘年之交。而且,王献唐的表兄、曾任职于世界红十字会济南分会的名士李肇禔(挹爽轩主人),与丁惟汾先生亦是关系甚为密切的好友。

丁惟汾挚友“平乐印庐”主人王献唐像

王献唐“平乐印庐”斋号印

1926年,王献唐应时任国民党中央训练部部长的丁氏之邀,往九江担任了训练部总务科长。次年,又经丁惟汾介绍到南京任国民党总部秘书,并从之研习《毛诗》,开始治学群经。后来,因被怀疑与报纸披露的一些国民党内部信息有关,涉嫌泄密,于是愤而辞职,并发誓不再从政,还将此前"王珀",改作此后一直使用的"王献唐"。

1930年,考古学家吴金鼎于历城县发现城子崖龙山文化遗址。当时的中央研究院与山东省政府联合成立"山东古迹研究会",由史语所所长傅斯年出任委员长,丁惟汾任顾问,李济任工作主任,王献唐担任秘书。

王献唐于1929年出任山东省图书馆馆长后,即着意搜集文物、典籍,扩充馆藏,使山东省图书馆一举跻身于当时全国收藏文物典籍最丰富的图书馆之一。1937年12月27日济南陷落之际,王献唐自己出资护送5箱馆藏善本图书和文物精品与屈万里、李义贵等南下避难。到了宜昌,迫于敌机的狂轰滥炸,乃请丁惟汾托人向教育部次长张道藩说项,费尽周折最后于1938年12月在黄炎培等人帮助下将珍贵文物安全地存于乐山大佛寺天后宫中。

1943年丁惟汾七十大寿。略晚丁氏几岁的国民党元老于右任以一首《寿丁鼎丞先生七十》相贺:"大老兴齐鲁,谈经世所钦。偶论天下事,如见圣人心。开国金铭铉,齐眉映雪簪。青山歌且乐,冲默作龙吟。"其时患脑疾的王献唐正寓居重庆洞林园丁宅,乃作《诂雅堂主治学记》致贺。1946年,王氏再次寓居南京丁家桥丁惟汾宅。

《梨园话》及其作者方问溪

方问溪所著《梨园话》，是一部比《国剧艺术汇考》早约30年出版的中国第一部戏曲词典，曾赢得"可与齐如山先生之《中国剧之变迁》《中国剧之组织》，鼎足而三"（陈墨香、张次溪评语，详见下文）的盛誉。至今，是书问世已经80多年了。除当时付梓在业内引起一定反响和几部专业辞书设有此书条目大略百十字的简介外，如今连其作者亦几乎被时间湮没了。然而，这是一部在中国戏剧史和社会文化史上有着独特意义和价值的专门著作，其作者方问溪是一位出身于数代相承戏曲世家，并将这个艺术世家和业内数代人仅凭口传心授难以获得学术层面解读和传播的艺术之道，推上艺术学术的殿堂，成就卓著，贡献独到，应予彰显的重要学者，在中国近现代戏曲史上应予其一席之地。以愚下之见，学界重新发掘、认知和评价方氏其人、其书、其事，使之不被湮没，并得以传播与使用，同样具有学术史、文化史的重要意义。

一、《梨园话》的成书、编纂体例和性质

首先，关于《梨园话》的成书问世及其命名。

方问溪著《梨园话》，版权页显示：校订人张次溪，出版人齐家本，北平中华

印书局1931年8月出版①。全书162页,竖排,每页11行竖格,题词、序跋等26页,正文136页,总计162页,4万余字,辑释京剧名词术语400余条,条目正文以笔画为序排列,虽未以“辞典”名之,却可谓之为最早的一部京剧辞典。《新唐书·礼乐志》载:“玄宗既知音律,又酷爱法曲,选坐部伎子弟三百,教于梨园。声有误者,帝必觉而正之,号皇帝梨园弟子。”“梨园”原本唐代都城长安皇家禁苑中的一处供帝后、皇戚、贵臣宴饮游乐之所,后因唐玄宗经常于此处教演艺人,遂被后世借以用作戏曲界和艺人的代名词——“梨园行”“梨园弟子”。此当是本书定名之根本所据。

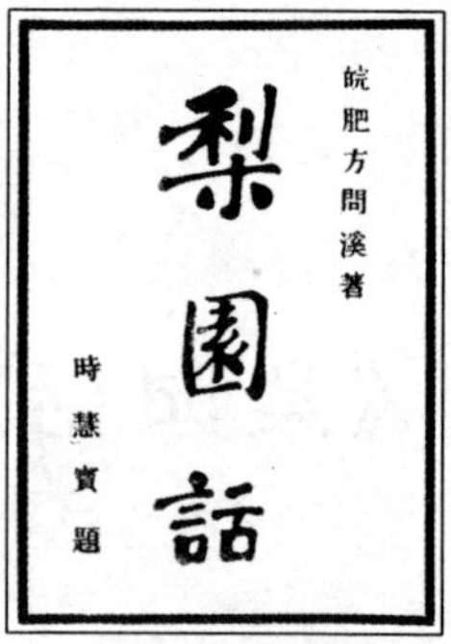

《梨园话》初版封面时慧宝题笺

《梨园话》齐如山题笺“皮黄班语”

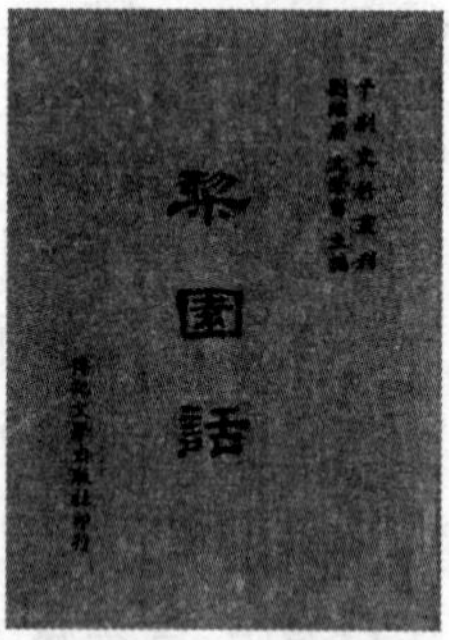

《梨园话》台湾传记文学出版社版封面

是书封面书名,由著名京剧老生时慧宝(1881—1943)题写。卷首依次为京剧四大名旦之一的程艳(砚)秋(1904—1958)再题书名,著名戏曲理论家齐如山题写的“皮黄班语”四字,作者方问溪的肖像、自序和钱景周、张绍先、谢素生、林小琴等25位人士的诗词和序文,卷末则为傅芸子(1902—1948)撰写的《梨园话·书后》。

关于本书书名,张次溪序中有较详的披露,且移录如下:

方君问溪,近著《梨园话》。稿既脱,欲付梓,商于余,余颇善之,促其速印。方君复请序之。顾书之端,已有林小琴、关卓然、谢素声诸君之序矣。而序中又尽余之于此书之所欲言者,余复何言?顾方君三四请,必欲余言者,余不获辞,挑灯西窗,细读一

① 台湾传记文学出版社1974年影印出版的沈苇窗、刘绍唐主编《平剧史料丛刊》所收《梨园话》,以及学苑出版社2012年出版的《民国京昆史料丛书》第12辑所收《梨园话》,均据此本影印,本文即以此版本作为研究文本。

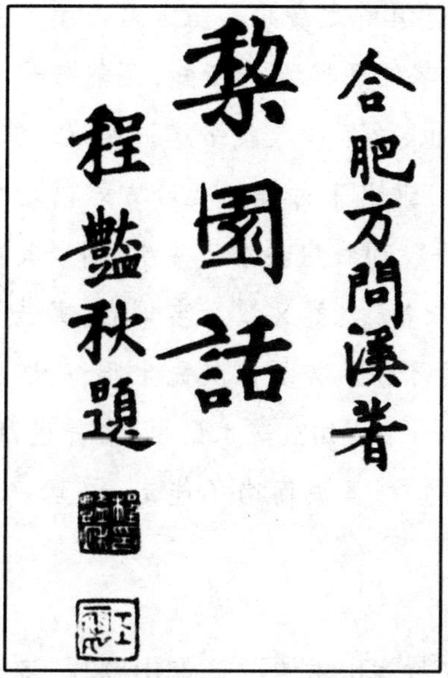
合肥方問溪著

梨園話

程豔秋題

《梨园话》初版程艳秋题笺

中華民國二十年八月一日初版

三拜樓叢書第一種

書經存案　梨園話　翻印必究

全一册

定價大洋六角

著作人　方問溪

校訂人　張次溪

發行人　齊家本

印刷兼總發行　中華印書局　北平前外楊梅竹斜街　電話南局一六七三號

分售處　本埠及各省書局　各大戲院

《梨园话》初版版权页

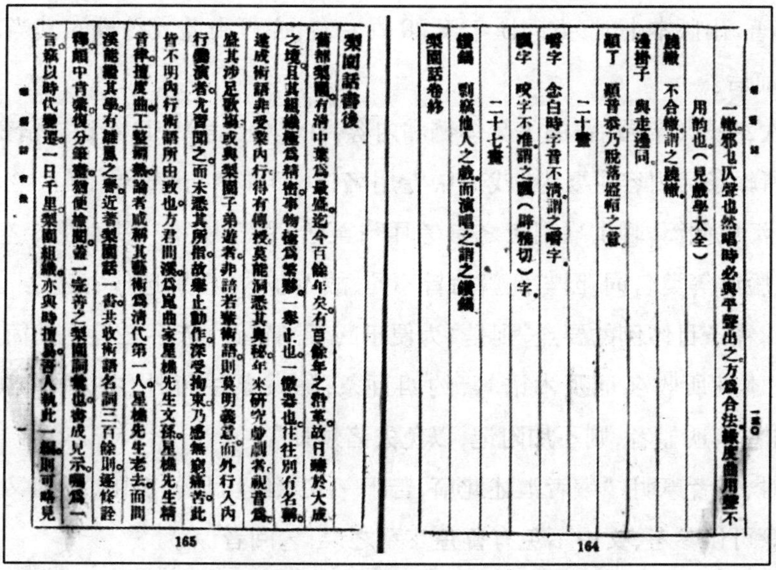
一檄邪乜仄聲也然唱時必與平聲出之方爲合法檢度曲用聲不用韵也（見戲學大全）

跳檄　不合檄謂之跳檄

邊掛子　與走邊同

順丁　順音黍乃脱落蹬帽之意

二十畫

嘈字　念白時字音不清謂之嘈字

飄字　咬字不准謂之飄（睥稚切）字

二十七畫

鑽鍋　剽竊他人之戲而演唱之謂之鑽鍋

梨園話卷終

164

梨園話書後

舊都梨園有清中葉爲最盛迄今百餘年矣有百餘年之沿革故日臻於大成之境且其組織極爲精密事物極爲繁夥一舉止也一微器也往往別有名稱達成術語非受業內行得有傳授莫能洞悉其奧秘年來研究劇者視書爲盛其涉足歌場或與梨園子弟遊者非諳若輩術語則莫明義意而外行入內行學演者尤習聞之而未悉其所根故舉止動作深受拘束乃感無窮痛苦此皆不明內行術語所由致也方君問溪爲崑曲家星樵先生文孫星樵先生精音律擅度曲工藝術熱論者咸稱其藝術爲清代第一人星樵先生老去而問溪能繼其學有雛鳳之譽近著梨園話一書共收術語名詞三百餘則逐條詮釋昭中肯棨復分筆畫猶便檢閱誠一完善之梨園詞彙也書成見示囑爲一言竊以時代變遷一日千里梨園組織亦與時擅易吾人執此一編則可略見

165

《梨园话》初版版末页和作者《梨园话·书后》

过，心潮突起不可抑止，草成此篇，不自觉其辞之费也。当方君此编之初成也，原拟名曰《京班术语》，以“京班”二字仅通区人士所知，不能普遍。盖为问世计，非仅迎合平津沪之读者而作也，故不能仅就平津沪所识之京班，而名其书。故虽脱稿，以书名之不惬意，迟迟未付梓。其后方君以之就商于林小琴君，林君为定名《皮黄戏班术语》，而钱唐吴洁厂先生，则以其中所述不仅仅于术语一门，如“八大拿”“大衣箱”之类又属于名词者，寓书于不佞。嘱告方君，且曰印书传后世也，不可不慎。方君以吴先生雅谊，遂亦不敢轻于问世。一日过余，曰命名为《梨园话》何如？盖术语也，名辞也，统可谓为“梨园话”。余曰：可。遂以名其书。书虽成而名不能定，遂至一二年未能问世，一事之成岂易哉！

是知本书初拟定名为“京班术语”或“皮黄戏班术语”，齐如山题写“皮黄班语”四字，抑或为初拟书名之一。从钱景周、陈勉安题诗识语“题问溪仁棣二十初度造像集耐辱居士诗韵两则”和“方君问溪以弱冠少年与八旬老朽为兄弟交”可知，撰著、出版本书时，方问溪年仅20岁左右，亦可由此大约推知其当出生于1911年前后。

其次，关于《梨园话》的编纂体例和内容，在其《例言》中已经讲述清楚。

其所辑条目内容主要为“戏班中专用名词，苟非内行，颇艰了解，兹仅就京班范围，汇成此篇，聊供嗜剧者之参考耳”；至于“关于剧中行头，切末，盔髯，把子，武技脸谱等类名词，因与此篇命旨不同，故不备录，已别选他书述之”。

其辑释条目体例的要点，则是“为便于阅者浏览计，依字之笔画繁简定前后次序”；“本编所收名词及术语等，约四百条，除按条注解外，并加附记以资明释”；“凡注解明显者，则不加附记，以免失诸烦琐”。

同时，作者声明：“编者汇述此篇，苦于一人之经历见闻有限，访问又无专述此类书籍可供参考，文中不免有鲁鱼亥豕之误，乞阅者谅察。”

关于本书的性质。书的命名，大多与其性质有所关联。

该书从成书后初拟名为“京班术语”“皮黄戏班术语”到定名为“梨园话”正式付梓出版，历时一两年的时间，关键在于力求更准确地体现本书的性质，关键点便是对所谓“术语”和一些“名词”概念的理解。事实上,本书所谓的“术语”和“名词”,尚非现代语言学的标准概念,均指《例言》所说的书中“苟非内行,颇艰了解”的“戏班中专用名词”,以及“其中所述不仅仅于术语一门,如‘八大拿’‘大衣箱’之类又属于名词者”之类,实则均属于相对封闭或半封闭状态的行业隐语性质的“行话”和“行业语”。在编排形式上,并未如传统文人笔记杂著那样随机辑录和杂乱性随机编排,而是采取了近现代辞书常用的“依字之笔画繁简定前后次序”,以“便于阅者浏览”。各个条目,“除按条注解外,并加附记以资明释”,亦接近现代辞书常用的词条释文形式。故此,尽管本书书名未冠以“词典”或“辞典”之类字样,就内容和基本体例而言,正是一部以传统戏剧行话为主体内容和提供读者以查阅为主要阅读方式的专业工具书——传统戏剧业行话辞典。

二、《梨园话》的作者及其编纂本书的“世家”家学背景渊源

作者方问溪的生平事迹缺少相关记载可考,仅能从散在的文献中梳理出一二。

首先要关注的是齐白石先生的口述自传文字所及。齐白石在忆及齐门弟子时谈道:“同时,尚有两人拜我为师:一是赵羡渔,名铭箴,山西太谷人,是个诗家,书底子深得很。一是方问溪,名俊章,安徽合肥人,他的祖父方星樵,名秉忠,和我是朋友,是个很著名的昆曲家。问溪家学渊源,也是个戏曲家兼音乐家,年纪不过二十来岁。他的姑丈是京剧名伶杨隆寿之子长喜,梅兰芳的母亲是杨长喜的胞妹,问溪和兰芳是同辈的姻亲,可算得是梨园世家。”①

其次是张次溪的记述。除《梨园话》言及方氏的事迹外,在其《清代燕都梨园史料》自序中再次写道:“余少岁随宦燕京,侨居既久,视此土不啻第二故乡。凡名胜、古迹、人物、遗事,皆与我以极亲爱之印象,故好从事搜集。独此梨园事迹最多,因史料难觅,鲜有能致力此者。故平时喜向冷摊搜觅,凡遇此类书籍发现,虽索多金亦不少靳。共和十七年革命军北伐,个人环境为之一变,不获已谋

① 《白石老人自述》,齐白石口述,张次溪笔录,北京三联书店2010年版,第128页。

食津门,乃以此事属诸友人方问溪。而方君搜集之勤又过于余,先后寄赠者凡若干种。”①

方问溪的同道好友王芷章(1903—1982)著有《清升平署志略》《腔调考原》《清代伶官传》《中国京剧编年史》等,也是著名戏曲史学者,在为《清代燕都梨园史料》所作序言中,颇详尽地谈到了方氏,是迄今我们所见记述方氏事迹最翔实也是最多的文字,对于了解方氏生平和编纂《梨园话》的学术背景,甚显珍贵。不妨摘录一些,以供参考和佐证。他写道②:

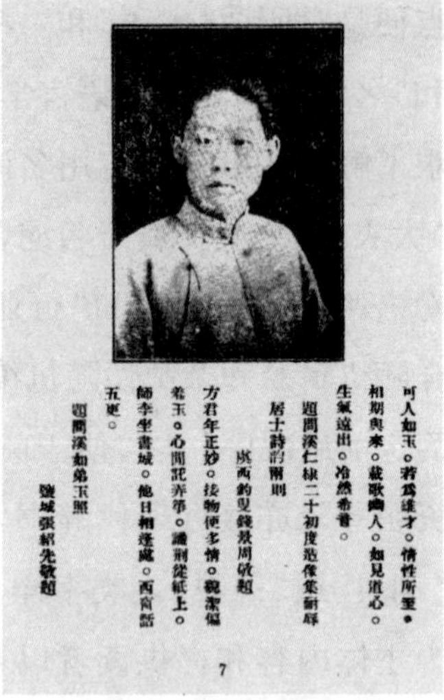

《梨园话》初版作者照片和张绍先题词

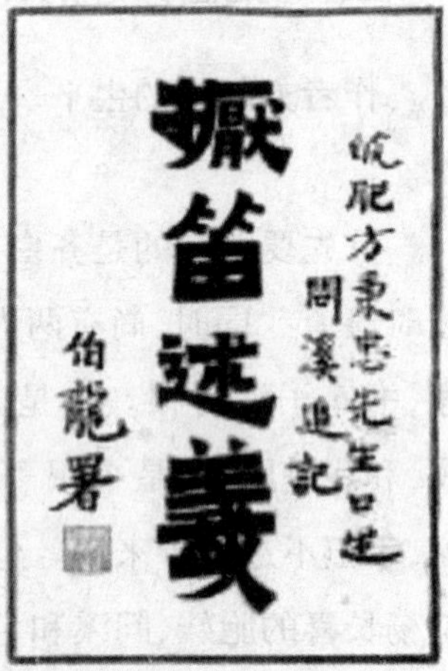

《擫笛述义》北平中华书局民国22年12月初版封面书影

> 戏曲是一种文学,又是一种艺术,过去也有数百年的历史,如果我们想要研究它,也非得多看书籍不可。但这类书籍,是极少而又极为难得,所以我们第一步工作,就得先去搜辑采访。次溪因为看到这一点,所以在七八年前,便终日用心去作采访,同时恐怕一人精力有限,又拉上方问溪先生帮他的忙。北平市上各大小书铺,甚而至于街上所摆列的书摊,无一处没他们踪迹,也无一处不认识他们。就按这一层说,也足以证明他们用力之勤了。凡人做事,只不辞劳瘁,有坚心毅志地干下去,没有不成功的。就如编中的《燕兰小谱》,在叶德辉先生寻找多少年,

① 张次溪辑,吴启文等点校:《清代燕都梨园史料》(正续编),中国戏剧出版社1988年版,第19—20页。

② 张次溪辑,吴启文等点校:《清代燕都梨园史料》(正续编),中国戏剧出版社1988年版,第15—18页。

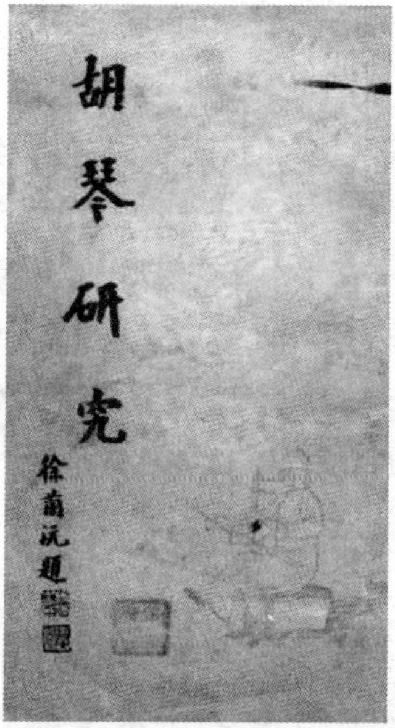

方问溪《胡琴研究》一书初版封面书影

方问溪《胡琴研究》一书目录页书影

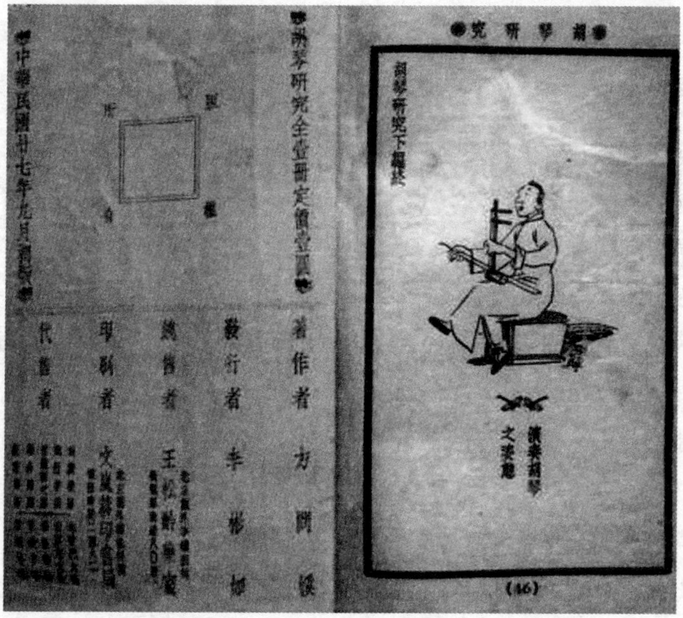

方问溪《胡琴研究》一书末页和版权页书影

仅仅得到一部,后来翻刻之本,且又不甚清楚。而次溪、问溪竟能购到一部原刻本,上边并有吴太初氏的图章。

到平以后,就住在次溪先生家里,闲居无聊,便取出他所搜集的这一部梨园史料,来做解闷之物,随即看出近来谈剧者虽然不少,但实缺乏有系统的整理。又常到问溪先生家里闲谈,问溪是深于戏曲音乐的人,对于音乐,并也有很好的成绩,论他那点造诣,就在现在是很不易得的人才,可惜世人对于此道不知注意,所以使他就无用武之地,埋没不传。此时问溪常常取其心得,述之于我,用作谈话资料。我因得到这两方面的启发,便对于戏曲也稍有所得,才写成《腔调考原》一书。

那时我们三人,是每日必定聚晤一次,互相研讨,认为燕都为戏曲发源地,其中文物掌故极富,独叹社会人士,多不去注重,好像矿产一般,在我国本有极好的矿产,但沉埋地下,尚无人加以开采,说起来真是汗颜。因为我们自己弃货于地,所以外国人便来越俎代庖。日本青木正儿乃有《中国近代戏曲史》之作,郑震君已为之翻译刊行于世,在对于我国戏曲没有深刻研究的人,乍一看他那部作品,一定认为不得了的东西,其实要实际考查,里边的错误不知道有多少。我们思着为祖国争点光荣,乃愈努力于搜集史料,以期反驳彼之谬误。先是次溪从北平研究院中抄出几个有梨园史料的碑文。但只碑面正文,无碑阴刻字。我以为既立一碑,当然要把立碑人的姓名凿上。原碑文既缺,我们不妨给它补上,是后遂开始做访碑工作。首先是到崇文门外,找春台义园碑记,因找春台义园,借着又发现了安庆义园的两块碑。精忠庙的碑记本来只有一块,经我们不但把碑阴补上,又多抄写出两块。尔时次溪因公务所迫,无多闲暇,自后此项工作,就让我和问溪办的时候为多。中如陶然亭一碑,又最费周折,因为研究院拓片上写的是右安门内陶然亭,我们在陶然亭里边把碑找遍了,也找不到。第二次又从陶然亭底下,经过荒田野冢间,一直找到右安门内,也是踪迹毫无。第三次偕上次溪,我们三人从龙爪槐找到毘庐庵,又找到黑龙潭,仍旧扑了一个空。直到第四次,我和问溪又到陶然亭,才发现南房檐下,新立的那一块刻着“陶然亭”三个大字的,就是取雍正十年梨园馆碑记,磨去正面而改成的。

我们二人费尽九牛二虎之力，方始将碑阴字刻，摹写出来。此后又继续到梨园新馆、松柏庵、盆儿胡同、天宁寺等处，经过一年多的工夫，方完成了《梨园金石文字记》一书。

我现在是整理升平署史料的，一俟稍能告一段落之后，尚拟与次溪合编《清代戏曲史》，同时若再为时间所允许，更拟帮助问溪，把关于戏剧的音乐方面，也加上一番整理功夫，使能归于科学化、普遍化，这样自可促中国戏曲使之有发展的希望。

据时人《擫笛述义》管之枢（运衡）序记述可知："皖肥方君问溪，年幼好古，家学渊源，鉴古乐之沦亡，奋力昌明曲学。盖其先世即以昆笛名家，随扈人都为供奉。至其大父秉忠先生，艺益精进，中外交称。因世罕知音，不妄奏。晚岁多病，乃授不传之秘于文孙问溪。呜呼！今先生之墓木拱矣，老成虽谢，绳武有人。问溪继承先志，能世其家，擫笛度曲，尽得乃祖之秘。顾问溪不愿以技艺见称于世，虽名重当时，久已辍而弗奏，一心讲学读书。记曰：'先祖有美，知而弗传，不仁也。'又曰：'显扬先祖。所以崇孝。'问溪明乎此，曾追记乃祖之论曲说笛诸说为一书，曰《星樵余韵》，以明著之后世，冀免数典忘祖之诮也。"

关于方问溪出身于"世家"之家世，今所见则以其《擫笛述义》①自序的记述比较详赡、清晰。方氏云：

清乾隆时，天下承平，物阜民丰。故内廷例于每年元旦日，设筵宴宗族，搬演《膺受多福》一剧，谓之宴戏。特设中和乐太监，声望事于剧前奏《雁儿落》乐曲。然此《雁儿落》与他剧中所吹《雁儿落》谱，完全不同。盖此乐曲，乃凡调之流水板，全谱吹打仅三分钟，且极难拍奏。承应之太监，往往不能协合。乾隆帝南巡过皖，乃召乐师十二人，即擫笛者二人，司鼓者二人，操弦者二人，击大锣者二人，小锣者二人，铙钹者二人，共十二人也，随驾北来（寓内廷银丝沟苏州街，每人分房四间），用以专承奏此大宴之《雁

① 方问溪：《擫笛述义》，中华印书局1933年12月版。

儿落》乐曲。时吾高祖德荣公,以工昆曲、善擫笛,声播江南,亦蒙召来都,为帝供奉。德荣公殁,吾曾祖国祥公,袭其职,深得帝宠。帝每行园,吾曾祖往往随侍左右,擫笛奏曲,厥职颇重。至先祖秉忠公,艺更精进。年十八,即入内廷承差,垂四十年。凡内廷诸御制腔及诸承应戏,皆赖秉忠公为之擫笛。德宗景皇帝,更召之拍曲,颇邀宸赏,尝以所食之馂余,赐之食。又赏以御书"大利"二字,使镇家宅。清亡后,先祖遂不复弹此调。然知之者,又多来请业质疑。先祖不忍重拂其意,乃尽将所知授之就学者。如北方昆曲家钟秋岩、赵子衡、庄清逸、刘鲤门、颜慎夫、世哲生、包丹亭诸先生,皆尝从游。梨园中人,更多来求教者,若杨小楼、尚小云等是。至从学擫笛者,亦以梨园人为多,然能传其衣钵者,则寥寥可数。余髫龄时,侍秉忠公,辄教吾习此,谓家学不可绝也。每思录其口诀,公之同志,未果,而秉忠公逝矣。其后,友人多向吾询擫笛法,谓坊间无专书,请撰文述之。故余曾将旧所习闻者,陆续为文,披之报章,惜未详尽。兹于读曲之余,重加整理,复参以他人论笛之说,撰成十二章。一曰笛之孔位,二曰笛之选择,三曰笛之芦膜,四曰笛之吹法,五曰笛之执法,六曰笛之七调,七曰笛之练习,八曰笛之音节,九曰笛之杂记,十曰笛之歌诀,十一曰笛之保护,十二曰笛之乐谱。虽不足当大雅一哂,要亦为初学擫笛者一助。至于笛之源流,与夫沿革变迁,坊间已有专书,兹不复赘。民国第一癸酉年孟冬皖肥方问溪识于三拜楼。

可以说,述自方星樵、录于方问溪的《擫笛述义》,以及《梨园话》《胡琴研究》等方氏著作,均可视为方氏艺术世家数代人的艺术结晶。

其次,则当是其师兼友之张次溪为其《擫笛述义》所撰序言的记述①:

合肥方秉忠先生,早岁袭荫为清廷昆曲供奉,任职垂五十年。研习既久,创获殊多,故内翰每制一曲出,辄嘱之制谱,于是声名震当时,清德宗景

① 此外,张次溪还著有《昆曲名家方星樵先生传》,《戏剧月刊》1928年第7期。

皇帝待之尤隆。德宗既逝，秉忠先生感知己之寥落，遂无意商量管弦。未几清亡，益深感喟。曾一度闭门绝客，不复弹此调矣。然终以一家食者繁多，不得不维持生计，遂复授徒。月得束修，以资糊口，非先生之本意也。时都下名伶震其声名，谓七十以后，天倘假吾以年，学苟有成。或将吾之心得，著之于篇末云云。但至逝世前，终未尝有所撰述，世论惜之。其孙问溪君，年少大志，从余问学有年。

再即王芷章《清代伶官传》中卷《随手·方秉忠》所载①：

秉忠号星樵，为国祥长子，咸丰六年十二月初六日生。自为童子时即嗜好音乐，每游戏，则品箫弄笛，竟无日倦。及稍长，从其父研究曲律，及擫笛之精蕴。某年冬天降大雪，秉忠于屋内试曲有误，其父即罚令跪雪地中重奏，公俟其合拍，方得起。尝为友人约，赴通州奏技，归时携带酱豆腐一罐，冀博亲欢，而备佐食之用，不意反触国祥之怒斥。谓汝尚年稚，艺未精通，遽行远出，不惧增父母之忧耶！且吾月俸足自赡，无需尔力。后宜专心向学，屏绝闲务，若再犯，则决不尔宥矣。未几，即入内廷效力，帮吹下手笛，以资练习，时秉忠年才十六岁耳。

民国十六年旧历三月二十五日，卒于宣外东椿树胡同十八号寓所，年七十二岁。有子二人，长宝奎，习武净；次宝泉，初习老生，今任管事，在梨园中均极著佳誉。孙二，宝奎所出曰问溪，宝泉所出曰少泉。问溪少喜读书，尝从南皮张厚璜为之学，更复深研曲理，博极群书；撰述已行世者，有《擫笛述义》《梨园话》两种；举当代戏曲名家，均见器赏，英声已著，而仍努力不懈，是知他日成就，正未可加以限量耳。

综上所述，我们现在可以了解到方问溪简略生平及家世概略为：方问溪（1911？—？），名俊章，以字行，安徽合肥人。其家族世系脉络显示，他生长于一

① 王芷章：《清代伶官传》，商务印书馆 2014 年 8 月版，第 270—273 页。

个家学渊源颇为深厚的梨园世家。除其高祖方德荣事迹待考外，曾祖方国祥、祖父方秉忠（1856—1927），均为清升平署①乐师。尤其其祖父方秉忠（号星樵），是光绪年以来最享盛名的京剧场面笛师，被业内奉为宗师。据业内老辈艺人回忆，溥仪民国初年新婚时，曾邀戏班进宫庆贺作堂会演出，方星樵与茹莱卿、锡子刚同为场面主师。父辈的方宝泉、方宝奎，以及兄弟方少泉（1925—　），子侄辈的方士良等，均为卓有成就的京剧艺术家。

据上海《十月戏剧》杂志刊载的一篇无署名的售书广告性短文《介绍〈胡琴研究〉》②得知，当时方氏住家地址当为是书广告"函售处"的"北平宣外潘家河沿路西十八号后院方宅"。

再有其姻亲方面，姑丈杨长喜本人，长喜之父亲杨隆寿，长喜之子杨盛春（1913—1958），长喜之孙杨少春（1940—　），乃至长喜之外甥梅兰芳（1894—1961），梅兰芳的父亲梅竹芬（1872—1898），几乎都是著名的京剧艺术家。正如齐白石先生所言，实在"可算得是梨园世家"矣。

就目前所知见，方问溪在28岁时，就总计撰写并出版了三部著作，分别是《梨园话》（1931）、《撅笛述义》（1933）和《胡琴研究》（1938）；此外，还在《北平晨报》、《东方文化》（月刊）等报刊发表《昆曲与皮黄之板眼》《昆曲宫谱之研究》等戏曲艺术类文章十余篇，这也是我们目前所能见到的他的全部著作和所能了解的全部生平事迹。至于其学业、职业、婚姻等情况，乃至其生父为方宝泉还是方宝奎③，等等，还缺乏必要的信息进行考察和确认。尽管如此，仍不影响我们对其在中国近现代戏曲史上所做的贡献做出基本的评价。

凡此，一代戏曲学家方问溪上承四代家学，其所出身的数代相承的戏曲世家，以及其本人艺术志趣和勤奋好学，再加之由此而联结的几代戏曲界从业者乃至张次溪这般卓有建树的专家学者的关系，为其编撰《梨园话》提供了坚实的

---

① 升平署：亦称南府，始于康熙年间的清代掌管宫廷戏曲演出活动的机构，隶属内务府。道光七年（1827），朝廷将十番学并入中和乐内，增设档案房，改为升平署，直到宣统三年（1911），主持宫内演出事务达162年之久。

② 上海《十月戏剧》1939年第2卷第9期。

③ 刘曾复《中国京胡与琴师》载"方问溪的师弟、北京京胡名家王世荣先生（王世荣系方问溪之叔方宝泉的弟子）"，可为备考。见是书第6页，上海远东出版社2011年版。

学术基础和丰厚的专业资源。

三、《梨园话》的戏剧史意义和社会文化史价值

第一,《梨园话》是汉语辞书史上一部开戏曲专题辞书先河的专业工具书。

《梨园话·关上英序》云:“夫戏剧既成为专门之艺术,且有悠久历史,则梨园掌故,菊部专词,自应有详细之记载,乃竟渺不可得,抑又何耶?……内外行人,咸欲将此无美不具之艺术贡献于世,无如内行人,知之而笔莫能述。文学家笔虽能述,而苦于莫由知。故二十年来,对于戏剧之著述,终鲜获有系统之作品。……近有《梨园话》之作,吾知其必能阐扬风雅、提高艺术也。顾此次所撰者,仅注意于梨园术语及专用名词。不知者将以为无关轻重,讵庸知此为戏剧首要之学乎!夫各种科学,莫不有其专词。故文科有文科词典,法学有法学词典,动植矿物,声光化电,以及医药生理等科,亦各有其词典。戏剧本为专科之一,宁无须乎词典?盖治学者,以明了其专词与术语,为第一步工夫。词尚不通,如何研究其学术乎?又从何而知其重要乎?此篇不但将梨园专词术语搜罗无遗,且更详加诠注,堪为有志研究剧学者之助。”这个言论,自是对本书的一种首肯和称赞,同时亦肯定了本书的主要价值所在。

作为开中国戏曲史专题辞书之先河的一部最早的京剧辞典,较之齐如山所著与之性质相近的可用作专业工具书的专著《国剧艺术汇考》早了约30年。尽管其与现代辞书的规范尚有距离,但其“筚路蓝缕,以启山林”之功不可没也。

故而,张次溪云:“陈墨香先生,谓此书可与齐如山先生之《中国剧之变迁》《中国剧之组织》,鼎足而三,诚非溢美之词。”(张次溪《梨园话序》)其所据者,陈墨香的“梨园话题辞”,即“吾有齐如山著戏剧书三种,久付梓矣。今方君复著《梨园话》,足以与如山并传矣。后之考求戏曲者,合而观之,亦足广见闻也”。张次溪之所以很看重陈氏对《梨园话》的这般评价,在于陈氏乃一代戏剧史大家,评语分量颇重。陈墨香(1884—1943),名辂,字敬余,湖北安陆城关人。早年从父陈学菜在京启蒙读书,后拜其父门人、山东藤县翰林高熙哲为师,攻读经史。读书时就对古典戏曲产生爱好,后在老师的鼓励下,开始试编剧本。

试看如下条目:

元场：在台上绕走一圈，谓之“元场”。[附记]元场有大小之别，如发兵时龙套等走一大圈，谓之“大元场”，如《起霸》勒絛子毕，自走一周，谓之“小元场”。

六场通透：各种乐器，无所不能，谓之“六场通透”。[附记]“六场通透”，系指场面而言。所谓“六场”者，乃胡琴、南弦、月琴、单皮、大锣、小锣等乐器是也。“通透”者，即无所不能之意。

反串：反其常态，谓之“反串”。[附记]反串乃反其常态之意，如令生饰旦、净饰丑，拿腔作势，实无甚意味。近来社会人心日奇，每多以此为乐，而梨园中人又大张旗鼓，标新立异，演反串戏以资号召观众。若长此以往，决非吉兆。按：反串之举，昔虽有之，多因本工不敷用，或所能之戏太多，偶一为之，借博观客欢心，非如今日随意反串也。

可见一斑，不复赘引。总体观之，书中大多数条目，均为体例所拟定的“名词及术语等”，实现了本书编纂宗旨和体例的设计要求，体现了作为梨园行业专业工具书的性质。

第二，《梨园话》是一部翔实的重要的近现代戏曲史史料专集。

鉴于作者自幼生于梨园世家，几乎整日里耳濡目染，深“得乃祖星樵先生之传”①。而且为编写此书，他广为搜求文献资料，比如作者关注并引用了齐如山的《中国剧之组织》《中国剧之变迁》和其他相关著作。同时，作者更多方虚心求教于对同光年间燕京梨园故事知之甚多的京剧泰斗程长庚的高足范福泰，以及李寿山等老前辈诸老伶工，对记忆和文献核证无误之后，方予立条和注释，可谓深得剧艺业内之真切实际。一如张次溪序所述及，“余尝见其访范福泰、李寿山、杨长喜也。范君年逾八旬，李君年近古稀，杨君则始满之岁，范、李两翁，皆病于耳。方君每有所询，则近其身旁大声叩之言之再四，范、李始得而闻，乃徐徐答其所问。盖范、李二翁皆为程长庚高足弟子，于同、光间燕京梨园故事，知

① 《梨园话·序》张次溪语。

之最多。方君每与余言，今日之谈梨园故事者，往往獭祭故书，拾人牙慧，无人能虚心探问于二三老宿也。故方君此书之作，得之于老伶工之口传者为多，弥足珍贵也”。张次溪序又云：

> 其实内容不仅仅于解释其话而已。如“大轴子”“切末”“打通儿”“打黄梁子”，科班后台诸条内，凡梨园之变迁与掌故原原本本缕述无遗。虽为《梨园话》，亦可作梨园掌故读矣。安陆陈墨香先生，谓此书可与齐如山先生之《中国剧之变迁》《中国剧之组织》，鼎足而三，诚非溢美之词。当方君撰此书时，搜集各书所已见他书者，就正于诸老伶工，以为无误，始录存之。复广求遗闻，以扩充其资料。

可见，《梨园话》的戏剧史意义颇为显然。由于作者出身世家，而且广览文献并与访谈口述互证，所以可视为一部言之有征、可资信赖的中国近现代戏曲史料集。

尽管《梨园话》仅仅是一部小型专业工具书，但条目本身，尤其是一些条目的“附记”，均具有十分珍贵的戏剧史史料价值。例如“科班”一条的“附记”，不仅介绍了科班的由来历史，还记述了“入科”“出科”的种种具体行规，甚至还附录有富连成科班的训词等，甚是翔实，尤具史料价值。加之，本书成书、出版时间，切近所辑释条目内容发生和存续的时间，更加重了信息的客观性和可靠性。再如“叫板”一条：

> 叫板：未唱之先，凡以喜怒哀乐，或惊扰之声，而引起锣鼓点者，皆谓之“叫板”。[附记]叫板者，即伶工在未唱之先，或哭或笑，或喜怒忧思悲惊等声，而能引起锣鼓者。例如《女起解》苏三在台内之“苦啊”声，即所谓之“叫板”是也。按：此剧本为青衣正工，又因其身在缧绁中，受不白之冤，其苦可知。故“苦啊”之声，当啭啭如游丝断雨，徐徐发出，其锣鼓当随“叫板”之高低，而引申之。俾听者将苏三之苦，一一化于脑中。（下略——原注）（节录《顾曲金针》）中国剧于说白完后，未唱之前，须有“叫板”。其“叫

板”之法不同,有时将道白之末一字声音拉长,有时用一字(如呀哎等字),有时一折袖,或一笑,或一种特别举动。音乐组一见一听,便预备奏乐随唱。将唱完时,歌者将末一字音亦拉长。音乐组一听,亦即知将完,便预备停止。按:元朝迄今日,无论何剧,每逢起唱,都有“叫板”。皮黄尤无一定腔谱,故可随时伸缩、更动。所以于歌唱起落之时,更须有一定之表示,然有时此人“叫板”,彼人唱,乃系特别的办法。(见《中国剧之组织》)

附记往往征引时贤著述并注明出处,必要时另以按语形式作为补充性阐述,合而构成一些条目的释文。再如“封台”一条:

封台:年终戏园停演,谓之“封台”,又曰“封箱”。[附记]年终封台时多演本戏或新排之戏以号召观众。当年四喜班则演八本《铡判官》,即此例也。按:封台剧终,必跳灵官,及燃放鞭炮。俾使观众知已封台,在除夕前不能再演之意。“封箱”系指戏班而言,与戏园无关。如戏班“封箱”后其所演之戏园尚未封台,他班仍可接续演唱也。

或言之,本书作者的业缘(与业内人士交往甚广)、家缘(生长于梨园世家)、天缘(辑释的内容切近发生和存续的时间),以及作者的学养学识,注定了本书戏剧史的珍稀史料价值及学术史上所应有的地位。唯惜以往因其流传不广而未获得应有的关注。

第三,近现代社会文化史应予关注的一个行业文化文本。

非但戏曲是一种人们喜闻乐见的艺术活动,也是社会文化的客观写照,而且其行业文化本身,亦属于一种特定的社会文化形态。行业文化史,亦是构成社会文化史不可或缺的方面。

行业信仰与禁忌,是行业文化中体现行业特点的核心成分之一。例如“打黄粱子”:

打黄粱子:谓做恶梦。[附记]杨掌生《梦华琐簿》云:“余尝见伶人家堂，有书祖师九天翼宿星君神位者，问之不能言其故。小霞为余言，闻诸父老云，老郎神姓耿，名梦，昔诸童子从教师学歌舞，每见一小郎极秀慧，为诸郎导，固非同学中人也。每肄业时，必至，或集诸郎按名索之，则无其人，诸郎既与之习乐与之游，见之则智慧顿生，由是相惊以神，后乃肖像妃之，说颇不精，然无人晨起讳言梦，诸伶尤甚，不解其故，如小霞言是禁言梦者，讳其神明也。”无名氏云：“有位老郎神，既唐明皇与楚王朗仲观者，亦可不办，考唐明皇设梨园以教演歌舞，与戏诚不无微功，然于艺术上殊无可称述，即偶有创作，亦李黄辈所为，且系贵族的而非民众的，其实格犹远逊于汉武，若郎中官确为中兴皮黄之元勋，并有所创作，非汉武明皇可比，其名予知之，现亦不妨宣布，黄班今有前不言更、后不言梦之说，更梦即其名也，缘伶工有谓老郎神为耿梦者，即由此致误。盖谓前台作戏时，须忘其为更生，而在后台则还我本相，乃艺术上之原则，以此二字为名不过借以自励，今汉班以此示儆，京伶则流于迷信，两俱失之也。”大同云：“史称孙叔敖卒，其子困贫负薪。楚国名优，有优孟者，假为叔敖，着其衣冠，做歌以感庄王，叔敖之子乃得封。后世称假装者为优孟衣冠，即本乎是。今之梨园行人，前台不言更、后台不言梦，而曰打黄粱子，盖重优梦之为人，是同戏剧之鼻祖，请言其名，以尊之也。”

按：无名氏所云，则与《梦华琐簿》载者各持一说，而大同君之言又与无名氏不同，虽内行有前不言更、后不言梦之说，据诸《芙蓉曲》《碍谱》则谓：“以更为黑夜定鼓之时，梨园之戏不应作长夜荒乐之举，故避之。以梦是出自幻想，人之娱乐自为赏心之事，非如梦中禾醒也。”此又一说，然欲穷究其故，则皆愕然而莫能对矣。

戏曲题材源于社会生活，通过表演体现社会生活，其所采用的语言和言语习俗，自然相互交融浸染。市井常言俗语进入戏曲语言，戏曲语言亦往往会成为市井流行习语或常言通语。例如“走板”“客串”“不搭调”等条目：

不搭调：歌腔与调门不合，谓之“不搭调”。【曲按：“不搭调”早已成为

各地习语】

走板:板眼不合,谓之“走板”。

怯场:怕同名角配戏,谓之“怯场”。

怯口:念白不脱土音,谓之“怯口”。

客串:局外人进戏班演戏谓之“客串”。

中国梨园行业隐语行话语俗源远流长。明田汝成《西湖游览志余》卷二五的《梨园市语》云:“又有讳本语而巧为俏语者,如:诟人嘲我曰‘淄牙’,有谋未成曰‘扫兴’,冷淡曰‘秋意’,无言默坐曰‘出神’,言涉败兴曰‘杀风景’,言胡说曰‘扯淡’,或转曰‘牵冷’,则出自宋时梨园市语之遗,未之改也。”甚至还可以追溯到梨园行业祖师唐明皇。唐代戏曲家崔令钦《教坊记》中所记述的当时伶人行话:“诸家散乐,呼天子为崖公,以欢喜为蚬斗,以每日长在至尊左右为长入。”在历史上,梨园业一向于所谓“三教九流”之中处于“下九流”的卑微地位,出于交际和自我保护的需要,业内也流行一些江湖隐语行话。迄至清季,亦然。清苕溪艺兰生《侧帽余谭》谓:“若辈自相为语,率多瘦辞,非久在罗绮丛中,不能得其隐。大约用本字转音,而字句之间,又间以闲字。口角伶利者,舌战相尚,至有发语至数十字,陆续一串,如莺歌、如燕语,听者瞢然。用此语者,非互相嘲笑,即讥讪本主之意。”例如本书中的“小老斗”“杵”等条目:

小老斗:讥童伶,或甫能登台者之语也。【曲按:“老斗”系典型的江湖行话】

扒山子:谓虎也。

杵:钱之也称,谓之“杵”。

看场子:台上演戏,管事者在后台指挥之,谓之“看场子”。[附记]凡伶工于初演戏时,恐所习场子不甚纯熟,教师必在场上监视,虽是暗中指导,或排演新戏,恐词句排场,亦有不甚熟悉之处,管事人需在后台指挥之,皆谓之“看场子”也。

海报子:通衢张贴之戏报子,谓之“海报子”。

“天地间形形色色，万汇纷呈，无不有其隐语，形容于万口。大而至于日月星辰，细而至鸟兽草木虫鱼，或语作双丸，或拟以白榆之历历，或呼天女，或号山君，或被以忘忧之嘉号，或锡以交让之美名，或薨薨之取譬，或策策之相称。倘不竭其两竭之叩，则虞初八九。莫悉其寓言，武成二三，终迷其真相，仰观俯察，有类昏衢之人矣。”（《梨园话・谢苏生序》）“粉墨生涯绝妙思，此中隐语几人知；休将玄秘嗤优孟，不此嬴秦善瘦词。”（《梨园话・管运衡题辞》）“个中隐语一齐收，不复当年菊部头。”（《梨园话・王蟫垒题辞》）这些针对本书的言论，亦当是对本书收录这类条目的一种首肯。

弈棋自古说长安，荆棘铜驼忍再看。我亦灰心袍笏事，朝官不重重伶官。
个中隐语一齐收，不复当年菊部头。大似官人话天宝，萧萧白发冷于秋。
天地无非一戏台，朝歌夜舞不胜哀。海青已死龟年老，谁费工夫注疏来。
笺释精详胜剧评，如斯妙笔最多情。料知几度沧桑后，雏凤清于老凤声。

这是《梨园话・王蟫垒题辞》对方氏《梨园话》的概括性评价，予感甚是，且移录于此，聊充结语兼共赏同品之。

【附】《梨园话》全文

皖肥方问溪著　雅俗轩校点整理

【校点说明】

其一,方问溪著《梨园话》,北平中华印书局1931年8月出版。台湾传记文学出版社1974年影印出版的沈苇窗、刘绍唐主编的《平剧史料丛刊》所收《梨园话》,以及学苑出版社2012年出版的《民国京昆史料丛书》第12辑所收《梨园话》均据此本影印,本校点本即以此版本亦即原初版本作为底本。

其二,本校点本采用简体横排,只对疑误字词以按语形式随文于方括号"【】"中标示校注。至于其他内容,如人名、地名、书名、事件、生僻或疑难语词等,暂不做注释。

其三,原著正文和卷首检字均按繁体字笔画编排,今改作简体字本则原检字排序已经无效,因而于此删略。正文以简体字按其条目首字汉语拼音音序重新编排,以便查检。

卷首题辞

可人如玉,若非雄才。
情性所至,相期与来。
载歌幽人,如见道心。
生气远出,泠然希音。

——题问溪仁棣二十初度造像集耐辱居士诗韵两则。虞西钓叟钱景周敬题

方君年正妙,接物便多情。
貌洁偏羞玉,心闲托弄筝。
识荆从纸上,师李坐书城。
他日相逢处,西窗话五更。

——题问溪如第玉照。盐城张绍先敬题

方君问溪以弱冠少年与八旬老朽为兄弟交。展诵来书,甚幸,且愧。率成

俚句奉答，借博一笑。陈勉安

衰龄八十雪盈颠，文字论交亦有录；书到摩挲揩老眼，相称兄弟两忘年。

儿将周甲孙都壮，当愧朋侪老辈看；今幸与君联伯仲，还童欲觅驻颜丹。

诵到君家述德诗，祖庭寿届古稀时；问年我亦无多让，倍长才云父事之。

荆庭阒寂久无人，雁序新排亦可亲；白首红颜昆季合，同胞四海一家春。

各家序

谢　序

现如今物质文明，戏剧化弥漫于社会。宫商号召翕羽同声，凡夫屯田杨柳，唱来残月晓风，以暨优孟衣冠之被。座上虎贲，求其形式，无不效苏季子之简练揣摩。薪尽火传，以冀平步羽霓仙众。持玉尺以评量者，无间于汝南月旦。关扬固有之文化，津逮后来之美术，洋洋乎亦盛矣哉！愿当此法曲飘零世代，订坠拾遗，不惮刍荛之采。织鸳锦而金针悉度，而独于其间流行语，历久所传，禅似口头之习，曾无人左右采获，收拾于长吉古锦囊中。视若齐东纸，堪覆扬雄之瓿。或且鄙夷而不屑道，谓不足以登大雅之堂，非比余韵流风，可与乔木故家，同其称述。夫肴核百家，经史乃成为筲。豹隐南山，举窥其全，庶云美备，剧坛之振举。从此得原原本本之窥，更可以增长人之智识。天地间形形色色，万汇纷呈，无不有其隐语，形容于万口。大而至于日月星辰，细而至鸟兽草木虫鱼，或语作双丸，或拟以白榆之历历，或呼天女，或号山君，或被以忘忧之嘉号，或锡以交让之美名，或薨薨之取譬，或策策之相称。倘不竭其两竭之叩，则虞初八九。莫悉其寓言，武成二三，终迷其真相，仰观俯察，有类昏衢之人矣。仅断简残编之搜辑，而葑菲尚遗，是犹挥清谈之麈，而蛮语参军，仍挂漏于茶余饭罢也。

老友方问溪，于戏曲一道，枕葄而有心得，尤精于音律，得乃祖星樵先生之传。操觚所及，辄效方言之作，别类分门俾与淮南鸿宝，同为枕秘之宣。搜罗尚未完备，因索观甚夥，先取其随笔者，出而公诸同好，属序于余。窃喜梨园行中，得此借谈之数，已可备异日之輶轩。而国门一布，考异邮通，无待采华之服。爰不辞谫陋，弁言于简端，以为息壤。所谓兼收并蓄，朗若列眉者，问溪其庶几乎！是又不仅于青箱世守，而觇其学识也已。

辛未夏日古姚谢苏生识于宣南海王村

林　序

《梨园话》作者问溪君，故名笛家方星樵先生文孙也。家学渊源，颇得昆剧诸秘，而于戏剧之组织沿革规俗等事，尤具精研。曾累于平津沪，各报志中有所披见。人皆称其说理叙事，深得剧艺真迹。余前亦耳其名，近承以此编见贻，阅后益信众誉之非诬也。术语及名词，不仅梨园一行独有之。中国所谓三百六十行，行行皆自具其特有行话词。仰又不仅中国诸行有此，即最新之各种科学，亦每门各有其专门名词也。然科学名词，皆备有专书可供检阅，而各行术语则除本行人外，他多无从解晓。于是本无奇特之专用词，竟以隔行如隔山故，而且晦，聆之使人茫然如堕五里雾中，顾曲者每引以为憾。今得方君此篇，条伸晓畅，罗陈详尽，殊可为具剧癖者增其兴趣也。使科学无专门名词，则著作之际，必辞费异常而又莫能伸尽己意。梨园语之为用，亦然。盖唯术语，能以少数字句，包括曲折繁碎之意旨与事实而表现之。故行中人互语，必不能舍此，由来如是，固非若江湖黑话之故作隐晦闪烁避人晓觉也。在昔剧优最属猥贱，上流人皆不屑闻问其事。今则戏剧已于艺术范围中，占得重要之地位，欲研此艺者，又乌可不先明其言语之作用？方君此编，于剧艺演进上裨助实多。诚不应以寻常文字目之也。

中华民国二十年五月闽侯林小琴序于天津商报馆

张 序

吾国戏曲，精微博大，而昆曲尤为瑰丽。其在文学与美术上之价值，夙为世人所公认。方星樵先生覃研昆曲，久负重望，抱残守缺，厥功甚巨。其文孙今问溪君，亦以戏剧专家，蜚声日下，著作丰美，大都为扬风扢雅，有关吾国戏曲之佳构。其《梨园语》一种，即将付梓，老友谢苏生，嘱为一言。余自幼即嗜戏曲，近亦颇思一窥昆曲之樊篱，苦无暇晷，且乏师承。问溪君既渊源家学，深望能绳祖武，对于昆曲，竭力提倡，俾不致失坠，则在吾国戏剧界所表见者，必更伟矣。爰书之以为问溪君勉焉。

中华民国二十年七月张镠子序于沽上

关 序

戏剧一道由来尚矣，楚之优孟，秦之优旃，皆为伶工成名最早者。然不过个人苦心孤诣，以独造之技艺，名垂千古。至李唐时，时有团体之结合，作有统系之组织，相沿至今。戏剧成为专门艺术者，已有千余年之历史。夫戏剧既成为专门之艺术，且有悠久历史，则梨园掌故，菊部专词，自应有详细之记载，乃竟渺不可得，抑又何耶？盖戏剧自唐以来，虽有进步，后因演员人格之堕落，一般人乃以贱艺目之。而文人学士，又雅不愿投身作个中人。而伶工辈更多粗伧，视戏剧为私传专艺。内部情况，秘而不宣，以至年湮代远，真意多失。而无美不具之艺术，遂亦未得社会真正之认识，殊为可惜。入民国后，提倡戏剧之声浪，日益增高。内外行人，咸欲将此无美不具之艺术贡献于世，无如内行人，知之而笔莫能述。文学家笔虽能述，而苦于莫由知。故二十年来，对于戏剧之著述，终鲜获有统系之作品。是必借文学家，而兼内行者，肯破费极宝贵光阴与精神，从事于兹，旁搜博采，方足以发奥抉微，表白此无美不具之艺术也。方君问溪，青年饱学，且为昆曲世家。其先世为前清供奉者，将及二百年。至星樵先生，亦有发明。尽以不传之秘以传之，诚有如予前所称心能知笔能述之文学家而兼内行者。近有《梨园话》之作，吾知其必能阐扬风雅、提高艺术也。顾此次所撰者，仅注意于梨园术语及专用名词。不知者将以为无关轻重，讵庸知此为戏剧首要之学乎！夫各种科学，莫不有其专词。故文科有文科词典，法学有法学词典，动植矿物，声光化电，以及医药生理等科，亦各有其词典。戏剧本为专科之一，宁无须乎词典？盖治学者，以明了其专词与术语，为第一步工夫。词尚不通，如何研究其学术乎？又从何而知其重要乎？此篇不但将梨园专词术语搜罗无遗，且更详加诠注，堪为有志研究剧学者之助。方君对于戏剧素抱有兴革之大志，将来必尚有名著发表于世，以发挥光大此无美不具之艺术。然则此梨园话者，特其嚆矢焉耳。

中华民国二十年六月卓然关上英拜序

郑　序

自词曲兴，而杂剧盛，千百年来期间嬗变之迹与夫梨园老旧之前言往行足资纪述者，何可胜道。方子问溪，绮年美才，传其家学，近著《梨园话》一书，征考文献，裒列掌故，作梨园之考镜比安石之粹金，苟非覃思研虑曷克臻此。尝考杂剧之于文学，最能发扬民族之精神而鼓吹文学之优点，当今瀛海交通，中西文化有接近提携之日，而杂剧遂有蒸蒸日上之势，近自梅君游美，彼都人士惊其才艺而祈向，亦大侧重于此。问溪此编制出，不仅裨益梨园，行见阑出大秦，辉光世界，意中事也。问溪为吾同门次溪之友，因次溪诿诿，且诵其书斐燃美备，故乐为之序而归之。

中华民国二十年郑琬小耘

张　序

方君问溪，近著《梨园话》。稿既脱，欲付梓，商于余，余颇善之，促其速印。方君复请序之。顾书之端，已有林小琴、关卓然、谢素声诸君之序矣。而序中又尽余之于此书之所欲言者，余复何言？顾方君三四请，必欲余言者，余不获辞，挑灯西窗，细读一过，心潮突起不可抑止，草成此篇，不自觉其辞之费也。当方君此编之初成也，原拟名曰《京班术语》，以“京班”二字仅通区人士所知，不能普遍。盖为问世计，非仅迎合平津沪之读者而作也，故不能仅就平津沪所识之京班，而名其书。故虽脱稿，以书名之不惬意，迟迟未付梓。其后方君以之就商于林小琴君，林君为定名《皮黄戏班术语》，而钱唐吴洁厂先生，则以其中所述不仅仅于术语一门，如“八大拿”“大衣箱”之类又属于名词者，寓书于不佞。嘱告方君，且曰印书传后世也，不可不慎。方君以吴先生雅谊，遂亦不敢轻于问世。一日过余，曰命名为《梨园话》何如？盖术语也，名辞也，统可谓为“梨园话”。余曰：可。遂以名其书。书虽成而名不能定，遂至一二年未能问世，一事之成岂易哉！是书虽名为《梨园话》，以书名表面观之，不过仅梨园行中人所常说之话也，其实内容不仅仅于解释其话而已。如“大轴子”“切末”“打通儿”“打黄粱子”，科班后台诸条内，凡梨园之变迁与掌故，源源本本缕述无遗。虽为《梨园话》，亦可作梨园掌故读矣。安陆陈墨香先生，谓此书可与齐如山先生之《中国剧之变迁》《中国剧之组织》，鼎足而三，诚非溢美之辞。当方君撰此书时，搜集各书所已见他书者，就正于诸老伶工，以为无误始录存之。复广求遗闻，以扩充其资料。余尝见其访范福泰、李寿山、杨长喜也。范君年逾八旬，李君年近古稀，杨君则始满之岁，范、李两翁，皆病于耳。方君每有所询，则近其身旁大声叩之言之再四，范、李始得而闻，乃徐徐答其所问。盖范、李二翁皆为程长庚高足弟子，于同、光间燕京梨园故事，知之最多。方君每与余言，今日之谈梨园故事者，往往獭祭故书，拾人牙慧，无人能虚心探问于二三老宿也。故方君此书之作，得之于老伶工之口传者为多，弥足珍贵也。有清中叶，燕京歌舞为最盛，盖以天下升平，国家无事，为人君者，倡之于前，王公大臣复和之于后，蔚为大观。虽至末叶，内乱外侮，而慈禧后倡之，尤不少衰。其中之往史，固极有研究之必要，而坊间则鲜有专事记述之书。如《燕兰小谱》《品花宝鉴》《京尘杂录》《菊部群英》等书，则不过片段之记载，风花雪月而已，而艺术组织上未曾道及，益见方君此书之价值矣。虽然书中所记者，泰半为今人所能知能见者，或有浅视之者，亦如前人之视《燕兰小谱》《品花宝鉴》之无足奇，而今人则珍重之矣。以此比之，则后来考求梨园事迹者，舍此书则更奚求？亦由今人之重视前书，以为仅存之硕果也。

共和二十年岁辛未浴佛日东莞张次溪序于左安门内双肇楼

自 叙

甚矣哉,《梨园话》之不易着笔也。其所难者,伶工多不注重文字,又无人为文以记之。年湮代远,讹以传讹,致有千里之谬。故时至今日,能道之者绝少。余所不忍默而息,每欲笔为一书。顾志虽坚,而同侪中又鲜能为助。往昔先大父星樵公,以昆曲名天下,从而问业执弟子礼者,以千计。雅集一堂,纵谈今古戏曲历史,皆足为文献之征。余时方髫龄,忽略听之,不知记忆。今者世变日亟,当日旧侣,如晨星之不可久留,安得豆棚菜圃,再聆佳话。兹仅就昔年所闻,尚能回溯一二者,追而记之,与当世共订正焉。

中华民国二十年五月皖肥方问溪叙于三拜楼

《梨园话》题词

常熟宗子威

入都犹及见光宣,闻道歌场极盛年。
偿补艺文经籍阙,从头曲史看君编。
作戏逢场一刹那,打挥道白意云何。
要知都市关兴废,毕竟梨园掌故多。
一赋都京付劫灰,独挥残泪记金台。
瘿公不作樊山逝,鞠部丛谭也费才。
嘹亮风前笛一枝,玉峰曲谱后人知。
后生密友方公子,扇底桃花按拍谁。

宛平王老农

未坠昆征继二黄，名流咸仰四箴堂。
那知急管繁弦外，重视文场擫笛方。（问溪之祖星樵先生善擫笛，程长庚倚之）
锦袍玉笛传家乘，音律源源启后昆。
老去星樵垂祖训，琅玕一握有文孙。
果然出色必当行，自古官场若戏场。
我愿方君勤指点，教人优孟醒黄粱。
剧学业言贻顾曲，戏班术语索云囊。
望溪正学今何在，异采文章拜老郎。

余姚谢苏生

记事珠拈自手中，莫将野语比齐东。
一编试向谢庭展，述德何殊不众同。
霓羽大罗咏众仙，传头采获竞从前。
他年谈助宾筵佐，语录应偕历史传。

武进刘谷僧

弱冠流芳汉杜安，新书纸贵互传看。
黄钟一自伶伦始，从此人间重乐官。
才上春台又下台，英雄沦落剧堪哀。
康梁王赵诸名彦，同是逢场作戏来。（元赵子昂名康，对山梁少白、王汉坡皆撰有剧学而自行登场）
新腔古调不胜收，争向梨园竞出头。
漫道文章近游戏，研几索隐足千秋。
一曲氍毹重考评，远将搜秘顺人情。

梨园索蕴都宣泄，不仅徒听雅颂声。

鲁维王蟫垒

弈棋自古说长安，荆棘铜驼忍再看。
我亦灰心袍笏事，朝官不重重伶官。
个中隐语一齐收，不复当年菊部头。
大似官人话天宝，萧萧白发冷于秋。
天地无非一戏台，朝歌夜舞不胜哀。
海青已死龟年老，谁费工夫注疏来。
笺释精详胜剧评，如斯妙笔最多情。
料知几度沧桑后，雏凤清于老凤声。

桐城刘豁公

别样花开到管城，歌台鸿秘泄分明。
休将野语齐东视，妙绪试看触处生。
历历珍如数口头，从教语录有俳优。
多君家学青箱继，粮与馈贫一例收。

江宁管运衡

粉墨生涯绝妙思，此中隐语几人知。
休将玄秘嗤优孟，不此嬴秦善瘦词。
奥窔谁能尽贯通，梨园佳话不雷同。
个中幸有人诠解，从此昭然若发曚。

寿州蔡天囚

十番九调数源流，宫女何须证白头。
孤负庐陵新史笔，却从菊国记春秋。
傀儡侏儒术语精，尼山注脚自风生。
野狐三影梨园谱，备记莺莺燕燕名。
陆离光怪没来由，有本方知杜默羞。
宣和鞋尖错到底，豆棚瓜架说风流。
野语齐东误众流，商声羽调苦搜求。
于今始定新词价，贵比当年缀白裘。

北平王靖酥

愁唱阳关一曲歌，天涯芳草别情多。
有时赠我梨园集，酒后茶余谴睡魔。
精心搜集费穷研，缕析条分著此编。
胜地想居春北院，尚期对语话尘缘。
老眼昏花倚枕看，黄钟大吕听犹难。
开篇解释无意义，说苑休讥出稗官。
宫商协律索平章，作戏偏逢傀儡场。
一事不知都是耻，书传菊部姓名香。

丹徒杨秋心

无惭桐县千秋笔，能著梨园一册书。
白发宫人谈故事，青年票友有令誉。
古时张谢真堪比，近代陈吴也不如。

羡子新编刊枣板，懊侬旧作覆茅庐。（余之骈文稿已刊，而诗词稿未刊也）

上虞钱梦苓

领异标新极大观，阿谁术语萃伶官。
料知陵谷沧桑后，堪作人间信史看。
解颐鼎话费雕搜，闲访开天菊部头。
拈出樨香无隐谛，歌台佳话播瀛欧。
斯编体大复思精，想见经营惨淡成。
比似燃藜人照读，苦心孤诣为分明。
家声远绍成圆叟，继起争夸有替人。
我愧词题黄绢日，巴吟也许附阳春。（问溪远祖有讳成圆者，擅长昆曲，清高宗时曾供奉内廷，赐第在今宣武门外放生园内，并筑有三拜楼，极一时华木亭台之胜，沧桑易代，今已不可踪迹矣）

常熟曾冠章

曾闻小道亦堪观，词曲原来是一端。
审阅乃能知政治，岂真歌唱博人欢。
选色尤宜再选声，梨园旧谱试重赓。
研求音律承家学，手技先将口技呈。
铜琵铁板共悠扬，一曲羽衣助舞忙。
被召深宫邀圣鉴，高谈遗事等唐皇。
问谁顾曲有周郎，唱采筵间意兴狂。
云遏风生动天上，宫墙深夜月苍凉。

江城五月奏梅腔，粉墨场中气欲降。
积久已成广陵散，凤毛鳞角世无双。
繁华首善想京师，无数歌伶集帝墀。
都下教坊尚林立，庶欣神技出桓伊。
愿为菊部作楷模，今日同欣得李谟。
良冶良弓贻世代，滥吹何得涉齐竽。
研求音学示童蒙，教育宜求通俗功。
道与艺同斯合美，试歌一曲大江东。

盐城张进人

一曲霓裳久不听，伶工多少类辰星。
何期又见梨园话，枕石闲看卧小亭。
多君涵养少年心，采访名辞意最深。
从此一编播菊部，钧天曲又奏清音。

水调歌头·古歙吴又圆

鲁有太师挚，典乐冠伶伦。自周秦汉而下，唐代至开元，问甚规模师旷，问甚衣冠优孟，古法忽翻新。谁坐九龙口，起点鼓声闻。搜枕秘，谈柄助，说铃闻，指南针定，车走途路霎时分。叙得原原本本，办得清清楚楚，信是个中人。不读梨园话，莫漫涉梨园。

浣溪沙·筠连曾小鲁

遗事开元付渺茫，赏音谁是蔡中郎，闲情试为托宫商，旗鼓登场看傀儡，江山过眼话兴亡，好将彩笔写芬芳。

新荷叶·平山王伯生

杜宇声悲，庭前绿树阴阴，日渐天长，烦愁欲拨难禁，歌寮舞馆欲消遣，怎得仙音。旧游长忆，当年燕市清吟，此乐难寻，平除直到如今。远道书来，依然旧雨情深，《梨园话》就，想诵时定豁胸襟，置身何似，月宫佳景重临。

安陆陈墨香

吾有齐如山著戏剧书三种，久付梓矣。今方君复著《梨园话》，足以与如山并传矣，后之考求戏曲者，合而观之，亦足广见闻也。

例　言

一　戏班中专用名词，苟非内行，颇艰了解，兹仅就京班范围，汇成此篇，聊供嗜剧者之参考耳。

一　关于剧中行头，"切末"、盔髯、把子、武技脸谱等类名词，因与此篇命旨不同，故不备录，已别选他书述之。

一　为便于阅者浏览计，依字之笔画繁简定前后次序。

一　本编所收名词及术语等，约四百条，除按条注解外，并加附记以资明释。

一　凡注解明显者，则不加附记，以免失诸烦琐。

一　编者汇述此篇，苦于一人之经历见闻有限，访问又无专述此类书籍可供参考，文中不免有鲁鱼亥豕之误，乞阅者谅察。

【条目按汉语拼音音序排列】

谙了：过失被揭穿也。［附记］有违反规则者，被老板闻知，谓之"谙了"。

又，恐为老板闻知，亦曰“诒了”，乃自警之意也。

按：无名氏所云，则与《梦华琐簿》载者，各持一说，而大同君之言，又与无名氏不同，虽内行有前不言更、后不言梦之说，据诸《芙蓉曲》《碍谱》则谓，“以更为黑夜定鼓之时，梨园之戏不应作长夜荒乐之举，故避之。以梦是出自幻想，人之娱乐自为赏心之事，非如梦中禾醒也”。此又一说，然欲穷究其故，则皆愕然而莫能对矣。

谙场：暗而不明者，谓之“暗场”。

暗上暗下：非正式之上下。[附记]剧中各角上下场，皆有一定之姿势，一定之音乐。而“暗上暗下”，则皆不必有姿势，更无音乐，以其非正式之舞式上下也，故名“暗上暗下”。如员外在场上说白时，家院与【校按：原作“于”，疑为“与”字之误】其正说话之时，随便上下等情形皆是。（见《中国剧之组织》）

八大拿：武剧也。[附记]昔春和部以演“八大拿”见称于世。所谓“八大拿”者，乃《施公案》中黄天霸拿恶霸之事也。据东亚戏迷云：《招贤镇》拿费德公，《河间府》拿一撮毛侯七，《东昌府》拿郝文僧，《淮安府》拿蔡天化，《茂州庙》拿谢虎，《落马湖》拿猴儿李佩，《霸王庄》拿黄龙基，《恶虎村》拿濮天棚等剧，为“八大拿”。至于《三河县》拿武文华，《连环套》拿窦尔墩，二剧未审在“八大拿”数中否？如有此二剧，则须由前八出中提出二剧，愚见则“八大拿”剧中，似有曲牌，其无曲牌者则不能谓之“八大拿”。清逸居士云，昔闻梨园老名宿红眼王四及李连仲所谈之《施公》“八大拿”，因此八出戏皆《黄天霸》拿恶霸事迹，各有小“切末”及起打场子，与他各戏不同。《河间府》拿一撮毛侯七，有姜成、杨志扮吹糖人挑子“切末”；《独虎营》拿罗四虎，有独虎营庄门“切末”；《里海务》拿狼如豹，有庄门及坛子“切末”；《东昌府》拿郝士洪，有剥皮鬼“切末”；《殷家宝》拿殷洪，有摔跤说亲；《霸王庄》拿黄龙基，有采镰“切末”；《淮安府》拿蔡天化，有北极观“切末”；《虮蜡庙》拿费德公，有貔貅油篓“切末”。此为施公“八大拿”。如《连环套》《落马湖》等，皆不在内。缘此八出，所拿皆独贼恶霸，起打时情形特别，故称为“八大拿”。《拿谢虎》原系昆腔，与今《茂州庙》不同。现演之日遭三险，系秦腔所翻者，故不列于“八大拿”之内。观二君所云，皆有至理。孰是孰非，尚待诸考证焉。

扒山子：谓虎也。

把匣子：盛兵器之木箱，谓之“把匣子”。

把子头：魁星笔，谓之“把子头”。

白口：戏中人所言者，谓之“白口”。

摆门子：以各种模型陈列于戏园门前，谓之“摆门子”。[附记]旧式戏园，多于门前陈列本日所演剧中各种“切末”模型（如楼台、山石、树木、酒瓮形儿等），借此以资号召。如是日所演无用“切末”之剧，则多设龙虎形及云牌（即《风云会》剧中所用者），以为壮胆焉。

摆台：未开戏前，台上所设之旗，伞台帐，谓之“摆台”。

班底：除主角与旁角人外，其余之角色通名之曰“班底”。盖以班中若无配角，则班无以立，故曰“班底”。

扮戏：伶工化妆谓之扮戏。[附记]谚云：“装狼像狼，装虎像虎。”戏剧中角色，以今人而乔饰古人，唱念做打，皆艺术中之最要者，而装扮尤为之先也。故角色之扮戏，有关天然者，有关人工者。天然者，如生脚须有工架，气魄大方，态度自然，身材合适。如小生，须面貌平正，精神有翩翩资格，身材利落，不肥不肿。如旦角，须姿首艳丽，最低程度，亦须平正，身材适中，玲珑窈窕。如净角，须体极魁梧，方面大耳，身材要高。如丑角，须身体灵活，眉目生动。此为天然者。又有谓人工者，即扮饰悉按规矩，不添不减，不苟且，不敷衍，是为人力所能者。按：扮戏，生角须勒水纱（旦、净均同），吊起眉目，以显精神；面上涂彩，以显荣光。（中略——原注）束腰时，宜紧。扎靠时，勿松。旦角须敷粉、贴片子，花旦尚须踩跷。勿论冬夏，不准多衬衣服。因女子以瘦弱窈窕为美观，肿膗无度为丑也。净角则不然，勿论寒暑，内中必衬胖袄，以示魁梧。（下略，见《翕园戏话》）

傍角儿：与名角配演者，谓之“傍角儿”。

包银：定期之戏份也。[附记]北京戏班，从前也讲包银，个角包银说定以后，一年不许更改，班主赔赚与角色无干。这个情形传了多少年，没有更动。到光绪初年，杨月楼由上海回京，搭入三庆班，非常之红，极能叫座。他自己以拿包银不合算，所以与班主商妥，改分成。就是每日卖多少钱，他要几成。从此以

后，北京包银的成规算是给破坏了。上海现时还都是包银班，北京算是没有了。（节录自《中国剧之变迁》）

报子：剧中探报军情者，谓之“报子”。

抱牙笏：堂会点戏，管事者照例将戏名写于牙笏上，令人持之上台，俾告观众，谓之“抱牙笏”。

本工：戏中所应饰者，谓之“本工”。

本钱：嗓子谓之“本钱”，又谓之“夯儿”。［附记］唱戏向以嗓子为资本，嗓音哑则歌之必不动听，故伶人对于嗓了，视为重要之事。然嗓音出于天赋，不能勉强而为之。且嗓音洪亮，尚须婉转自如，疾徐得法。否则，不落平庸，必至迂腐，其难也如此。今日伶人以嗓音见长者，百不得一。往时，四大正班中生、旦、净、丑诸角色，所歌之调门，大略相同。如生就知调门高，亦不能一人独唱。程大老板、王九先生等之嗓音，为最优者，且以养众伙计，歌时尚顾瞻配角。较诸今日伶工，则有上下床之别矣。迨汪桂芬、龙长胜出始，唱至乙字调，而当时多谓其别开生面，无如能者寥寥。如孙菊仙之堂音嗓，可为空前绝技，欲效之者，实非易事。今之不足六字调者，亦称为好角，殊不知唱、念、做三者，唱为正工，嗓子如不足六字调，即不能谓之好角。今者事变日亟，当日嗓音佳者，相继物化，此道日衰。伶工但知自备私行头，博悦观者。至于嗓音优劣，则不注重，顾曲者亦然。而于伶工演戏，又多以手代板，随声附和，至可哂矣。

本钱足：嗓音好谓之“本钱足”。

本戏：首尾毕具之戏，谓之“本戏”。［附记］从首至尾将一段事迹，编成连本戏剧，一日或分数日恃能演完，即谓之“本戏”。非但事实易于明了，且能引起观者兴趣。

本子：抄本之戏词也。

笨瓜：念错剧词，谓之“笨瓜”。

边挂子：与“走边”同。

不搭调：歌腔与调门不合，谓之“不搭调”。

不挡：能戏极多，文武皆所擅长，谓之“不挡”。

不清头：不明白也。

财神座儿：元旦日，戏园中所卖之第一座位，谓之“财神座儿”。［附记］戏园旧例，每届元旦日，设有一“财神座”。“财神座”者，即所卖之首席。不拘同来多少人，坐于何处，不许索要戏价，仅收小费。若索戏资，恐其他去。今戏园虽仍旧其例，然卖座人则多暗中向顾客索价。故“财神座儿”之名虽存，而失其意矣。

彩钱：扮演剧中不吉祥之角色，除戏份外，需另加钱，即谓之“彩钱”。［附记］戏班规则，无论大小角色，凡扮演犯忌讳之戏，如《虹霓关》老车，着孝服；《斩窦娥·法场》背插招子，身服罪衣……皆须另加彩钱。多者铜元六十枚，或八十枚，少者四吊两吊。名角则不要此钱，多归诸跟包人享受之。

彩匣子：后台盛笔墨颜料之箱子，谓之“彩匣子”。

拆掌子：约他班角色扮演，谓之“拆掌子”。［附记］早年戏界皆有互助精神，如某一剧中缺乏角色，他班即可应征来班扮演，名之曰“拆掌子”。今日戏班人才济济，鲜有缺乏角色之事矣。

场面：为伶工司乐者，谓之“场面”。［附记］梨园固以伶工为重，而司乐者，亦于演戏有重大关系焉。盖伶工度曲时，须授乐师之指教，如腔调之高低刚柔，莫不由司乐者操纵焉，故伶工实与乐师相依为命者也。考乐师之初，多为伶工改习者。其原因，则一为音暗不能歌，而改习此也；或则年龄老大，气力日衰，改习此途以为生计问题也。今则有专习此门，而非改业者矣。然以艺术而论，其先为伶工而后改习者，及其司乐也，则与歌者有互相之精神，不至有腔调不合之处。所谓相得益彰者是。且渠前亦曾习歌，而歌中之韵调，已深得三昧。故一奏乐，其声必与歌者之音相吻合也。凡初习“场面”者，无论其学文场或武场，皆须有人为之介绍，双方各订合同，复以厚礼以代入学之资，献之于乐师，乐师始传诸艺焉。至于学习之法，文场须初度工谱，次学普通昆剧，再次即学擫笛，及唢呐吹法矣。如是者一年，乐师当为介绍于各戏园，以月琴弹开场戏，谓之效力。每日所得不过二十枚，此钱谓之点心钱。自此以后，学者渐谙诸乐奏法，或另搭班，或傍伶工，始开戏份。戏份多寡，需给乐师一半。俟出师后（即合同满后），此层供奉，方可取消。至于学武场者，亦然。初习用鼓箑【校按：“箑”：竹。同“箠”】（即击鼓之锤）。二是每日鸡鸣时，在毛竹底，或其他处划一极小之圆光击之,借此以练手腕之灵活也。其次则习罗经,学成后,亦到戏园中效力。初击小锣,继续大锣、单皮等乐器。凡园中"场面"老辈,若使役之,则唯命是从,甚至赴外购物,以及童仆之役,亦无不唯命是从也。

场中:伶工倒仓以后,嗓音不能复振,谓之"场中"。

场子:排场之简称也。

吃栗子:与"笨瓜"同。

吃螺蛳:唱作重复,谓之"吃螺蛳"。[附记]唱作重复,为诸伶所不能免。每因犯此疵,满堂倒彩。市肆所售之螺蛳,早年伶工多不敢食,恐食之于演剧时犯吃螺蛳之疵。伶工智识浅陋,多重迷信,往往如此。

吃戏酸:与外行("吃醋")同。[附记]凡组一班,必须约请伶工担任生旦净丑诸角色。其后又在外约同样角色,来班搭演。其班中原有之角色,必互起猜忌,谓之"吃戏酸"。

出牙笏:遇有重要之事写于牙笏上,告知同人,谓之"出牙笏"。[附记]后台之出牙笏,与官厅之出布告同。凡遇重要之事,或排演新戏,或应某日之堂会,老板必写牙笏立于账桌,示诸同仁,俾众周知,届时赶往。

杵:钱之也称,谓之"杵"。

串戏:串演也。[附记]童伶或票友在戏班中串戏,向无戏份,且须给串戏钱。串戏钱者,用之酬谢四执交场诸人者。东亚戏迷云:"戏班原有一笔串戏钱,不过上场人酌酬谢各箱口。因为四执交场的挣项苦,借此可以得几个零钱。老年间又不自带行头,好歹都归箱口预备。譬如挑着好的穿,上去自然显着火炽。没有这笔串戏钱,就许扮的不像样儿。要新的没有,难道不答应谁?至到一个文武场,不应酬好了都不好办。调门定的不合适,立刻就不能唱上来。锣鼓点子胡打乱敲,抬手动脚都不得劲。净角下脸硬没有草纸,又应当去问谁?旦行洗脸不给热水,那还怎样擦粉?诸如此类,不过就为得这项钱,并非强制讹人。给与不给,可以随便。因有以上种种困难,谁能诚心找麻烦?好在花有限的钱,为何要招人不愿意,落得叫人欢欢喜喜,自己赚个舒服。究其实,总算是喜欢钱。"(下略——原注)

吹挑子:散戏时,后台所吹之喇叭谓之"吹挑子"。[附记]戏园旧例,每于散席时，多以二童子至台前，行鞠躬礼，名之曰“送客”。而《天官赐福》之金榜，则为伶工代替二童子；而持《天官赐福》之金榜者，检场人任之。此早年之规矩也，今以生、旦二人代替送客，又名“红人”。迩来此例虽破，散戏时，后台管后场桌人，仅持挑子立于上场门内，吹二三声，不复用红人送客矣。

词：剧中所念者，皆谓之“词”。

催戏的：将本日应演之戏，预先使人通知伶工，此人名曰“催戏的”。[附记]演戏之先，管事人必令催戏者于是日清晨持黄纸所写(元旦则多以红纸书写)之戏单，到名伶家中，预为报告本日所应演之戏目，并请早至。如是日催戏人不来，伶工即不赴戏园演唱，或双方发生意见，即催戏人至，亦不往也。

搭班儿：在戏园唱戏，谓之“搭班儿”。

搭架子：后台答白，谓之“搭架子”。[附记]后台人众，恐“搭架子”时，易于混乱，故派专人以司其事。如樊城《金殿奏本》，应归伍尚答白；《打严嵩》，则以丑角严霞代之；《武家坡》之传话，则多归于旦行中人答白。因他行不能应工，与《钓金龟》之用伯，必须老生答白，同为一理。唯《女起解》之问路，则无专人答之，多由管事人代替。又据诸老伶工云，早年规矩，后台答白之人，不准素身，须着青衣，戴网巾，非如今日可以随便也。

打把子：以刀枪试验，谓之“打把子”。

打背供：背人之表示，谓之“打背供”。[附记]凡剧中人以袖障面，或以手中所持之物，对台下观众作种种表示者，名曰“打背供”，盖剧中之关键也。兹将各书所见关于“打背供”之文字，择要节录之于下：

“背供”为自述之词，即演来表示自己意思之语，为戏剧中之一关键。然演者对于“背供”时，无论说白或唱词，必以手腕高横其前，所以表示其唱白为心中之意思也。设台上同时之第二者，或第三者，其对答言词，应无涉及“背供”时之说白或唱词，方对。盖以其“背供”时之语，对方实无闻听之可能也。但有时“背供”语后，转为对语，而此对语一折，尤为紧要，演者不可随意抹去，否则每至于两不逗笋耳。如《捉放曹》杀奢后，陈公唱(听他言)一大段，完全为“背供”语，系陈公自怨自嗟，腹诽阿瞒。对立之曹操，并未闻及，仅对白有“明公我有一言相劝”；而曹操接白，乃有“你言多语诈”句。陈公仅说一句，言不为多，何得谓诈。倘陈公所说之话,为操所闻,则“义负冤家”四字,早已吃阿瞒宝剑一下;与吕奢同,岂待于“鼓打四更月正中”四句诗,而曹始怨哉!闻老伶工言,“明公我有一言相劝”下,原本有一段劝解之词,由“背供”而转对语,故曹有“你言多语诈”之语,则前后始能贯串。而近来之演者,随便抹删,遂至牛唇不对马嘴矣。(见《一得轩谈戏》)

“背供”者,背人供招也,系背人自道心事之意。而一人或数人说话之时,其中一人心内偶有感触,便用神色表现,以便台下知晓。若感触之情节复杂,全靠神色表现,不易充足,则用白或唱,暗行说出。故“打背供”时,须用袖遮隔,或往台旁走几步,都是表示不便台上他人知道的意思。但有时一人场上歌唱或说白,亦是自述心事之意,与“背供”意义大致相同,不得目为无故自言自语也。(见《中国剧之组织》)

“背供”者,背人之言语也。戏剧中于二人对立或对坐时,欲避他人而表自己之意旨,或设法以行事时,辄用此法,名曰“打背供”。法以手举起用袖遮掩,以道自己之意思,如《阴阳河》之张茂森,于遇妻魂时以袖遮面,自言自语,“看她好像我妻李桂英模样,他怎样来到此地”,亦打背供之一也。盖张见桂英之魂,疑似其妻,而自思妻方安居家中,绝无独自来此挑水之理,将信将疑,不敢自决,故打背供以表其心事。又如《梅龙镇》之正德,于凤姐将要呼唤时,“打背供”云:“啊呀且住,倘这丫头呼唤起来,惊动乡邻,将我拿送在官,君臣相见成何体统?也罢,不免看这丫头,若有福分便封他一官;若无福分,孤打马就走。”玩其语意,似被凤姐所逼,欲谋抵制之策,以相对待。然二人对立,近在咫尺,一人言语,岂有他人不闻之理?故必遮之以袖,以表所言,非有声之言语,乃其心中之意想。借此补足剧情表演不到之处,倘不用此法表明,则对于剧情必难彻透。观者将处于闷葫芦中,减其观剧之兴趣矣。大抵以袖遮掩,亦有方法,站立或坐于上场门一方者,“打背供”时,宜遮左手。坐立于下场门一方者,反之。其手举起,与身体成直角。即遮于二人之间,上臂与臂同高,下臂略屈而肘平,面部则向台外云。(见《戏学汇考》)

“打背供”之“背”字讲解,系对同场演者而言。因剧中情节有必须背彼后方述语,而又不能不述于观者。背彼方讲话,向台下道白,或背地自语,即谓之

“打背供”。《红鸾禧》莫稽取仲后，（中略——原注）推金玉奴于江中，遣金松归里。当其于舟中设计时，对台下所述者，即“打背供”也。按：“打背供”即对台下讲话。虽切近台口，亦无妨。因观者不明戏中人之心理事，背彼方道明。虽说破其用计，亦绝无妨碍。（下略——原注）（见《侠公戏话》）

打补子：主角未到，临时以他角代替，谓之“打补子”。

打朝：饰朝官者，于参见帝王时，谓之“打朝”。

打出手儿：凡剧中人彼此传递武器，并做出种种炫奇斗法姿势，谓之“打出手儿”。［附记］张缪子云，武戏中常有将各种武器，互相抛掷传递者，梨园中名之曰“打出手”，言其武器之脱手也。据老辈言，此系旧剧形容神仙妖魔炫奇斗法之意思。盖根据《封神演义》，以故旧时舞台规则，仅能演之于神话剧，如《泗州城》《百草山》之类。其后演者，欲格外取悦观客，遂致演《取金陵》等剧，与神仙毫不相干者，亦大打出手，其实非老例所许也。又云，顾时至今日，交战时所用之利器，如枪炮以及手榴弹等，殆无不悬空射击，互相投掷，恰合“打出手”之原意。故《取金陵》等剧之“打出手”，虽云破例，亦可谓为有先见之明矣。

打卦：偷学他人腔调，仅得其貌，而遗其神之谓也。

打黄粱子：谓做恶梦。［附记］杨掌生《梦华琐簿》云：“余尝见伶人家堂，有书祖师九天翼宿星君神位者，问之不能言其故。小霞为余言，闻诸父老云，老郎神姓耿，名梦，昔诸童子从教师学歌舞，每见一小郎极秀慧，为诸郎导，固非同学中人也。每肄业时，必至，或集诸郎按名索之，则无其人，诸郎既与之习乐与之游，见之则智慧顿生，由是相惊以神，后乃肖像妃之，说颇不精，然无人晨起讳言梦，诸伶尤甚，不解其故，如小霞言是禁言梦者，讳其神明也。”无名氏云：“有位老郎神，既唐明皇与楚王朗仲观者，亦可不办，考唐明皇设梨园以教演歌舞，与戏诚不无微功，然于艺术上殊无可称述，即偶有创作，亦李黄辈所为，且系贵族的而非民众的，其实格犹远逊于汉武，若郎中官确为中兴皮黄之元勋，并有所创作，非汉武明皇可比，其名予知之，现亦不妨宣布，黄班今有前不言更、后不言梦之说，更梦即其名也，缘伶工有谓老郎神为耿梦者，即由此致误。盖谓前台作戏时，须忘其为更生，而在后台则还我本相，乃艺术上之原则，以此二字为名不过借以自励，今汉班以此示儆，京伶则流于迷信，两俱失之也。”大同云：“史称孙叔敖卒，其子困贫负薪。楚国名优，有优孟者，假为叔敖，着其衣冠，做歌以感庄王，叔敖之子乃得封。后世称假装者为优孟衣冠，即本乎是。今之梨园行人，前台不言更、后台不言梦，而曰打黄粱子，盖重优梦之为人，是同戏剧之鼻祖，请言其名，以尊之也。”

打连环：戏中交战，互相打上打下，谓之“打连环”。[附记]打仗时，此方之人将彼方之人打下，彼方之人又将此方之人打下，如此循环不已，名曰“打连环”。(下略——原注)(见《中国剧之组织》)

打泡：出演戏，谓之“打泡”。

打上：以锣鼓引角色出场，谓之“打上”。

打台帘的：司掀戏台门帘之人谓之“打台帘”。[附记]“打台帘的”，乃交做伙计之一，每日所得之资甚薄，唯掀上场门帘之人，较掀下场门帘之人，所为之事繁多，阴须代理检场之一部分责任。如戏中需用大帐子时，渠必为支搭；须用伞时，渠预先撑起，在交与执伞人上场时执之，故所得报酬亦较重耳。

打通儿：戏未开演，后台所喧聒之锣鼓声，谓之“打通儿”。[附记]凡戏在未开演以前，文武场先集于后台，须喧聒锣鼓三次，谓之“打通儿”。用此以为通知剧员，招揽观客之意。第一、二通，照例须打七棒四翻。(高腔班之锣鼓点子)。打法，第一翻为，仓冬秋、冬秋、仓、冬秋、冬秋、仓、冬秋、冬秋、冬秋、冬秋、冬秋、冬秋。第二翻为，仓、秋冬、秋冬、秋冬、秋冬、秋冬秋冬秋冬秋。第三翻为，仓、秋秋秋秋秋秋冬秋冬秋冬秋冬秋冬秋冬。第四翻为，仓、秋秋秋秋秋秋秋秋秋仓、冬秋。第三通加吹大唢呐，谓之“吹台”，俗曰“安哨子”。所吹者，大多为《柳摇金》《一枝花》。此外有名《哪吒》者，乃元旦日吹台时所用。至于《将军令》一节，因工谱多，且需翻转吹之，故能之者甚少。按：吹台本为徒弟所为之事，今初学者即欲操琴，焉能学吹《将军令》？场面能吹者，多做后工不应开场，故《一枝花》亦不见有能吹者矣。先祖每于庭训之余，辄言其少时，常用唢呐吹《将军令》《哪吒令》《一枝花》等，以资练习手指，并翻转吹之。偶有小误，为师者辄加以夏楚。严冬大雪纷飞，则推跪雪地中，使彼自吹，亘吹三小时，使令之起。

打通堂：科班全体学生每受责罚，谓之“打通堂”。

打下：以锣鼓送角色下场，谓之“打下”。

打英雄的：武戏中之零碎花脸，谓之“打英雄的”。［附记］武行中之花面，内行谓之“打英雄的”。其扮演角色，如《拿高登》之教师，《虮蜡庙》之米龙豆虎。早年规矩，打英雄的不能专去武戏，尚须兼演文戏中角色。其应演唱者，为《战樊城》之武成黑，《庆阳图》之李虎，《南阳关》之五保，《太平桥》之汴义道，《清河桥》之豆凤，《闹府》之煞神，《禅于寺》之汴。此规则久已废矣。

打住啦：戏演毕，谓之“打住啦”。

大边儿：即“下场门”也。

大梨膏：凡伶工自夸其能，俯视一切，谓之“大梨膏”。

大拿：后台老板名曰“大拿”。

大衣箱：专置有水袖之戏衣箱也。［附记］凡剧中所需用之喜神、方笏、蟒、官衣、裙子、斗篷、女裤裙子、帔、开氅、云肩、汗巾、腰带、绢子、扇子、朝珠……皆属于“大衣箱”者。

大轴子：戏园中最后所演之戏，谓之“大轴子”。［附记］高阳齐如山先生曰，北京剧园中末一出戏，名曰“大轴子”。按：“轴子”二字，始于有清嘉道时代，盖长本剧之谓也。《都门竹枝词》谓“轴”音“纣”。按：北方读“轴”为“纣”之处甚多，如从前束制钱为一束，以肩荷之名，曰“钱轴”。此“轴”字均读为“纣”，无读本音者。至布、帛、柴、薪等，凡成一束者，皆可为“轴”。然则整本剧名曰“轴子”者，何也？盖北京历来演戏之情形、时代，各有不同。元、明两朝及清初演戏，多系整本。每日至少演一本戏，少则半本，无零出、正本之分。如《桃花扇》中《侦戏》一折，及“可怜一曲《长生殿》【校按：《长生殿》之“殿”，原作“庶”，显系“殿”字之误，径改】，断送功名到白头”一案，种种情形，难以尽述。要可断定曰，所演皆系整本，此《百种曲》《六十种曲》等书之所以纂辑也。至乾隆、嘉庆时代，则大半各角自于个传奇中，择一二折演之，如《燕蓝小谱》《品花宝鉴》所云，其角长于某戏（如袁宝珠以《鹊桥》《密誓》《惊梦》《寻梦》擅长，等等），此《缀白裘》等书之所以纂辑也。道、咸之间，专演零出。台下渐渐生厌，于是又竞排整本之戏。盖整本之戏，多系群戏，而好角有时不与合演，仍单演零出。零出之本子，简单而短，所抄之纸均系单篇故事，名“单出”。整本之戏繁而长,所抄本子,卷为一轴,故班中呼为“轴子戏”,是即“轴子”二字之所由来也。最末所演者最长,故名曰“大轴子”。中间所演者次之,又以其在中间所演,故名曰“中轴”。当每日开演之第一出,因观客大半未到,亦先由次路角色演本戏,取其所长而能耽延时间也,故名曰“早轴”。虽非尽属新戏,然皆系群众所演之长戏,其所抄本子皆卷轴而为者也。有人云,“轴子”乃武戏之意义,则误矣。按:轴子戏中虽不能说无武戏组,绝非武戏之谓。如从前四大名班各有所长,三庆曰“轴子”,系以整本戏叫座。四喜曰“曲子”,系以昆曲歌唱叫座;春台曰“孩子”,系以演旦角之小孩子,多能叫座;和春曰“把子”,系以武戏叫座。当年以“把子”与“轴子”对列,是足证轴子非武戏也。又如杨掌生《梦华琐簿》云,今梨园登场日,例有“三轴子”,“早轴子”客皆未集,草草开场,继则三出散套,皆佳伶也。“中轴子”后一出,曰“压轴子”,以最佳者一人当之,后此则“大轴子”矣。“大轴子”皆全本新戏,分日接演,每当“大轴子”将开,豪客多径去。故每至“大轴子”时,则车骑蹴蹋,人语沸腾。所谓“轴子刚开便套车”,车中载的几枝花者是也。常来游者,皆在“中轴”之前听。三出散套戏以“中轴子”片刻,为应酬之候。有相识者,彼此互入座周旋。至“压轴子”毕,鲜有留者。其徘徊不思去者,大半贩夫走卒耳,云云,是更可证“轴子”乃系与散套对列之名词。咸丰晚季及同治朝,因南方用兵,宫廷意兴萧索,绝少传差,故梨园无大变化。大致皆率由旧章,多演单出戏。其末尾一戏,虽一系单出,然旧习相沿,仍名曰“大轴子”。至此,则末一戏为“大轴子”,便成为一定之名词矣。光绪初叶,南方战事终了,西后几每日传差,梨园又鼓舞精神,竞排新戏。斯时各园中末一出,又多半为长轴子之本戏。光绪甲午以后,西后意兴又不嘉,各园排戏之风,又归沉寂。所谓大轴子者,又一变而为单出戏。民国以来,排戏之风又盛,各园末一戏多半为真正之长轴戏。“轴子”之真义,又实现矣。

大字:曲词谓之“大字”。

代份儿:代他人领戏份,谓之“代份儿”。[附记]伶工演戏毕,如欲他往,不能候至拿份儿时,必须托友人于开份儿时代领,即所谓之“代份儿”也。

代一个:名角除应演之戏外,再演一出,谓之“代一个”。[附记]剧中需用重要角色时,他伶多不能代替,欲以名角扮演,而名角已有本工戏演唱,不得已乃乞其再演一出，即谓之“代一个”。

单挑儿：一人率领众人演戏，谓之“单挑儿”。［附记］凡一人组班，率领大众演戏，谓之“单挑”一个班子。如饰一剧中主角，众人相配，亦可谓“单挑”一出戏。

倒仓：嗓音哑谓之“倒仓”。

倒仓鬼：指嗓音哑暗者而言也。

倒粪：戏中词句屡述不已，令人生恹谓之“倒粪”。

倒堂：《回朝》《长亭》等剧中，除正角外，全班角色多扮为龙套，谓之“倒堂”。

倒脱靴：剧中主帅引领众将卒而行，谓之“倒脱靴”。

倒字：字音念错，谓之“倒字”。

底包：与“班底”同。

颠了：“颠”音“忝”，乃脱落盔帽之意。

垫：临时加演，谓之“垫”。

垫字：戏词原无之字，而伶工任意增添，谓之“垫字”。

吊场：主角化妆未成，使配角先上场敷衍，谓之“吊场”。

吊嗓子：伶工温习唱词，而以胡琴和之，谓之“吊嗓子”。

调底：歌声音小且低，谓之“调底”。

调门儿：管色之高低，谓之“调门儿”。［附记］调门曰有七，如小工调、凡字调、六字调、正工调、乙字调、尺字调、上字调是也。

顶场：甫下场而又上之，谓之“顶场”。

定板：开戏时所击之第一板，谓之“定板”。

丢板：与“走板”同。

抖漏子：揭穿隐情，谓之“抖漏子”。

肚子宽：能戏多，谓之“肚子宽”。［附记］张缪子云，陆金桂睅目皤腹，无论昆乱文武，皆能对付，故有“陆大肚”之称。戏界人谓能戏多者为“肚子宽”，犹言腹笥翩翩耳。“大肚”，亦斯义也。

对：伶工互相研究剧学知识，谓之“对”。［附记］凡演一剧，如配角生疏，必须于未演之前，在后台与正角研究，或对词句，或对场子，故谓之“对”也。

对口：角色出入场时所念之对联，名曰“对口”。［附记］戏中角色出场及入场之时，必念“对口”。“对口”者，对联也。五言、七言均可。唯入场时念者，则须于对联上加“正是”二字。否则稍欠圆满，即无精彩可言。如“为人不把良心丧，枉吃白菜豆腐汤”一联，其言若不加以“正是”二字，能振起精神乎？此其例也。又，“对口”非仅一人所念者，两人合念一联，甲念上联，乙念下联。或场上四人，以二联，每人各念一句。即最普通之《审刺客》一剧，亦有专词。如“如今的事儿颠倒颠，当朝宰相何道安，诸君不信抬头看，谁是忠来谁是奸”等是也。盖“对口”关于剧中最为重要。所念词句，须与当时情节相吻合。故此“对口”中，有何道安句也。又如《岳家庄》剧中，牛皋所念之“对口”，各有不同。有念“柳营春试马，虎帐夜谈兵”，亦有念“辕门鼓打三更尽，夜统貔貅百万兵”者，皆不切当时情景。应改念“踏破金邦地，昼夜奔汤阴”联，乃为合法也。

对垒：器械相打，谓之“对垒”。

二衣箱：专置无水袖之戏衣箱也。［附记］凡剧中所需用之靠铠、箭衣、裤衣、裤袄、马褂、僧衣、茶衣、条带等皆属于二衣箱者。

翻场：角色笑柄百出，谓之“翻场”。［附记］梨园行的规矩，不许“翻场”。什么叫翻场呢？就是几个角同在场上，倘有一人说错或唱错，别的角不但不许“笑场”，并且还得替他遮盖。因为别的角不笑，台下或者可以不理会。若别的角一笑，则台下便知，该角或因此得倒好。所以各角以同行道德关系，不会给别人翻场。（节录《中国剧之变迁》）

反串：反其常态，谓之“反串”。［附记］反串乃反其常态之意，如令生饰旦、净饰丑，拿腔作势，实无甚意味。近来社会人心日奇，每多以此为乐，而梨园中人又大张旗鼓，标新立异，演反串戏以资号召观众。若长此以往，决非吉兆。按：反串之举，昔虽有之，多因本工不敷用，或所能之戏太多，偶一为之，借博观客欢心，非如今日随意反串也。

放水：忘却原词，以他戏之词句代之，谓之“放水”。

分包：一般分两处演唱谓（如应堂会等是）。

份儿：伶人之工资也。［附记］早年伶工演戏，其所得之资，皆按月计算，故有“包银”之名，无所谓“戏份”也。有之，即自慈安太后断国服始，故江都李毓如先生，有《原班废包银改戏份之原起》一文。其文曰，早年堂会最重昆曲，竟有终日不闻大锣之声者。大栅栏戏园，为四大徽班轮演（四天一转，戏园予给班中转儿钱）。秦腔只演外城（芳草园等馆），徽班分外城，照戏馆车钱，另给半份。程长庚三庆，不演外城。其时，同人有包银无戏份，每日定有车钱。程长庚每日不过六吊。拿三吊者，即是好角。五百文居其多数。春秋两季说公话，增长车钱，每次亦只五百文，如此便不容易。自慈安太后国服演说白庆昌，乃二路以下角色，彼此凑合。自无包银之规矩，始定为戏份，至大者六吊、八吊。大头叫天，彼时乃二路之铮铮者，声名亦由此而起，遂成名角。国服既满，戏班亦废包银而改戏份。鑫培由八吊至十六吊，其后长至三十吊，则以为空前绝后。桂凤最盛时，戏份不过八吊，希翼长至十六吊，则心满意足。可见长日挣钱之难。

封台：年终戏园停演，谓之“封台”，又曰“封箱”。[附记]年终封台时多演本戏或新排之戏以号召观众。当年四喜班则演八本《铡判官》，即此例也。按：封台剧终，必跳灵官，及燃放鞭炮。俾使观众知已封台，在除夕前不能再演之意。“封箱”系指戏班而言，与戏园无关。如戏班“封箱”后其所演之戏园尚未封台，他班仍可接续演唱也。

服诌：服人劝解，谓之“服诌”。

盖口：剧中问答之词句，谓之“盖口”。

盖头：遮头之布，谓之“盖头”。

赶包：于此处演完，即往他处演唱，谓之“赶包”。

赶场：急急上场，谓之“赶场”。

跟包的：为伶工服役之人，谓之“跟包的”。

勾脸：以粉墨涂面谓之“勾脸”。[附记]净角勾脸，须从头顶勾起，用鼻尖抵住手腕，手指上扬，以中指间所到之处为度，否则脸形扁小，故俗称净角为大花脸。至于小丑勾脸，只用粉墨在眼鼻之间分类勾抹，故俗称为小花脸，其勾法亦有准绳，如张别古为老，张文远为少，汤表背为奸，朱光祖为智，于眉头眼角，略施粉墨，则老少奸智，判然分明。又花脸上总不能脱去蝙蝠之形，无论净角之大花脸，或丑角之小花脸，其于眉头鼻角及颊间，或红或黑，或大或小，多来一蝠形，观者或不注意之，此不过取其多福之兆，别无用意。又净角之脸谱，虽有成例，各人勾法不同，脸小者多剃一月亮门，以显面大，或于头顶上加白布一方，连同勾之。早年以钱宝丰、黄润甫脸谱最善，今诸伶均已物故，而钱金福独成名宿矣。

挂座儿：观客众多，谓之“挂座儿”。

官工：即放假也。［附记］戏界以三月十八为祭神日，这一天无论何班，都不演戏。民国后虽废除迷信，可是仍不演戏，所以又叫“官工”，言其是放官假的意思。在从前各戏班的组织，都是以每年三月十八日为期，各班中添约新角，或旧有角色包银加减以及各班规定戏园子的轮转，都是这天以前说妥。既说妥之后，就是一年。各角如欲另搭别班，非等到下年三月十八日不可。现在各戏班到这天也还有点变动，但是不像从前那样重要了。（节录《中国剧之变迁》）

官中：公共所用之物，谓之“官中”。

管事的：后台执事人，名曰“管事的”。［附记］语云：“一只大船必有个掌舵的，一家度日必有个当家人。”戏班亦何尝不然！唯后台执事人，谓之“管事的”，凡对于后台一切事项，均负完全责任，且须有戏剧的经验。故除原有戏份以外，另加一项管事钱，多不过数十枚。盖管事者虽不必上场出演，唯遇角色缺乏时，亦得装扮。俗说“卖艺的应行”，何况“救场如救火”。至于派戏，支配角色，某戏演唱之时间长短，某戏出于何朝何代，均须了然于胸。譬如演唱时间不均，散戏时过晚，则必受警区罚办。朝代分别不清，观众必报以倒彩。故早年规矩，开场时所演之戏，其朝代多在唐宋以上，其余诸戏，或在唐宋之间，或在唐宋之下，则无妨矣。支配角色，须知演角性格，应如何对待。是谁“活头”，须交谁扮。遇有“临场推诿”者，无论多狡猾，设法使其心服口服。某戏须某人、某角与某角配演，方能相称；某角戏码在前或在后，方为适宜。且于分配时，尤须公道，否则势难终场。是以膺此选者，不但要有经验，且须有人缘。平时对于班中演角，更须联络，临事时不能撑起架子，必宜面兼冷暖，语杂装谐。甚至出一办法，即能令人钦佩。所谓“不干也得干”，始可称起支配角色之能手。又如开销戏份，班底应发多少，各角应开多少，均须与老板商量。未开锣以前，管事人须先至后台，发令开戏演方能开演。命催某角，催戏人即往催某角，此其权柄也。【校按：此

乃“导演”是也】

管箱的:管理剧装之人,谓之“管箱的”。[附记]剧中应用物品,如衣饰旗把等件,种类至夥。而某戏应着何衣,应用何物,均有定则,不能错误。故必分门别类,分派多人执管,即向何处携取。否则人多物众,不特一时找寻不易,管理者一人亦难料理也。至责任分担之后,执管衣服者,即按本日戏码,须将预用物品,按次取齐,以免临时慌忙,而有疏失。大抵衣服分大衣箱、二衣箱两种。蟒袍、官衣、裙子、披等,归大衣箱。靠、龙套、青袍等,归二衣箱。余如盔帽巾冠、须髯、角带等,则归盔头箱。刀枪旗伞,归旗把箱。零用物件(如令箭等),归奇宝箱。大衣、二衣、盔头、旗把等箱,均置于后台。奇宝箱则在台上,由检场者管之。(见《戏学汇考》)

滚口:念白颠倒,谓之“滚口”。

过场:在场上一现昙花者,谓之“过场”。

过道:于剧中饰家院者,谓之“过道”。

过合:角色彼此往返,谓之“过合”。

过门儿:唱词间断时,以胡琴做间隔,谓之“过门儿”。[附记]徐凌霄云,在许多戏的唱词里,可以看出“过门”之需要来。例如《卖马》八句,每句中间,夹入店主东之白口,而胡琴勿须间断,实有不板不乱之佳处。其《玉堂春》,一大半是问答体。问的是“白”,答的是“唱”。在这些地方,如无“过门”,则必句句停弦,亦且至于重复沉滞矣。故因为要留出对手方插话的时间,不能因为独唱的时候过门太长,就说“过门”可废。昆曲之不用“过门”,固然也有组织上之要素。唯遇有插问的白话,容易和答的唱混在一处,为弹词,则“过门”也是皮黄的一种特色。不过每一转慢板之前,几个“过门”,每觉费时太久。若为独唱,则唱者亦有不便耳。

哈昏:即昏场也。

海报子:通衢张贴之戏报子,谓之“海报子”。

喊嗓子:喊开红膜,谓之“喊嗓子”。[附记]嗓子既为唱戏之本钱,则其重要可知。除加以保护外,每日清晨须诣旷野之地,张口高呼,或对城墙林木,放声大喊,吐纳唇咙,收发清浊,以【校按:原文至此,疑此后缺字】。

喝了:甲角胜于乙角也。[附记]文马评《樊城长亭》有言曰:"伍尚虽为伍员之配,然系硬里角色。倘伍员无惊人之处,即为伍尚所喝矣。"

喝皮:敞笑也。

喝油儿:教戏时,学者不刻意研究,随教者之声,而附和之,谓之"喝油儿"。

合弦:歌声与琴音相合,谓之"合弦"。

黑场子:不明戏中场子之真相,谓之"黑场子"。

后场桌:管理小把子、小彩切等物之桌子,谓之"后场桌"。[附记]后场桌向归于旗包箱掌管,凡旗纛伞扇,以及小把子等,无一不备。如令旗、令箭、印匣、元宝、魁星斗、雷公锤、马鞭子、红门旗、灯笼、木枷、手镯、锁链、灵幡儿、哭丧棒、大小板子等亦归后场桌经营。在未开戏时,须将各物一一陈列之。陈列次序:左为元宝,右为印匣,中设魁星斗及令旗、令箭。其余如手镯、锁链、木枷、灵幡儿、哭丧棒等一切刑具、丧具,均挂于两旁,或分藏桌下。唯剧中所用之彩头(即斩人之头),多以太监帽或无翅纱帽,用红旗包好,置于桌上,以布垫盖之,迨剧中用毕即拆散之,不使留存也。

后台:伶工化妆处,谓之"后台"。[附记]后台饰置虽甚繁杂,因有一定规则,故不觉混乱。即以角色而论,各有各之座位,其他可知矣。兹述之于下:

后台与前台仅为一板之隔,其上下场门内之余地,内行谓之"后场"。其高低则与戏台相平,其他各处则较低矣。中间设有祖师爷(即"老郎神"之神位)。又设桌椅各一(内行谓之"账桌"),为后台老板及诸首事人之座位。座上立有中镶骨条之木牌一座,牌高五六寸,宽约一尺余,为写戏目之用者,名曰"戏规"。戏规之前,放有账簿一册。其中所载者,为每日演唱之戏名,以备将来稽查。他如各箱口,以及水锅、彩匣、梳头桌等处,皆有一定程序。而旗包、把子,照例归于后场。司其事者,为四执交场。其他跟包、杂役,则有专司。至于角色座位,亦各有定规。如生行坐二衣箱,旦行坐大衣箱,净行坐盔头箱,末行坐靴包箱(即三衣箱),武行坐把子箱等,唯丑行不分。若夫催戏、打台帘等人座位,则在后场门或旗包箱也。

伶人出入后台时,必先向祖师行鞠躬礼,然后向四周拱揖,名之曰"拜前辈",又谓之"拜四方"。如遇演堂会戏,临时无祖师之神位,必须向大衣箱拱手致敬,因其中设有喜神故也。凡有触犯戏规者,必令鼓吏审讯,伙夫为堂役,而令武行头执刑。各行角色,各推代表,列席参加,以觇其判断是否分允,再定罪律。今此列虽破,然其中规则,仍极严厉,故附述之。

第一条,后台不准跨坐箱口。按:两箱之间名曰"龙口"。伶工以"龙口"之"龙"字,谐为"喉咙"之"咙"字,恐坐龙口而咽喉失润也。

第二条,大衣箱上不准睡觉。

第三条,箱案上不得坐人。(尤以大衣箱为最)

第四条,不准两脚克[磕]箱。

第五条,玉带不得反上。按:若反系玉带则谓为"白虎带"。

第六条,后台不准执旗摇晃。

第七条,韦陀杵不准朝天拿。

第八条,后台各伞不准撑开,亦不准直呼为伞。按:"伞"与"散"字同音,若直呼其名恐有"散班"之患,故讳而不言。以"雨盖"或"开花子"代之。

第九条,加官、财神、喜神诸脸,仰面戴时不准照镜说话。

第十条,戴唐帽与草王盔不得同箱并坐。

第十一条,扮关公神佛角色,须要净身,在后台不得做事。

第十二条,净行不得忝彩条。

第十三条,生行忌落髯口。

第十四条,旦行最忌忝头、掉跷、落裤。

第十五条,旦行扮戏不得赤背。按:旦角扮戏时,虽在盛夏亦不准赤背,因旦角既上妆后,则属于女性,岂可赤背于广众间耶。

第十六条,扮戏时不得丢头去尾,亦不准吸烟。

第十七条,角色未抹彩前,不准试戴网巾髯口及一切盔帽。

第十八条,官工日期不得私自彩唱。

第十九条,未开戏前,所有响器一概不准敲打。

第二十条,未开戏前,九龙口(即台上打鼓者座位)不准他人擅坐。

第二十一条,角色演戏不准回视场面中人。按:角色于演戏时,不得回顾场面,盖回顾则必有不满之意。倘不明其中细理,而随意往后张望,双方必起误会，致生恶感。

第二十二条，后台起坐不准抱膝。按："抱膝"与"报息"二字同音，故忌之也。

第二十三条，后台不准弈棋。按：弈棋一事，有"你先走、我先走"之声，故忌之。恐班中同人先后走散也。

第二十四条，后台刀枪，不准向地乱捣。

第二十五条，前台不准言"更"，后台不准言"梦"。

第二十六条，后台不准拉空弓，亦不准扔彩头。按：后台最忌拉空弓与扔彩头。拉空弓，恐于演剧时有拉矢（解见前）之疵。扔彩头，则更以为不吉利也。

第二十七条，后台不准以口呼哨，亦不准拍掌喝彩。按：北方言语，凡谋事未成，名之曰"吹"。以口呼哨，亦谓之"吹"，故戏班忌之。拍掌喝彩，恐扰乱后台秩序也。

第二十八条，禁止妇女进入后台。

第二十九条，未开戏前，不准上台；开戏后，不准掀帘私窥。

第三十条，凡青龙刀、白虎鞭、火髯、魁星脸、神鬼脸，及一切大式刀枪斧戟，牛金镗、盘龙棍、大小槊、降魔杵、大纛旗、灵官鞭、鬼头刀、雷公锤、雷公钻、彩匣砵笔等件，不得乱动，违者责罚。

第三十一条，如有告假等事，须于未开锣前通知首事人，否则作误场论。

第三十二条，后台诸事，均须以和平去作，一概不准野蛮。

此后台之规则也，其外尚有最犯忌讳者，约二十二条，及后台角色应尽之责任。择要录下：

一、临场推诿。（革除）

二、临时告假。（革除或缓留）

三、在班思班。（永不须用）（按：在班思班者，乃在本班演戏，而思搭演他班之意）

四、在班结党。（责罚不贷）

五、临时误场。（同上）

六、背班逃走。（追回从重惩罚不留）（按：背班逃走，乃当年恶习。因彼时

多为包银班,伶工得薪金后,即杳如黄鹤矣,故立此条以惩之)

七、偷窃物件。(重罚不留)

八、设局赌钱。(责罚)

九、口角斗殴。(责罚)

十、以强压弱。(责罚)

十一、克扣公款。(责罚不须用)

十二、无事串班。(责罚)

十三、歇哑巴工。(同上)(按:"歇哑巴工"者,乃谓告假而歇工之谓也)

十四、扮戏耍笑。(同上)

十五、扮戏懈怠。(同上)

十六、当场开搅。(同上)

十七、错报家门。(同上)(按:"错报家门"者,乃演戏时误报姓名之谓。例如,饰刘璋者而误报之曰刘备,饰赵云者而误报之曰马岱……是也)

十八、台上翻场。(同上)

十九、当场阴人。(同上)

二十、混乱冒场。(同上)

二十一、登台卸场。(同上)(按:"登台卸场"者,即已登台,而卸却戏装之谓也)

二十二、台上笑场。(同上)

又,凡撞闯祖师龛銮驾、供器桌、斗殴拉账(按:拉账者,拉账桌也)、摔牙笏、砸戏圭、捅人名牌、抡箱板等情,查照除责跪外,罚办不贷。

后台角色之责任。

生末行扮加官,净丑行扮财神魁星,武行扮雷公,上下手穿形儿。(按:上手穿龙形、鹤形、猫形、驴形等一切大形,下手穿虎形、狗形、狐形、鼠形等一切小形)九龙口言公(按:九龙口乃指打鼓者而言。言公,言论公事也),生净行言公领班人调查,丑行调查,武行头掌刑,管伙食人掌刑,丑行开笔勾脸(按:未开戏前,须以丑行一人,于鼻上涂少许白粉,净行中人,始能陆续勾脸,相传唐明皇当年曾扮演丑剧,故净行勾脸,必须丑角勾第一笔也),生净行上香开戏。(按:戏

场旧例，每于开戏前，必以生行或净行中人，向祖师爷神位焚香叩首，始能开戏）

荒腔：歌腔与调门不合，谓之“荒腔”。

回了：停演，谓之“回了”。［附记］戏园中每遇大风大雨时，不能演唱，即演唱，亦无人往观，故必须停演。停演时，须派催戏人，往诸伶工家中报告“……老板……回了”。此语即谓某园已停演，无须再去之意也。

会阵：两国或两派相争，彼此初见面，时谓之“会阵”。

魂子：于剧中饰鬼者，谓之“魂子”。

活头：剧中所饰者，如“这出戏您去哪个活头”，即此之谓也。

检场的：管理戏台上一切杂务者，谓之“检场的”。［附记］检场之难甚于演戏，非断轮老手，不能担任。第一须知剧中之场面及节调；第二须眼疾手快，临事周章，不至混乱。否则，必要受角色呵斥。其最难者即为散火彩。以局外人观之，似属易事，然实难于他技也。其法以火纸叠成摺形，夹于中指食指之间，复加一小碗，内盛松香末，冲火而出，能随角色前后上下左右绕场连炽。最难莫属于过梁。过梁乃隔城而撒之者。若用力过大，其燃成之松香末必落于台下；用力太小，则焰火落于演员身上，皆甚危险。又如松香末撒时过多，其火落而不息；过少，则火小而成烟。其难可想见矣。辛未三月初九日，余与老友谢素生、张次溪二君，往访阎君寿春。寿春，内廷老供奉，现为杨伶小楼检场。见吾辈来谈，极所欢迎，乃将撒火彩之法及经历各事，详为口述。谢君曾濡笔记之，文曰，火彩为检场人职务上之一，“检场”本名“走场”，系清代升平署所定之名称，外间不敢沿用，改曰“检场”，居场上最重要之部分。凡场面之种种，无一不当明了熟悉于胸中，不至临场无所措其手足。梨园公益曾是以列之剧通科，火彩所必要，全凭手术。非练习于平素，得心应手，断不能雷雨烈风之历试不迷。脱腕如天花之雨，遍地氤氲，为剧目增加精彩。原其所以发明，盖用以表现各种幻象，做实地之描写，使剧中情况一一明显于当场，又借以助威。又，今演者于光明放出之际，施其逐样身段，不啻有所凭仗，得尽力于欧阳描画，加倍生色。其间亦自具有理由，等于绘水绘声，无处不令人注意，无处不示人用意。可从迹象之中，想象以得其真相。有如神仙鬼怪剧，或变化于顷刻，苍狗白云之幻；或声散步虚，天风吹下；或列御寇之御行，隐现于愁云惨雾中，恍首尾神龙，获从而一见；或雾作蚩尤，迷方待指；或垢吹风伯，朕兆预形；或南山之豹，可窥于一斑【校按：原作“班”，显误，径改】；或道子之变相图成，千奇百怪，纵叶将蝉翳之持，亦烛比群然之朗。凡此非先有以表示，不特生气蓬蓬，蒸来釜上，观者容易忽略过去，而像外环中，莫名其妙，不足以令人拍案惊奇。且于戏中情状，举末田推测而知。又如《艳阳楼》《百凉楼》《博望坡》《火云洞》《赤壁鏖兵》《绝虎岭》《连营寨》《葫芦峪》等，须将火烈具举，表出于狩于田，蛇掣紫金，共苍兕之乎以俱起；始觉兰陵破阵，敕勒【校按：原作“勤”，显误，径改】同歌，超海挟山之势，阊阖欲排。而演角之身手做派得神处与不得神，尽力处否，可就中以作玉尺之评量。演者亦得于此等地方，研究其做工，写出黄庭，求到恰好处。更若焚绵山，闻妖鸟之类，呼而窃，负而逃入。山唯恐不深，入林唯恐不密。宁冥鸿之追逐，不计池鱼之及，百般姿势。与夫神情状态，举可于熊熊环绕间，抽象而得。一门忠烈，遇吉上马，出门以后，回首家园，顿成火窖。而念及高堂，将身碧葬，有难反顾，挥泪而衰，龙东之卒，效命于疆场。等猎火狼山之照眼，一腔忠愤，愈以激发。打棍出箱之煞神，与范仲禹惊心于阴风惨惨，左右谛视，狰狞卓立。于其前，倘不加以装照，则煞神登场，第效作公孙跃马，了无蛱蝶滕王生动之致。一木鸡之养出，饰角亦无凭以显其技，而范仲禹之瞻顾彷徨，纵作势于空中，倍加烘托，究添豪于颊上，未免差池。诸如此类，不胜枚举。足见火彩之与戏剧，相辅而行，隐有其连带之关系。盖演戏所崇尚者声色，而火彩亦色中之一分子也。综厥名词，其刚要如达到之只有其五。如月之晕，环绕成一大圈者，谓之“月亮门”。累如贯珠，接连不绝者，谓【校按：原作“设”，显误，径改】之连珠炮。自下而上，若霞起赤城，散而为绮，仍珠露之下垂者，谓之“倒簪”。自上而下，有向上行，俨麻姑之米掷，大珠小珠之落。又珠帘卷起，共游丝以萦曳者，谓之“托塔”。重城间隔，势蓄建瓴，作杨公之铁星，劈空飞出者，谓之“过梁”。而由此五者，遂形形色色之产生，鱼龙变化，曰“吊云”。状奇峰之拥，重叠手攀，曰“反吊云”。翻身作势，焰断层层，恍笃舞于回翔。若龙腾于飞跃，曰“火塔”。浮屠七级，有似气结楼台，海旁蜃象，曰“抱龙柱”。猿同树绕犊比耕催，曰“盘香道”。飘烟堕月，圆晕螺旋，曰“抛火球”。焰飞脱手，僚丸投掷与团团，曰“满堂红”。繁星朗彻，开来四照之花，列炬堆成，煽类千花之篆，曰“仙人道桥”。凌波若步，流耀含英，珑珑雁齿之拖，拂拂虹腰之越，曰“回头望月”。趁低首而导如泉注，乘转月而带作烟笼，名虽不一，道则一贯。犹琴师之操缦按弦，随手翻弄其花腔，根本仍不能脱霓裳之谱叠。又，吞刀吐火，变幻莫测之黄公，同此万变而不离其宗。抑非仅范围曲成之不遗不过，又有其一定之尺寸。神则烟云之高送，鬼则随其矮足，着地放光，妖则半截。盖神人日月齐辉，盲生卓卓，故冲霄烛汉以象之。鬼为阴气，青磷闪烁等爝火之微明，故低起以形容其出现怪居于神鬼之间，只能作为一半，乃不高不低。为之神传阿堵，其法创始于高腔，递衍于皮黄，和鲁公之衣钵传来，代有名手。年湮代远，已莫共借谈之数。就所见闻，共佼佼铮铮者，只阎寿春一人。王夷甫海内龙门，群相景仰。阎为四川籍，其先世移京，住齐化门外之八里庄。开设阎家店，为往来行旅之休息所。至其祖名德奎者，乃改入戏行，充后台衣箱箱头。父玉山，始任“检场”之职。寿春幼秉趋庭之训，心领神会。当“四喜”“春台”二班鼎鼎之时，均参加其盛。嗣转搭“小丹桂”，又入“喜庆和”。足迹所至，到处欢迎。清西后最喜观火彩，南府中人闻名，招之加入，与小楼同供奉内廷。小楼尤倚之为左右手，有如蛩駏之相依。是时小楼最邀宸眷，深恐扶持之不得其人，必使随同为助。小楼外演，辄携带所信任之人，以免贻误。盔头箱杜青，大衣箱靳荣轩，皆为小楼身畔所至必带之人，阎亦与焉。第一舞台小楼演唱时代，一日排演其拿手戏《安天会》。是戏非有火彩，无以使旌旆飞扬。该园自开幕日被火，禁如寒食。小楼力排众议，破除其例。命寿春至，给洋二元。为之先时预备松香，至昏夜叩人之门户，同水火之求。其事至今犹喷喷于人口。门墙桃李之盛，几多濂洛颉颃，以樊德昌、李子俊为最。子汉卿，改习“场面”。先师事蔡占奎，继私淑于音律家方星樵之门下。荀慧生成班，邀为随手，至今相随不离。“检场”中之以技成名者，当月寿春为一指之可屈。现虽老去，已作退院之僧。然鲁殿之巍存，同辈咸说士之甘也。今津沪等处，已将此项取消。唯平市尚属后星明，告朔饩羊之存在，为数二十四番信风吹到，歌板酒旗，犹有人于鞭丝帽影中，墨洒金壶，效者旧襄阳之录。独此鸿雪之痕，无复有记事珠拈付，与春灯燕子，共屯田杨柳以俱传。举目河山，曷禁沧桑之感。而琵琶亭畔，听到月明，又不觉检点锦囊；而司马青衫之欲湿，如新亭之坐对也。

交代:身段之暗示,谓之“交代”。

角儿:角色之简称,乃串演剧中人之人也。[附记]《梨园原》一书,为梨园前辈黄幡绰先生所撰,成书于清乾嘉年间,其中所述以王大梁《详论角色》一文为最佳,兹录之于下。文曰:“角色者,言其本角之物色也。凡一剧由主而起,一帙之事,在其主终始,故曰‘生’。‘旦’者,乃与寅刻之先,以男扮女,是男非男,似女非女。见时不能分,因其扮装时,在天甫黎明,故曰‘旦’。‘丑’者,即‘醜’字,言其丑陋,匪人所及,撮科打诨,丑态百出,故曰‘丑’。‘净’者,静也,言其闹中取静,静中取闹,故曰‘净’。‘外’者,以外姓人,有尊崇之色也,故曰‘外’。‘老旦’,其所司母姑乳婆,亦应于黎明扮装,老少虽不同,其以男扮女,则一也,故曰‘老’。‘旦末’者,道始末也,先出场,述其家门,言其始末,故曰‘末’。‘小生’,或作主之子侄,或作良朋故旧,或作少年英雄,或作浪荡子弟,故曰‘小生’。‘小旦’,或侍妾,或养女,或娼妓,或不贞之妇,故曰‘小旦’。“贴旦”,即“付旦”也。凡男女角色,既装何等人,即当作何等人自居,喜怒哀乐,离合悲欢,皆须出于己衷,则能使看者触目动情,始为现身说法。可以善惩恶,非取其虚戈,作戏为嬉戏也。”

叫板:未唱之先,凡以喜怒哀乐,或惊扰之声,而引起锣鼓点者,皆谓之“叫板”。[附记]叫板者,即伶工在未唱之先,或哭或笑,或喜怒忧思悲惊等声,而能引起锣鼓者。例如《女起解》苏三在台内之“苦啊”声,即所谓之“叫板”是也。按:此剧本为青衣正工,又因其身在缧绁中,受不白之冤,其苦可知。故“苦啊”之声,当啭啭如游丝断雨,徐徐发出,其锣鼓当随“叫板”之高低,而引申之。俾听者将苏三之苦,一一化于脑中。(下略——原注)(节录《顾曲金针》)中国剧于说白完后,未唱之前,须有“叫板”。其“叫板”之法不同,有时将道白之末一字声音拉长,有时用一字(如呀哎等字),有时一折袖,或一笑,或一种特别举动。音乐组一见一听,便预备奏乐随唱。将唱完时,歌者将末一字音亦拉长。音乐组一听,亦即知将完,便预备停止。按:元朝迄今日,无论何剧,每逢起唱,都有“叫板”。皮黄尤无一定腔谱,故可随时伸缩、更动。所以于歌唱起落之时,更须有一定之表示,然有时此人“叫板”,彼人唱,乃系特别的办法。(见《中国剧之组织》)

接筍:衔接不使间断之谓也。

结攒:戏中交战,一人抵挡数人,谓之"结攒"。

九皇斋:每届九月一日至九日,伶工皆素食,谓之"九皇斋",又谓之"九皇素"。[附记]每年古历九月初一日至初九日,伶界举行九皇圣会于梨园新馆中,朝夕焚香唪经,伶工多素食。其详情已别为文述之,故不赘。

九龙口:戏台上打鼓的座位,谓之"九龙口"。[附记]相传唐明皇善击鼓,用此名称以表示尊重之意。

韭菜:演戏时错乱谓之"韭菜"。

嚼字:念白时字音不清,谓之"嚼字"。

开场戏:简曰"开场",即所演之前三出戏也。

开份儿:发给伶人工资,谓之"开份儿"。

开搅:演剧时起哄,谓之"开搅"。

开锣:开始演戏,谓之"开锣"。

开闸:剧末终场,而坐客分散,谓之"开闸"。"闸",亦作"栅"。

看场子:台上演戏,管事者在后台指挥之,谓之"看场子"。[附记]凡伶工于初演戏时,恐所习场子不甚纯熟,教师必在场上监视,虽是暗中指导,或排演新戏,恐词句排场,亦有不甚熟悉之处,管事人需在后台指挥之,皆谓之"看场子"也。

科班:童伶习艺所,谓之"科班"。[附记]梨园之设科班,专为教练戏剧人才,故童伶之入科班,亦如学生之入学校也。唯科班中之规矩,则较学校为繁。此又不能相提并论。余喜与伶界往还,故于此中事情,略知一二,今请为我同志陈之。夫科班在清代极多,今则寥如晨星。即以北平一隅而言,如庆升平、庆和成等班,成立最早,皆以昆剧为主。继之者,为双庆、双奎、全福、小福胜、小嵩祝、三庆、四喜等班,约在同、光之间。他如小荣椿、福寿、玉成、小和春、得胜奎等班,则较迟矣。小洪奎、长春等班,又其次也。清季则组有喜连成科班,鼎革后,改为富连成。此外,又有正乐社、福清社、斌庆社,多如春笋。至今日,则仅存富连成为硕果矣。按:科班之组织,多由伶工自动发起,招外界股东供给资财。然亦有独自经营,不招外股者,唯甚少耳。在组织之先,须购妥房屋,及一切杂具，再聘请教师，置备戏装。然后，召集幼童而教导之。此不过述其大略。至于幼童入社，谓之"入科"。初时须有人为之介绍，暂留社中数日，审查其才干。如有可学戏之才者，再与其家长订立契约，谓之"写字"。"写字"时须有相当保人，签名画押。所定年限，约七年，其一切衣食，由社中供给。兹将幼童入社时所立之字据格式列下以供参考。其文曰：

关书大发(此四字写于折面)。立关书人○○○，今将○○○，年岁，志愿投于○○○师名下为徒，习梨园生计。言明七年为满，凡于限期内所得银钱，俱归○○○师享受。无故禁止回家，亦不准中途退学。否则，由中保人承管。倘有天灾病疾，各由天命。如遇私逃等情，须两家寻找。年满谢师，但凭天良。空口无凭，立字为证。立关书人：○○○，画押。中保人：○○○，画押。年月日吉立。

学生既入科班，在此限期之内，名曰"作科"。必须坚守班规，并于此时间择其品貌喉音，以定学习门类。或生，或旦，或净，或丑，或文，或武，而教导之。每日喊嗓，吊嗓，翻跌，武打，教歌唱，拉身段，或集众生排演一剧，皆有固定规则，绝无混乱之弊。如学生稍有错误，即加以夏楚，不容分毫也。学生所学之戏，约达十余出，即令彼登台演唱。每日给铜元数枚，谓之"点心钱"。同时取社名中之一字，以名诸生。赴戏园时，一律服用社中衣帽，教师领导之，结队而行，途中不许与人谈话，及一切不正当行为。归时亦然。

学生毕业，谓之"出科"。出科时，须焚香谢师，将入科时所立之字据领回。如照旧在该班演唱，老板即与彼开戏份。多者不过二百余枚，少者数十铜元。如不在本班演唱，亦可留于社中教戏，每日给以相当戏份，以为糊口之资。此乃指出科后尚在社中者而言。其于出科时，即脱离社务。独立以谋生活者，亦不少也。

节录北平富连成社科班训词。

传于我辈门人，诸生须当敬听：自古人生于世，须有一技之能。我辈既务斯业，便当专心用功。以后名扬四海，根据即在年轻。何况尔诸小子，都非蠢笨愚蒙。并且所授功课，又非勉强而行。此刻不务正业，将来老大无成。如听外人煽惑，终究荒废一生。尔等父母兄弟，谁不盼尔成名。况值讲求自立，正是环宇竞争。至于交结朋友，亦在五伦之中。皆因尔等年幼，那知世路难行。交友稍不慎重，狐群狗党相迎。渐渐吃喝嫖赌，以至无恶不生。文的嗓音一坏，武的功夫一扔。彼时若呼朋友，一个也不应声。自己名誉失败，方觉惭愧难容。若到那般时候，后悔也是不成。并有忠言几句，门人务必遵行。说破其中利害，望尔日上蒸蒸。

一　要养身体。

凡是一个人，乃秉天地之气所生，父母身体所养。生下一个人来，就应在世界上做事。何况我们这指身为业的人！什么叫“指身为业”哪？就是自己去谋生计。假如家里有钱，用不着自己。我们既是个男子汉，本应当自食其力。俗语说：“自己的钱吃得香，嚼得脆。”你想，身子若是不强壮，时常病病歪歪，什么事都不能做，那不如同废物一样嘛！就拿我们这梨园行说吧，唱文戏的，身子要是不强壮，嗓子如何能好得了。武行身子不强壮，还能打得了武戏吗？所以自己必须要把身子看得极贵重，千万自己不可毁坏，并且还有许多的事，全仗着身子哪。养家立己，孝敬父母，这都是一个人应做的事。故此，养身体最是要紧的。

一　要遵教训

教训，是师父、先生与父母所告诉的话。小孩子差不多总都是贪玩的心盛。师父、先生所说的话，总都是叫你们不可贪玩，趁着现在年轻，脑力正足的时候，多学点本领要紧。怎么样练得功夫，怎么样可以成名，怎么样可以有饭食，怎么样交朋友，怎么样是好，怎么样是坏，像这样的话，你们小孩子家一定是不喜欢听喽,可知道古人有两句俗语呀,“良药苦口利于病,忠言逆耳利于行”。这两句话怎么讲呢?比如有一个人得了病啦,自然是得吃药喽。药哪有好吃的呀?药虽然是不好吃,吃下就可以治病。有病若是不吃药,如何能好得了呢?这就叫作“良药苦口利于病”。要说“忠言逆耳利于行”这句话呀,可就更说不尽啦。反正我做事要是不对,人家才说我、告诉我,那肯说我、告诉我的,那样的人儿,我就可以拿他当师父看待。可是这样差不多的外人,谁肯说呀?自然是师父、先生与父母。所以师父、先生与父母的话,必须要记在心里,这就叫作遵教训。

一　要学技艺

技艺就是自己本领。我的本领好,自然人人说起,都要夸奖某人某人的本领真好。不论是做哪一行,人家越夸我好,我是越要比人还得好,这叫作精益求精。千万不可人家夸我好,我自己觉着我的本领是真好,某人某人他不如我。你净想不如你的那些人啦,你就没想想比你好的人还多得多呢!你们必须明白,学本领没有个学完的时候,要是说到这儿,可就是得自己用心研究啦。师傅领进门,修行在各人。师父教导我之后,我自己再去用私工夫,渐渐地就习惯成自然了,那才有长进哪!俗语说,“行行出状元”,你们总晓得吧。你们既是入了这一门,就得研究这一门的学问,还有几句用功夫必须遵守,最忌讳的言语,你们门人等,务必要时时刻刻地记着。

最要十则

要分平上去入。要分五方元音。要分尖圆讹嗽。要分唇齿喉音。

要分曲词昆乱。要分微湖两音。要分抑扬顿挫。丹田须要有根。

唱法须要托气。口白必须要沉。

最忌四则

最忌倒音切韵。最忌喷字不真。

最忌慌腔两调。最忌板眼欠劲。

一　要保名誉

一个人的名誉,是最要紧的。名誉好,人人说起来都夸奖他好。名誉不好,人人说起来总都不喜欢他。凡是一个人,为什么叫人家不喜欢呢?这就是不论什么事,自己想着是件好事,然后再做。要不是好事,可就做不得;要是做了,自己的名誉可就坏啦。所以,得保护自己的名誉。

一　戒抛弃光阴

光阴,就是一天一天这日子。凡是一个人,也不过活上万数多天,这算是岁数大的。自落生以来,到十岁以内,自然是小孩子家,好歹全不知道喽。这十年的光阴,一经白费啦,若到二十岁就耽误啦。若再到三四十岁以后呢,简直就算是个无用的人啦。所以,不论做什么事,就在十岁至二十岁这几年的时候;记性也好,脑力也足。因为什么小时候记性好、脑力足哪?就是心里头没有外物所染,学什么都记得住。你们生在十岁里外的时候,要不趁着这年纪练功夫学本领,哎呀,恐怕到了明白得要学本领的时候,再学,可就全不记得了。所以,这几年的时候,很要紧要紧的,千万不可把它抛弃了。

一　戒贪图小利

世界上,贪图小利的人最多。古人有两句俗语,“贪小利受大害”,就是贪小便宜吃大亏。不但银钱叫作“利”,是有便宜的事都叫作“利”。天下的事,那儿有许多的便宜,必有害处,故此便宜不可贪。

一　戒烟、酒、赌博

烟、酒、赌博这三件事,是与人无益的。有志气的男子汉,是决不为的,因为它最容易把人染坏了。先拿喝酒说吧,又容易伤身体,又容易耽误事,又容易得罪人,又容易坏自己名誉。再说吃烟,比喝酒的坏处也不小。要是说赌钱哪,哎呀,你想哪一家的富贵是赢来的,哪一家的子孙是赢来的？所以赌钱这一条道儿,丧德败家极了。

一　戒乱交朋友

交朋友,是最要紧的一件事情啦。你们长大成人,还能不交朋友吗？朋友虽然得交,然而千万不可乱交。未从交这个人,先访访这个人的历史,他是哪行人？他所做的都是什么事？是好是歹？名誉如何？他所交的都是哪等人物的朋友？自己酌量酌量再交。所谓“居必择邻”“交必良友”,就是住街坊须要搭那正人君子的街坊,“交必良友”就是交那正人君子、有用的好朋友。什么叫作“有用的好朋友”哪？就是我做了什么不对的事,他肯说我;我说了什么不对的话,他肯告诉我;我做功课有什么不好的地方,他肯教导我,那就是与自己贴近的人。像这样有恩于我的朋友,必须要报答他。要糊涂人一想,怎么某人他净说我呀,我是实在的不愿意听;慢慢地可就拿他当作不知心的外人啦,不免就要疏远他。把这样的人一疏远哪,自然就没人拘管着我啦。日久天长,那奉承我的人可就来了。当时自己哪儿知道他是有心奉承我啦,这一奉承我啊,就不免有心要盘算我,处处地奉承我,处处地捧我,不论做了什么不对的事,他都捧着说我做得对;不论说了什么不对的话,他都说我说得对。应该这么【校按:原作“们”,误】说,所谓【校按:原作“为”,误】甜言蜜语,哄死人不偿命,短刀药,对蜜饯砒霜。要是把这样人当作自己贴近的人,那可就糟啦。所以,交朋友若看不出是好人歹人,有个脑袋就拿他当心腹人,倒把那真正好人扔在一边,将来一定受害不小。我若是受过什么样子的害处,千万可别忘了我是怎么受的,以后若要再遇见这样的事,就可以比较出这是件好事还是件坏事来啦。所以俗语说:“有恩者需当报,受害者不可交。”交朋友能够不慎重吗！

以上八条,乃为人处世之利害,关系至重。且要知世态炎凉,前四条是要必须学他,后四条是千万不可学他。今时详细列出,望尔诸生等,均各自遵守。

（下略——原注）

客串：局外人进戏班演戏，谓之“客串”。

肯台栏杆：极力要好，与正角相抗，谓之“肯台栏杆”。

口面：角色所戴之髯口，又名“口面”。

盔头箱：盛盔帽之木箱也。［附记］凡剧中所需用之盔巾冠帽、玉带、翎尾、羽扇、蓬头、鬓发、髯口、增容网子、水纱、牛角钻、懒梳妆等皆属于盔头箱者。

拉矢：筋疲力尽，势难终场，谓之“拉矢”。

里子：配角之优秀者，谓之“里了”。

脸子：剧中所戴之假面具，统谓之“脸子”。

亮台：此戏演完彼戏尚未上场，谓之“亮台”。

亮像：剧中人交战，忽然停住各向台口作一全神贯注之表情，谓之“亮像”。

溜嗓子：未唱以前，喊“咿”“咂”“呜”等声，谓之“溜嗓子”。

六场通透：各种乐器，无所不能，谓之“六场通透”。［附记］“六场通透”，系指场面而言。所谓“六场”者，乃胡琴、南弦、月琴、单皮、大锣、小锣等乐器是也。“通透”者，即无所不能之意。

马场：场子多，而剪断之，谓之“马场”。

马词：原词多，而剪断唱之，谓之“马词”。

马后：时间太早，而将剧目延长，谓之“马后”。［附记］与“马前”适成一反比例，即延长与不忙之意。如应上场之角，尚未扮好，授意场上之角，使之延长，即可告其“马后”。又，某角正扮戏，而场上所演之戏，时间尚长，告其无须赶扮，亦可告其曰“马后”。

马前：时间局促，而将剧目剪短，谓之“马前”。［附记］“马前”，即提前之意也。如一戏尚有数场未演，因时匆促，或减词，或减场，均谓之“马前”。又，场上所演之角已将下场，而应上场之角，尚未扮齐，催其快扮，亦可告其曰“马前”。

马去了：取消当场所唱之词、所做之事，谓之“马去了”。

马趟子：骑马时做出各种身段，统名之曰“马趟子”。

满堂：戏园座位卖满，谓之“满堂”。

漫头：打两个回合也。

冒场：不应上场时，而误上之，谓之“冒场”。

冒调：歌声逾原定调门，谓之“冒调”。

冒上：“冒”音“卯”，即角色演戏时格外用力之谓。

冒仙鹤：嗓音突高，谓之“冒仙鹤”。

门签儿：戏园门前所贴之戏报子，谓之“门签儿”。

明场：表演于外者，谓之“明场”。

抹彩：以脂粉涂面，谓之“抹彩”。

拿桥：自高身价，临时与人为难，谓之“拿桥”。

内场：戏场以桌为界限，桌内谓之“内场”。

内哄：谓后台呼喊之声也。

脑后音：丹田音兼鼻音，谓之“脑后音”。

脑门儿钱：傍角人所得工资，名曰“脑门儿钱”。[附记]“脑门钱”者，即名角之管事、场面、跟包、梳头等人之工资也。故名角在未演戏之先，须与彼等预备，且不许欠，亦不可打厘。按：“脑门儿”者，早年无此名称，缘名角多不带管事场面……大都用官中者。而跟包一项，为例已久。故于开份之时，令出一项跟包钱，多不过四百文。因此款【校按：原作“欵”，疑为“款”字之误】无处可记，只好写于角色名上，谓之“脑门儿”。闻庚子后玉成班，尚无此名称，如今则视为定例矣。且随名角之戏份而增减，自数元至数十元不等，是可为组班者一层障碍也。

念白：述戏中之语，谓之“念白”。

爬字调：歌腔最低，谓之“爬字调”。

排戏：试演新排之戏，谓之“排戏”。[附记]《齐东野语》：“一时伶官乐师，皆梨园国工也。吹弹舞拍，各有纵之者，号为‘部头’。每与节序生辰，则旬日外依月律按试，名曰‘小排当’。”观此，戏剧中之“排”字，由来久矣。

刨了：甲伶打诨，乙伶先为道破者，谓之“刨了”。[附记]后台之“刨”字，有许多分别，如“刨戏”“刨扮相”等是。“刨戏”者何？即此伶欲演之戏，为彼伶所先演。“刨场子”者何？即两剧相同之场子，在一日演唱也。“刨扮相”之意，与“刨场”略同。如《取金陵》中的凤乡公主，与《虹霓关》中的东方夫人，其扮相皆为素衣银；如在一戏园中，同一日演之，即谓之“刨扮相”。按：此恶习早年戏班为最忌，且无敢违者，重戏德也。近来此规打破，伶工又多唯利是图，所谓“刨戏”，所谓“刨场子”，所谓“刨扮相”，皆不重矣。

跑手下的：即龙套也。[附记]龙套即剧中之兵卒侍卫，因手执镖旗，又谓之“大旗儿的”。向无专工，多为诸伶工轮流扮演。如甲伶演正工剧时，乙伶等则饰其中龙套，以为之配。乙伶演唱时，亦然，且头家（即龙套居首者）多为老旦角扮演。因关于老旦之戏甚少，休息时多，遂令彼居首位，导领大众。其意谓无戏可唱，扮龙套须重要也。规矩之严，可想见矣。今则反乎此。设令叔岩将演必《定军山》之黄忠，即命渠饰其他剧中之龙套，叔岩必不愿为。他人亦莫不如是也。因种种碍难关系，遂设龙套一行。一戏班中约用八人（外江则有用十六人者），名之曰“流行”，盖本诸当年轮流扮演之遗意也。

喷白：念白时用力所发出之字音，不飘不倒，谓之“喷白”。

碰了：唱念做打，偶有冲突处，皆谓之“碰了”。

碰头报：预告戏目之报单，谓之“碰头报”。

碰头好：伶工于初上台时，所得之欢迎声，谓之“碰头好”。

飘字：咬字不准，谓之“飘（辟雅切）字”。

贫腔：任意使腔，不守成规，谓之“贫腔”。

破台：戏台初建设时，于开锣之第一日，须跳神跳鬼，谓之“破台”。[附记]梨园旧例，凡新建设之戏台，于初次演戏时，须请高腔班伶工“破台”，然后始能演戏，否则日后必出凶险之事。据家父云，前清时有名伶胜三者，乃高腔班之多才多艺人。凡内廷有“破台”事，辄以白银六十两，招渠承应，其名益大著。梨园中人，多尊称“胜三爷”。按：“破台”时，多在夜午，女加官先上台跳舞，状极凄惨。令人观之，毛发悚立。女加官跳毕，上跳五鬼，衣黑衣，戴黑帽，须发双垂，面涂黑黄色，右手持杈，加以唐鼓微击，小锣数点。较女加官跳时，愈为凄惨，观者无不凛然。五鬼跳完，口念破台咒，杀雄鸡数头，使鲜血滴【校按：原作“摘”，显误，径改】于台上。复择一鸡，以手断其首，与“破台”符箓，合钉于台之正中。钉裹以五彩绸条，遮蔽鸡首，亦能使外人不易见为妙。余鸡则放一罐内，并用苹果一枚，塞于罐口，用红布蒙其上，藏在天井上。此时五鬼各燃鞭炮，并撒五谷杂粮，遂下。此破台之典礼也。又云，当鸡入罐时，如将人之八字，同放其中，其人三日内必死。亦姑妄言之，姑妄信之而已。

起霸：剧中主帅未上，而众将陆续上场，并做各样姿势，谓之"起霸"。又曰"起梗"。

起打：戏中初交战时，谓之"起打"。

起翻儿：未起抢背或吊毛……以前，做脚跟着劲，纵身曲项之姿势，谓之"起翻儿"。（"翻"字读去声）

起锣鼓：剧中锣鼓齐鸣，谓之"起锣鼓"。

起堂：大轴尚未演完，而观剧者相继散去，谓之"起堂"。

前顾眼：出言不逊，谓之"前顾眼"。

前啦：戏谑谓之"前啦"。[附记]后台伶人多好诙谐，因诙谐能联合同人感情。如不愿诙谐者，而与之诙谐，即谓之"前啦"。

前台：戏台之前谓之"前台"。[附记]戏台之前，名曰"前台"，戏台之后名曰"后台"。后台为伶人化妆处，事极烦琐，当别述之。前台系属于营业方面，设有楼台，故地积较后台宽大。凡对戏台正中接近者，谓之"池子"，稍远者谓之"正厅"，两旁者谓之"廊子"，与上下场门相近者，谓之"小池子"。楼上约分楼座、官座、包厢、倒观等名称，皆为观戏座位。不过，有优劣之分。此仅[就]旧式戏园之观剧地位而言，其他附属戏园之房屋，如柜房、票房、茶房、衣包房、戏报房、厨房等，司其事者，皆各有专人。而总理诸事者，名曰"前台老板"。

乾坎儿：临时辍演，谓之"乾坎儿"。

枪花：特大枪而舞其姿势，谓之"枪花"。

腔：歌喉婉转，谓之"腔"。

抢场：临时扮演，谓之"抢场"。

跷辙：不合辙，谓之"跷辙"。

切末：戏中之布景，及各种模型，谓之"切末"。[附记]花笑楼主云，焦氏循《易余签录》卷十七曰："《辍耕录》有诸杂砌之目，不知所谓。"按：元曲《杀狗劝夫》，只从取"切末"上，谓所埋之死狗也。《货郎旦》，外旦所"切末"，付净科，谓金银财宝也。《梧桐雨》正末引宫娥挑灯拿"砌末"上，谓七夕乞巧筵，所设物也。《陈抟高卧》,外扮使臣,引卒子捧“砌末”上,谓诏书纁帛也。《冤家债主》,和尚交“砌末”科,谓银也。《误入桃源》,正末扮刘晨,外砌阮肇,代“砌末”上,谓行李包裹或采药器具也。又净扮刘德,引沙三王留等“砌末”上,谓春社中洋酒纸钱之属也。按焦氏以“砌末”强合杂砌,固未确切,然谓演剧时所用物,谓之“砌末”,则殊精审。今剧场独有新采新切之语,新采谓灯彩切,即砌之省文,谓杂物也。今剧界亦有“切末”之言,然鲜知其在元剧已然矣。齐如山云,中国剧之规矩,处处都重在抽象,最忌逼真,尤不许真物上台,布景更无论矣。即间有之,亦不过丑角穿插科诨,至庄重角,决不许用之。台上所有物件均有特别规定,或将原物变通形式,或将原事设法用一二物件,以代表之,即名曰“切末”或书“砌末”(中略——原注)。明以来“切末”之制法渐有成规,如以鞭为马,以旗为车,以桨为船,以红门旗包纱帽胎为人头,以彩裤包笤帚插入靴中为腿带,杆门旗一卷便为包裹等等,皆是。百余年“切末”二字,又有广义、狭义之分。广义者,乃包含古来箱中所备之物件,即如上所述者是。狭义者,乃戏箱中不为预备,所有各件,均各角自备之物,或临时租借之品。兹略举如下:如向以红毡帽一卷便为肉,如今黄一刀则专有肉形之“切末”矣;向以虎头裹以门旗,置于水桶口便为狮形,如今举鼎则专有纸制狮形矣。再如挑滑车之大枪,《八大锤》之八对锤,亦皆系角色自备,或临时租借之品。至《碰碑》之碑,《御碑亭》之亭,《水帘洞》之洞,《金山寺》之山,等等,亦系临时租借来者,皆本班所未有。以上所举不过数种,但类此者,后台方呼之曰“切末”。管此者另有一行,向不归箱中人员所辖也。但新式布景,又当别论。又从来剧中举动,皆为舞意。骑马有骑马式之舞,乘轿有乘轿式之舞,以及乘车、乘船、登山、涉水等,皆有专式之舞。有以上种种原因,则尤不能用真物上台矣。

怯场:怕同名角配戏,谓之“怯场”。

怯口:念白不脱土音,谓之“怯口”。

群曲子:大众合唱之曲子,谓之“群曲子”。

绕场:演剧时角色于台上绕走一周,谓之“绕场”。

入调:歌唱时与所定调门相同,谓之“入调”。

撒手锏:谓拿手戏也。

洒狗血：特别要好，不顾戏情，谓之“洒狗血”。[附记]做工过火，故意讨好者，谓之“洒狗血”。“洒狗血”三字，对于伶人，虽不好听，但名角借此博观众欢迎者，不在少数。盖观剧人非尽懂行，若演剧全脱火气，不洒狗血，而一般不懂戏人必谓之“戏温”。演剧之折中法，最好“羊行两拿”。倘尽拿羊不重行，与“洒狗血”有何分别。如《群英会·借箭》，鲁肃闻船开进曹营，作惊恐状，低可轻描淡写，不得过事哆嗦，致将鲁大夫身份做失。否则特别要好，不顾戏情，即“洒狗血”是也。（见《侠公菊话》）

三见面：剧中二人同战一人，谓之“三见面”。

三条腿：唱时犯“荒腔”“一顺边”等疵，谓之“三条腿”。

杀黄：忘词时，用之以代戏词者。[附记]梨园术语，均有所本，如临唱一时忘词，不准随意编造，得用杀（音近沙，旦角音近筛【原注】）黄代之。“杀”，即京语“拾没”也。（字典不知而问曰“拾没”，俗做“什么”，又做“甚么”。“拾没”亦作“某”字解如有确定之“某某”曰，“拾没拾没”）平东人不知而问曰，“杀”【阳平——原注】？“杀”，即“拾没”转意也。鄂人亦曰“杀”，音与平东相近。豫人则曰“杀”（音近“萨”【原注】）。“黄”（轻读语助词【原注】），苏人曰“啥”。按：字书无“啥”字，疑即《孟子·许行》章之“舍”字义，意义可通。皮黄白依中州韵，故习用河南土语。又“某”古作○【原文如此】，临文偶忘暂以○○【原文如此】代，亦犹临场偶忘得用○○【原文如此】代，故为规律所准许也。（“杀黄”有音无字，因有“杀青”成语，故以此代之【原注】）。又，金属乐器，低弱者曰“杀音”。“杀”音“晒”，本声非韵。《礼·乐记注》：减而不隆也。与“杀伐”之“杀”，音义回别。今误读本义，更讹作“沙”音。（见《洁厂戏话》）

上场白：剧中人初上台时所念之语，谓之“上场白”。

上场门：剧中人出台时所走之门，谓之“上场门”。

上馆子：伶工到戏园演戏，谓之“上馆子”。

上口字：如普通所念之某音，一入剧中念之则另为一音节，谓之“上口字”也。[附记]上口字为剧中所必须用者，如丞相之丞字，上口时则念为沉字；大哥之哥，上口时则念为锅字，不如此念则为“白披儿”矣。

上下手：武戏中之亲手也。[附记]《戏学汇考》戏学编第六章武行部第一节武行之类别载云:(上略——原注)“上下手乃武戏中之亲手,如《拿高登》之众教师,《巴骆和》之巴氏弟兄皆是,其艺不过须出场之翻跌,帮串之转法,鼓荡之地位,于连环中之武打而已,其余唱念做等,均非所能且无过问之必要,故伶界称之为‘翻筋斗的’。”(下略——原注)

生末行扮加官,净丑行扮财神魁星,武行扮雷公,上下手穿形儿。(按:上手穿龙形、鹤形、猫形、驴形等一切大形,下手穿虎形、狗形、狐形、鼠形等一切小形)九龙口言公(按:九龙口乃指打鼓者而言。言公,言论公事也),生净行言公,领班人调查,丑行调查,武行头掌刑,管伙食人掌刑,丑行开笔勾脸(按:未开戏前,须以丑行一人,于鼻上涂少许白粉,净行中人,始能陆续勾脸,相传唐明皇当年曾扮演丑剧,故净行勾脸,必须丑角勾第一笔也),生净行上香开戏。(按:戏场旧例,每于开戏前,必以生行或净行中人,向祖师爷神位焚香叩首,始能开戏)

使腔:歌声延长,抑扬可听,谓之“使腔”。

手操:剧中人以手争斗之姿势也。

梳头桌:旦角梳妆处。

耍下场:剧中角色战胜时,以所持之兵器,作盘旋舞式,谓之“耍下场”。

耍阴:奸刁狡猾谓之“耍阴”。

摔打杂来:率打击零碎角色,无不兼全之谓也。

双进门:龙套左右并进,谓之“双进门”。

水词:各戏皆能通用之曲词,谓之“水词”。

说戏:即教戏也。[附记]谚曰:“有状元徒弟,无状元师傅。”此语诚然。师傅若有状元资格,绝无暇教授学生。所以,早年教书之人,多为前清举人或秀才出身。戏班又何尝不然!故教戏者,多为后台之硬里子、戏包袱等。演戏时虽无惊人之处,教戏可称专门。吴凌仙当年在四喜班跑宫丫鬟,如今名伶梅兰芳,亦尝受教于彼也。吴连奎为二路老生,居然有弟子如余叔岩者。即此可见,“师傅领进门,修行在各人”。无论读书唱戏,皆为一理。开蒙时所学,不过普通戏耳。能领会个中意义,则不难出人头地。谚曰:“欲学惊人艺,须下苦功夫。”若仅凭师傅指导,自己不加研究,未必能享大名。故教戏之人,始能间接享受利益。如已故之姚增禄、唐玉喜、王福寿、贾丽川、刘景然、朱天祥,及健在之范福泰、鲍吉祥……皆为教戏老手,门墙桃李成行,名亦大著矣。

四执交场:乃指后台各箱口,及交作检场者而言也。[附记]“四执交场”之意义,详释于下:四执之意义为何?即大衣、二衣、盔头、旗把等箱之谓也。主其事者,名曰“箱官”,又曰“管箱的”。“交”之意义为何?乃交做伙计也。如彩匣子、水锅、催戏、打台帘、扛“切末”等项(解详后——原注),皆在其内。“场”之意义为何?即检场者也。此皆后台重要人员,缺其一不可也。

嵩生云:“剧界人物,无论有多大本领与高尚的艺术,第一最讲究有戏德。对于同班各角,必要同心协力,屈己从人。后进人才,更应竭诚照拂,热心提掖。上场应演之戏,亦须格外尽职。别人有错,要力为遮掩。一则念在同业,二则演唱齐整,大家乃有光彩。故一般老伶工,受过前辈训诫者,无不本乎此旨。配角从不过于讨好,决不当场抖漏子,予正角以难堪。”已故唱花脸的李永泉(即“溜子”),与老生李顺亭(即“大李五”)在配角中,原是上中人物,唯性情孤僻万分,每以老前辈自居,不把别人放在心上,毫无戏德之可言。畴昔二人同搭某班,被其所扰者甚多。对于二李动辄留神,莫不啧有烦言,班主亦甚厌之。适旧历年终,照例封箱后祈神,新正若仍令某角蝉联,必由班主具帖,约请与祭。倘不见帖,即与解约,无异是年某班封台后,未与二李下帖,“溜子”找向“大李五”计议,谓非如此这般,不能报复,及届祭神之期,二李居然执香前往,先在神座前礼拜后,亦照常入座宴会,谈笑自如,一若被聘请者然。某班主与管事人等,虽知其系厚颜前来,又不便面阻质问。只得照例敷衍道:“请二位正月初一日,早到馆子。”二李欣然允诺,宴罢各散。次年元日,二李较他角到园甚早,当命二李合演《风云会》,戏码排在正第三。“大李五”与“溜子”扮演登场,至赵匡胤与呼延赞对鞭锏时,二人忽作斗鸡式,满台乱跳,神情怪异,合园大哗。管事人立唤之下。班主愤极,质问二李是何居心,“溜子”与“大李五”大笑道:“年前祭神,未接贵班之帖,今天白帮半出戏的忙,已是朋友之道,老板何必着急呢?”言罢,得意而去。“溜子”后竟无班可搭,潦倒而死。“大李五”幸能改过,尚能自存,十年前死于汉口。

塔灰钱:“堂会钱”之变音也。[附记]往者演堂会戏,蝉联不绝,偶遇名角,必要搭钱,作为单赏,徽班谓之“塔灰钱”。按:“塔灰”二字,乃“堂会”之变音。

"塔灰",即"堂会钱"也。其法以长桌一个,上放铜钱若干串,置于前台,以二人司其事。有谓"搭钱"者,即自前台往后台搭之。搭钱之多寡,则按角色之优劣为定。后因铜钱体重,改为木质。又因木质粗笨,即改用封【校按:原作"对",显误,径改】条(即一纸条上写款项数目,放于红色封内,用一铜盘承之),由茶役在前台唤红人(身服红衣,头戴青软罗帽,为后台领赏者),至前台取之。红人领封后,即向台下叩头而下。戏止后,由后台首事人将封内之对条取出,照上所写之款【校按:原作"欵",疑为"款"字之误】数,持往账房索取,然后表分同业耳。

踏白虎:走错场门,谓之"踏白虎"。

台风:伶工扮演剧中人,俨如当时气象,谓之有"台风"。

台口:戏台之前,谓之"台口"。

题纲:剧中要目列表写出,挂于后台上场门旁,谓之"题纲"。[附记]凡新编之戏,其中情节必然复杂,虽熟排者,演唱时亦恐有所遗忘。故必须将剧中某场应上某角,某角为何人扮演,以及文武场面所应吹打之排子点子,与武行起打时所打之把子,为何名称,或用某一套子……均须一一列表写出,挂于后台上场门旁。管事人与演角,俾随时观览,庶不致遗误也。

挺头:不应颠(音"忝")盔而颠之,谓之"挺头"。

通大路:普通,谓之"通大路"。[附记]钱唐吴洁厂先生曰,英秀的琼林宴,不足会吊毛。完事,即其甩发,亦大不易学。又,见煞神时,跷右足后退,叔岩效之。谭云:"我右腿有病,不得已如此,汝奈何效之?我的功夫并不在此,何必向不'通大路'上找。"

投袖:谓拂袖也。

脱节:与"亮台"同。

挖门:角色左右调边之走法也。

挖四门:角色随唱随行,谓之"挖四门"。

外场:桌外谓之"外场"。

外串:堂会戏。除原定某班之全体角色外,特约他角串演,谓之"外串"。

望门儿:面向下场门歌唱者,谓之"望门儿"。

文场向以横竖为正工,胡琴则其余事。今虽有傍角一说,亦不能认为"场面”之正业。然官中“场面”，虽无傍角，然必认其为正业。何也？盖官中“场面”，文者能吹拉弹打，武者能锣鼓铙【校按：原作“饶”，显误，径改】钹，傍角“场面”则反乎此。司琴弦者，仅能司琴弦；击锣鼓者，只能击锣鼓。其余乐器，则非所能矣。按：此等“场面”，充任一生，亦是掣肘，故内行多呼其为“半边人”。或谓傍角进款多，能拉不会吹，并无关紧要。恰巧戏中有段小吹，操琴者不会，另请吹者，未免不值。若约别位“场面”代吹，则要此傍角何用？即此一端，则知能拉不会吹者，或不为“场面”之正业也欤。

文武场面，皆得有互助之道。亦有定规，即以水钹堂鼓而言，应归武场击之；而水钹，则归弹月琴者击之。堂鼓，则归司三弦者击之。至于齐钹，而无专人司之，或云操琴司弦者，亦兼击之也。

无准稿子：无一定之词句也。[附记]张缪子云：“戏界各行角色，皆有一定之脚本。如老生、小生、青衣、老旦、铜锤，无有不可靠本子，以为根据。独玩笑旦与小花脸并‘无准稿’。盖此两行角色全用京白，而上场可以随意增减，随意变通。故玩笑旦与小花脸之戏，皆无脚本，单凭口传而已。”

武场最重者，为单皮，各种场子、曲牌、入头，皆须深知。但打鼓之好手日见零落，若已故之沈宝钧、侯双印、白如意、郝春年、刘家福、李玉衡等人，对于昆乱诸戏，皆有根底。且闭目击之，亦不能混乱应击何种点子，则新手如一。非今之初学者，未明鼓板之击法，即敢高座司鼓。应打三腔，即打半截《水底鱼》，不应起叫头，而强起之。或遇老牌子、老点子，不甚熟习，冒然以他种牌子点子代之。诸如此类，蒙混外行，日后老牌子、老点子失传，端由此辈作俑矣。

武行头：武行中之首领也。

误场：应上场而误时之谓也。

喜份：元旦日，戏园中所开之戏份也。[附记]每届古历正月初一日，伶工演戏，照例不开戏份，仅以铜元数枚，用红纸包之，付诸伶工，谓之“喜份”。诸伶工复以红绳裹之，供于佛堂前，以表元旦日所得之钱，借取吉祥。

戏包袱：配角能戏多者，谓之“戏包袱”。[附记]伶界有所谓“戏包袱”者，言无所不能，若衣包然。生旦净末丑之装，全可收储，故以“包袱”名，言随取皆是也。此等角唱不出色，而伶界亦颇重之。每一班中，必不可少，盖拾遗补阙；

若医门败鼓之兼收，文字传声作野寺闲钟之待叩。先辈之仪型在目，虽不能效而能言，戏场之词句填胸，虽不能歌而可风，大都日为不厌，屡出不羞。其人或本名伶，或原杂外，非废于病，即限于天，穷老可怜，令其饮啜于此，为诸伶作导作配，亦梨园养老之不可无者也。（见《梨园佳话》）

戏德：演戏时存有道德观念者，谓之有“戏德”。反乎是，则曰“无戏德”。［附记］已故名净李连仲，为人忠厚，生平最重戏德。杨小楼演《冀州城》时，杨阜一角原系方洪顺扮演，因其唱作远不如连仲，管事人乃商之于彼，令其扮演。李答云：“此戏非余本工，未尝学此，实不敢应也。”盖是时方伶所得戏份，不过十六吊，与杨小楼配演《冀州城》之杨阜时，始增至三十二吊。故此连仲不忍多占其戏，恐其戏份减少，盖重戏德也。

戏混混：外行人混入梨园，以谋生活者，谓“戏混混”。

戏肩膀儿：角色之暗示也。［附记］伶工演戏，对于同场角色，及文武场面，皆须互相协助。遇接笋处，则以肩膀表示。所谓“膀肩”者，即角色之暗示也。如欲起叫头，非投袖即抖髯；如袖瘦而无髯，则须拉云手。如唱完时，必以二指捏之，或将所歌之末句延长。举一反三，皆谓之戏肩膀也。故梨园有内外行之分，内行深知一切肩膀，外行则多不了然。若不了然，则演戏时易感困难矣。

戏码儿：以伶工技艺之优劣，预定演戏时之次序，谓之“戏码儿”。

下场白：剧中人临下台所念之语，谓之“下场白”。

下场门：剧中人入台时所走之门也。

下啦：角色被班主辞退，谓之“下啦”。

象牙饭桶：貌美而无本领者，谓之“象牙饭桶”。

小边儿：即上场门也。

小吹打：短段之音乐，谓之“小吹打”。

小老斗：讥童伶，或甫能登台者之语也。

小钱：极少之钱也。

笑场：伶工演戏时，与戏中情节不应笑而笑，谓之“笑场”。

斜胡同：龙套及手下等斜排而立，谓之“斜胡同”，又曰“斜一字”。

卸脸：戏演毕时，将面上彩色洗掉，谓之“卸脸”。［附记］净角勾脸时，所用颜色，多加桐油，故卸脸时，须用草纸蘸香油往面上擦之，始能擦落。唯擦脸时，须由上往下，若反擦之，颜色必入毛孔内，痛不可忍。

行头：剧中所穿之衣服，谓之“行头”。[附记]齐如山曰：“中国戏剧之衣服，名曰‘行头’。其规定异常简约，乃斟酌唐宋元明数朝衣服之样式而成者。故剧中无论何等人穿何种衣服，均有特别规定，不分朝代，不分地域，不分时令，均照此穿之。如文官朝会大礼时，则穿蟒，平时治公会客则穿帔。燕居时，则穿褶子。武官点兵阅操，则穿靠。有大典礼时，亦加穿蟒。平时治公，则穿开氅。宴私随便之时，亦穿褶子。武士，则穿打衣裤袄。”按：剧中行头名目尚夥。然最要者，大致不外以上数种。唯其颜色则定律颇严，所谓“十蟒十靠”“正五色”“间五色”。红、绿、黄、白、黑，正五色也。紫、粉、蓝、湖、绛，间五色也。如正真人穿红色，有德人穿绿色，皇帝穿黄色，粗莽人穿黑色，少年人穿白色。其余间色，则为便服，又有杏黄色、香黄色二种，则老旧功臣及王公等穿之。女子所穿，除蟒帔褶子外，只多宫衣一件，及下身多系一件裙子耳。故“行头”一项，乍看似种类极多，其实原则上极简约。其余各种虽名目不少，然大致皆由此数种变化而出。虽名目花样稍有不同，实质殊无大分别也。

行戏：约演日戏，谓之“行戏”。[附记]五行八作于祭神宴会时，欲求热闹，而图省钱，必预先约请科班童伶演唱日戏，此即谓之“行戏”也。

形儿：剧中之假禽兽也。[附记]剧中最忌以真物上台，今虽破例，而飞禽走兽等，仍摹其形以求毕肖，故剧中凡有禽兽者，多扮一形儿上场也。形儿制法，其首多用硬纸，仿诸野兽之首，加以颜色。样式与市井小儿游戏中，所戴之“大秃和尚渡柳翠”等假面具略同。唯其下则连系以布袋，作为下身，四足具备，如剧中需用时，以一人套入其中，爬而行之，与真兽无异。吾每往后台参观，即听有“……扮一形儿去”之语，即此物也。

绣花枕头：与“象牙饭桶”同。

靴包箱：即三衣箱也。[附记]凡剧中所需用之胖袄、水衣垫片、青袍、卒挂、女跷龙套等，皆属于靴包箱者。

压轴子：末一出戏的前一出，谓之“压轴子”。

羊毛：讥外行之语也。

养众:维持配角场面……等人之生活,谓之“养众”。[附记]戏班每日所进之款【校按:原作“欵”,疑为“款”字之误】,除零碎开销外,即须开发配角及文武场众人之戏份。至于名角戏份,则俟众人戏份开销后,再就余款多少,为之分发。此即“养众”之意也。

咬字:念白清楚,谓之“咬字”。

要菜:不知自量,谓之“要菜”。[附记]吾人在饭馆要菜,为最乐事。今梨园则以“要菜”一语,喻不应为者而为之,谓之“要菜”。如寻常伶人演剧时,效名角所为,令人在场上与彼预备茶水手巾,与各种杂品,或唱时自添花样,皆谓之“要菜”也。

一把死唱:歌腔呆板,毫无韵味,谓之“一把死唱”。

一冲头:戏园中,自开锣至终场所演,皆为文戏。而不演武戏者,谓之“一冲头”。

一棵菜:锣鼓把子无丝毫错乱,谓之“一棵菜”。[附记]凡击锣鼓者,其点子须与剧中当时情节及角色之身段相合,打武把子者本为二人,而极齐整,如一棵菜然,故曰“一棵菜”。

一顺边:唱时不分上下句,所落之腔亦与前同,故名“一顺边”。

引子:初上台所念之韵词,谓之“引子”。[附记]角色上场最初开口者为“引子”,“引子”即引起来之意。念时亦有工尺,唯只干念不用音乐,且不打板。按:“引子”之来源,系因中国文字,最忌张嘴便说本题,编剧填词亦用此理,所以戏剧之“引子”或总言全部,事迹之大意,或本人身世情性之大概,或本出之大旨,然总是虚空笼罩,赅括言之,最忌着痕迹。“引子”之最普通者,系两句。有四句者名曰“大引子”。但昆曲则不然,各调有各调之“引子”;有两句者,有三四句者,有十余句者。于是将“引子”又分了许多名称,不必细论。但无论多少句,果系“引子”,则督是散板,乃与现在皮黄“引子”稍同之点。至元人杂剧,则概不用“引子”云。(见《中国剧之组织》)

饮场:在台上饮水,谓之“饮场”。[附记]角色在台上喝茶,内行话叫“饮场”。从前的“饮场”,无论哪一出戏,都有一定的地方,于观客不理会的时候,偷饮一口,所以要用袖遮掩,这是恐怕台下知道的意思。如今好角“饮场”,壶杯都是非常之讲究。甚至有买西洋暖壶,使下人挎【校按:原作“跨”,显误,径改】在身旁,立于台前,以壮声势的。从前绝没有这个规矩。(节录《中国剧之变迁》)

玉柱:盔箱架上之木柱也。

元场:在台上绕走一圈,谓之“元场”。[附记]元场有大小之别,如发兵时龙套等走一大圈,谓之“大元场”,如《起霸》勒絛子毕,自走一周,谓之“小元场”。

云童:戏中手持云片之童儿,谓之“云童”。[附记]剧中神仙于上场时,多用龙套扮四云童,手持云片在前引路,即以云片表示仙人行动之云雾也。

云遮月:嗓音佳者,谓之“云遮月”。[附记]喉之佳者,名“云遮月”,以月初被云遮则光暗淡,既而云敛,则皓光皎皎。此种嗓音,初唱似甚不佳,声或若裂,喉若有痰,愈唱愈高,声音具美。(节录学戏百法)【校按:取“闭月羞花”之意也】

晕场:在场上头目发晕,谓之“晕场”。

砸了:演剧时,或唱白或身段,屡次错误,谓之“砸了”。

早年之“场面”,无所谓傍角,仅分为前后工。工力精者、次者作前后工,再次者即作开场戏也。唯“场面”第一注重昆腔,其次则为胡琴。胡琴拉之优劣,并无关紧要。不工昆腔者,即不能充为“场面”也。清光季年,因能吹昆腔戏者甚多,唱者极少,置昆腔于度外,胡琴乃渐渐时兴,场面亦随改拉胡琴。自此以后,伶工演皮黄戏者,日见其多,场面乃将昆腔置之脑后,不甚注意。如昆腔中《回营》《姑苏》二折,今之“场面”多不能吹,其他昆戏,则更所不能矣。

早轴子:前三出戏,谓之“早轴子”。

站门儿:剧中角色与出场时,分左右侍立,谓之“站门儿”。

掌网:演戏时负重责任,谓之“掌网”。

掌子:配角中之劣者,谓之“掌子”。

折腰:开口太迟,锣鼓不接,谓之“折腰”。

辙:戏词所押之韵也。[附记]戏之有辙,犹诗之有韵也,诗无论为律为绝,必范以韵,不可逾越。而平仄声混用,尤为严禁。古体之限稍懈,但平仄不能混用则一。戏则不然,平仄大可混用,韵角【校按:当指“韵脚”】亦可通融。(此指乱弹而言,昆则限韵之严一如诗律)唯唱词押韵,以平声为主;虽有时用仄声字,亦当唱作平声,俾勿逾辙。所谓辙者如下:一中东辙,二人辰辙,三江阳辙,四发花辙,五梭波辙,六衣齐辙,七怀来辙,八灰堆辙,九苗条辙,十由来辙,十一言前辙,十二姑苏辙,十三叠斜辙。戏词中无论何句何调,均不能离此辙格。戏之合辙,以每句之末一字为标准。(中略)总之,唱词第一句之末字,属于何辙,则其下无论若干词句,必始终归于一辙。苟非一段唱完,决不得转入他辙也。(见《戏学汇考》)

辙者,戏词所押之韵脚也。其韵系就各音(指宫、商、角、徵、羽而言)所合之性质,发与种种之声。且以平声为主脑,附仄声于平声中。故戏词皆押平韵,间或用仄声韵,亦必唱为平声,此定例也。宫音属春,其声和平,故包括中东、人辰、衣齐、言前四辙。商音属秋,其声凄厉,故包括怀来、江阳、梭波、苗条四辙。角音属夏,其声高亢,故包括发花、衣齐二辙。徵音属闰,其声沉细,故包括姑苏、灰堆二辙。羽音属冬,其声低暗,故但有邪乜一辙。邪乜,仄声也;然唱时必与平声出之,方为合法,缘度曲用声不用韵也。(见《戏学大全》)

真帅:唱作兼佳,谓之"真帅"。

正工:戏中之主角也。

知天命:知足之谓也。[附记]方振泉又名"方狮子",工昆净,隶三庆、四喜等班。能戏甚夥,《牧羊记》《大逼》之"卫律昊",《天塔》之"杨五郎",《功臣宴》之"铁勒奴",《北诈疯》之"敬德",皆其杰作。如《大逼》自方故后,即无人演唱;《姑苏台》之"吴玉",《刺虎》之"李虎",《大小骗》之大骗,同昆丑杨三演,人谓绝戏。后亦饰皮黄花脸,只演配角。如《反五侯》《太平桥》等戏,除昆净外,徽戏之正角,决不肯动。其"知天命"如此。(下略——原注)(见《三十年见闻录》)

中轴子:后三出戏之第一出,谓之"中轴子"。

抓家伙:散漫无规,谓之"抓家伙"。

转场:在台上旋转,而下者,谓之"转场"。

追过场:角色战胜时,其手下兵丁追赶敌人,谓之"追过场"。

准纲准词:准纲,准提纲也。准词,准词句也。

总讲:又名“总纲”,乃完善之剧本也。

走矮子:矮身以足尖行走,谓之“走矮子”。

走板:板眼不合,谓之“走板”。

走边:剧中角色于深夜窥探时,所作之种种身段,谓之“走边”。[附记]凡剧中一人或数人,在场上作种种身段,全用钹(乐器)随之,名曰“走边”。按:此皆系夜间之事,或前往窥探,或偷盗,或拿贼,故所作身段,或仰身远望,或弯腰近窥,都是黑夜之情形。可惜如今真正能行走边之身段者,实不多矣。然身段作完,用呀字叫板时,仍尽作仰面远望之势,此犹存旧意也。因夜间不便在大街大路直行,需靠路边疾走,或墙边偷行,故曰“走边”。(见《中国剧之组织》)

走浪:花旦角色,由缓行而渐速,走成之波浪脚步,谓之“走浪”。

钻锅:剽窃他人之戏而演唱之,谓之“钻锅”。

左嗓子:嗓音不正,谓之“左嗓子”。

坐包:一日之戏任于一人,谓之“坐包”。[附记]凡遇堂会,角色不敷支配,须指定数人,担任零碎。遇缺乏时,即行庖代,戏完始可卸责。“坐包”云者,即谓一日之戏,包于一人,且须坐而待之也。(见《菊部丛刊》上编)

坐场诗:引子后所念者,谓之“坐场诗”。[附记]角色上场引子念完落座后,所念之四句诗,俗名曰“坐场诗”,亦曰“定场诗”,又名“定场白”。此与引子之组织,大致相同,但其渊源,大致来于说部。按中国小说,鼓词起首,大致定有一二首诗词,概【校按:原作“该”,当系误字,径改】括言之,作为说部的提纲挈领,戏剧之在宋元时代,本等于鼓词,其结构与说部鼓词,大致相同,故起首亦用此。但昆曲大致仍用词,皮黄则纯用诗矣。唯角色念诗,须干念,无工尺,是与引子不同处。再剧中庄重角色,或重要人物,上场规则,必先念引子后念诗,若上场便念诗者甚少。但若二人或四人同上场时,则往往开口便念诗。每人念两句,或每人念一句,乃系常事。唯四文官,则一定每人一句诗。若四武将,虽亦常念诗,若起霸,则恒用《点绛唇》,四人分念矣。(下略——原注)(见《中国剧之组织》)

梨园话卷终

《梨园话》书后

旧都梨园,有清中叶为最盛,迄今百余年矣。有百余年之沿革,故日臻于大成之境,且其组织极为精密,事务极为繁夥,一举止也,一微气也,往往别有名称,遂成术语,非受业内行,得有传授,莫能洞悉其奥秘。年来研究戏剧者,视昔为盛,其涉足歌场,或与梨园子弟游者,非谙若辈术语,则莫明意义,而外行入内行,爨演者,尤习闻之,而未悉其所指,故举止动作,深受拘束,乃感无穷痛苦。此皆不明内行术语所由致也。方君问溪,为昆曲家星樵先生文孙。星樵先生精音律,擅度曲,工整娴熟,论者咸称其艺术为清代第一人。星樵先生老去,而问溪能继其学,有雏凤之誉。近著《梨园话》一书,共收术语名词三百余则。逐条诠释,颇中肯綮,复分笔画,犹便检阅,盖一完善之梨园词汇也。书成见示,嘱为一言,窃以时代变迁,一日千里,梨园组织亦与时擅易,吾人执此一编,则可略见梨园旧日规制,与夫术语之因革,不徒有功于外行,而于研究近代戏剧史者有所取材也。满洲傅芸子识于北京画报社。

《清俗纪闻》说略

——18世纪末一位日本地方官编纂的中国古代风俗百科图典

【摘要】《清俗纪闻》是由日本人在200多年前编纂的一部中国风俗百科图典，此书并非根据有关历史文献编纂而成，是一部由日本地方官员根据当时中国商人口述资料编绘而成的《三才图会》式的中国古代风俗百科图典。简略明了的文字，细致丰富的图像，不仅是当年日本人了解中国风土民情的重要参考工具书，而且时至今日，也为我们研究中国清代社会世俗风情提供了很有意义的参考。

今所见之《清俗纪闻》，全书按照礼、乐、射、御、书、数，亦即古人所谓的“六艺”之序，总分为礼帙、乐帙、射帙、御帙、书帙、数帙六部，以及年中行事、居家、冠服、饮食制、闾学、生诞、冠礼、婚礼、宾客、羁旅行李、丧礼、祭礼、僧徒等，凡13卷。除序跋和少量文字说明外，全书主要是有关这些内容的600余幅白描图。同时，《清俗纪闻》对于当时的一些民俗事象，有的部分还做了比较系统、全面和详尽的记录和描绘。

一、一部值得关注的仿《三才图会》之作

在中国古代类书中，图文并茂者，当首推明代王圻汇集众书图谱为一编的

《三才图会》。日文图书文献中仿《三才图会》的著作，则有日本正德三年(1713)寺岛良安著的《和汉三才图会》。此外，成书于18世纪末的《清俗纪闻》，也是一部值得关注的仿《三才图会》之作。尤其值得注意的是，《清俗纪闻》并非根据有关历史文献编纂而成，而是由编纂者在日本本土采访当时在日的闽浙商人以口述资料编绘而成。也就是说，这是一部由日本地方官员根据当时中国商人口述资料编绘而成的《三才图会》式的中国古代风俗百科图典。简略明了的文字，细致丰富的图像，不仅是当年日本人了解中国风土民情的重要参考工具书，而且时至今日，也为我们研究中国清代社会世俗风情提供了很有意义的参考。

《清俗纪闻》十三卷，中川忠英编纂，日本宽政十年(清嘉庆三年，1798年)七月朔初刻，次年东都书林新刻本。系日本宽政初年(清嘉庆初年)中川忠英出任长崎布政使期间，邀请当时苏州、湖州、杭州、嘉兴和福建等地旅居当地经商的孟世焘、蒋恒、顾镇等闽浙一带的7位商人口述故里风土人情，由16位"通事"(又称"译吏"，即翻译)专事翻译记录的同时，还请两名画工根据口述情形绘制成图像，然后整理，分类编订成书。此即成书后"雪堂黑泽惟直"序中所说，中川忠英在公务之暇"命译吏就清商于馆，问彼民俗吉凶之仪节，及其名称度数，即使侍史国字记之，又命画师一一图之。编次成书，名曰《清俗纪闻》"。

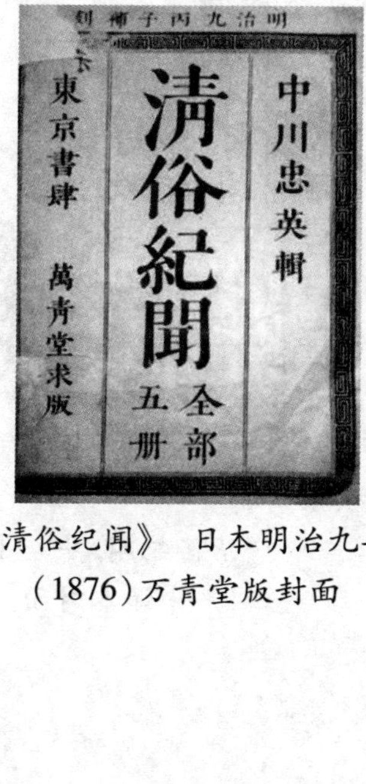

《清俗纪闻》 日本明治九年(1876)万青堂版封面

《清俗纪闻》 日本宽政十一年(1799)尚古堂版封面

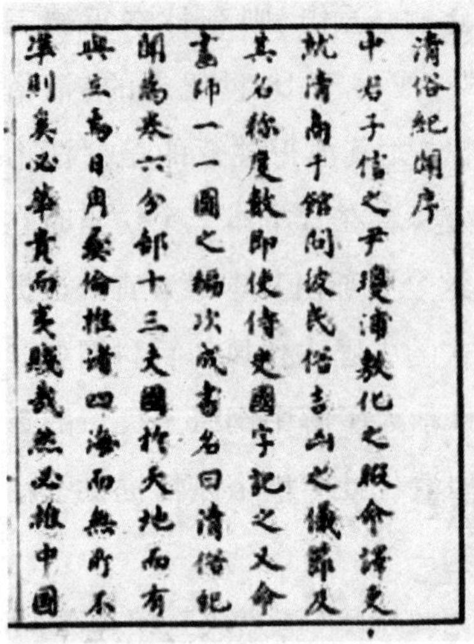
清俗紀聞序
中君子信之尹瓊浦敦化之服命譯吏
就清商于館問彼民俗吉凶之儀節及
其名稱度數即使侍吏圖寫記之又命
畫師一一圖之編次成書名曰清俗紀
聞為卷六分部十三夫國於天地而有
與立焉日用彝倫推諸四海而無所不
準則奚必華貴而夷賤哉然必推中國

《清俗纪闻》序书影

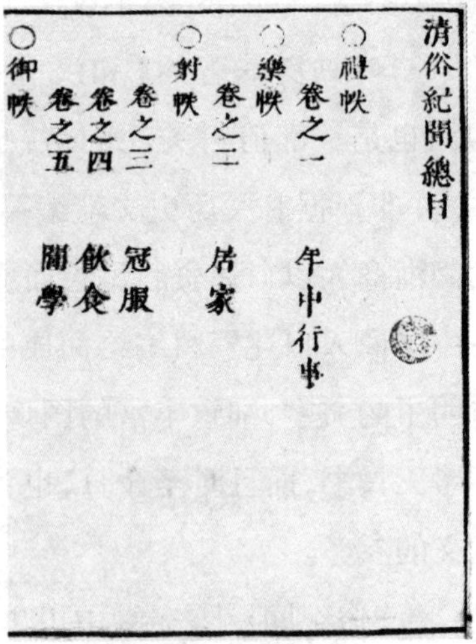
清俗紀聞總目
○禮帙 卷之一 年中行事
○樂帙 卷之二 居家
○射帙 卷之三 冠服
卷之四 飲食
卷之五 閭學
○御帙

《清俗纪闻》总目书影

今所见之《清俗纪闻》，全书按照礼、乐、射、御、书、数，亦即古人所谓的“六艺”之序，总分为礼帙、乐帙、射帙、御帙、书帙、数帙六部，以及年中行事、居家、冠服、饮食制、闾学、生诞、冠礼、婚礼、宾客、羁旅行李、丧礼、祭礼、僧徒等，凡13卷。除序跋和少量文字说明外，全书主要是有关这些内容的600余幅白描图。卷末一一注明高尾维贞等17位大小通事（译员），石崎融思、安田素教两位画工，以及接受访谈的孟世焘等7位来自“清国”的华商口述人的姓名和籍贯。另外还刊出是书出版者东都书林的地址本石町四丁目大横町，以及出版人“堀野屋仁兵卫”。

《清俗纪闻》中华书局中译本封面

二、《清俗纪闻》所描述的丰富内容

《清俗纪闻》所描述的内容颇为丰富，现按各册各卷内容依次做一简述。

“礼帙”一卷，为“年中行事”。帙，本指用布帛等制成的书、画的封套，在此用作卷、册、函等线装书籍的量词。礼、乐、射、御、书、数，系古人所谓的“六艺”，是古代教育习用的六门知识。在此，“六艺”则是用作代替1、2、3、4、5、6的序数词。“礼帙”，借指第一册。

卷一“年中行事”描绘的主要内容，是一年里各个时节的民俗活动和相关事象、事物。例如，太岁春牛迎春、太岁庙打牛、福建竞渡船、乞巧奠、潮生日官祭以及月宫奠等民俗活动，三宫菩萨、五路财神、六神等民间信仰中的神祇，全名帖、单名帖、名帖封筒、请帖、请帖封筒等民间交往活动用的帖子，彩灯、灯笼、灯棚、行灯、纸鸢、龙船、筝琴、见踢、花炮、欢乐纸等民俗活动用品，健符、金银锭、桃符、响炮和粽子、登糕、年糕等民俗器物、食品，等等。

“乐帙”一卷，即“居家”。

在卷二“居家”中，描绘的主要是与日常生活相关的各种建筑、家具、日用物品之类。

居住建筑，如小户平房、五进楼房、书房和外门正面、外门侧面、内房、睡房、厨房、浴室、茅坑、粪窖、仓房，门上装饰和供奉的门神画神荼、郁垒，日用家具障子、屏风、杌子、靠椅、榻、板凳、马踏子（一名“胡床”）、案、桌以及皮箱、衣箱等。官署办公建筑，如公堂的正面、公堂的侧面和廊下。商业、服务业建筑，如平房铺面、剃头店、浴堂。

《清俗纪闻》卷一《太岁春牛迎春》图

日用物品，可谓五花八门。如书房常见的文具，即有书架、笔、笔架、笔筒、笔床、墨匣、墨床、裁刀、镇纸、洗笔（即“笔洗”）以及文具箱等。棋类游艺用的围棋棋盘、棋子、棋筒，还有象棋盘等。乐器方面，如三弦子、琵琶、胡琴、云锣、拨子、月鼓、金锣、唢呐、笛、拍板、小钹、铜角（一名“悖锣”）、喇叭等。冬季室内取暖的用具，如厅炉、手炉、火箸、炭斗、脚炉等。茶具如茗壶、小碟、茶钟、烘篮（一名“茶焙”）、茶瓶、茶罐等。照明用具，如挂灯、书灯、灯台、蜡剪、檠灯、火把等。洗漱用具，如面盆、漆盆、面盆架等。夏凉用具，如葵扇、扇袋、扇坠、凉伞、藤席等。当然，扇子也是旧时随身饰物和手上把玩的物品之一。随身饰物和用品又有爪杖、香袋、香包等。床上用品，如幔、毡条、簟枕（一名“方枕”）、布枕（一名“绣枕”）、坐褥、被褥、簟、帐等。炊具餐具如暖锅、铁锅、平底锅、蒸笼、菜刀、肉墩、食篮、盘、箸、调羹、饭桶、铜勺、铁勺、大盆、菜碗、碟儿，还有木勺（一名“水管”）、水缸、水瓮、酒坛、油坛、酒缸、酱缸、油壶、漏斗、棕帚、筲帚、竹帚等。取火用具火镰刀，便溺用的溺瓶（一名“夜不收”）、马桶（一名“净桶”），遮雨具蓑衣、斗笠、雨伞。计量器具天平、法马、秤子（一名“等子”）等子匣、锤、秤子、量升、量斗，收藏物品的夹饭箱（一名“金银柜”），钥匙、锁、簿子、帐箱、套，夜间值更用的更梆、更鼓（一名“筒鼓”），汲水设施和用具如井、桔槔、井车（一名“滑

《清俗纪闻》卷一《风筝、见踢》图

溜”)、吊桶、扁担、提水桶等。日用杂物,如剪刀、量尺、火斗、熨斗、砧、砧杵、露台走水漏斗,小物件消息子、爬耳朵、镊子、牙签(一名“挑牙”)。与司法活动有关的衙门听讼、告状略式、卖身文契样式等。

书中亦绘有当时所用药箱、套子、药研、药刀、脉枕、脉褥、脉床、膏药刀、膏药器、摊板等传统中医药常用器具。

中国自古是以农耕为主要生产方式的社会,以所谓之“男耕女织”为主要特征。该书所绘图像,也保存着有关的事物、器物及其形制。农事活动者,如犁田、插苗,农具有水碓、犁、拖把、木斫、钮、耘耙、连枷、铁搭、乔杆、簸箕、积苫、草畚、包银筒等;“女织”所用的缫车、织机、梭、布撑、箴(织具)、绩桶、箜儿等。

“射帙”三卷。卷之三冠服,卷之四饮食制,卷之五间学。

卷三“冠服”,描绘的是男女服饰,如官员穿用的蟒袍、文武冬朝帽及夏朝帽、黼子、云缎披肩、帽顶、帽架,藤胎、帽箱,日常的大带、袍子、外套、马褂、背身、大衫、短衫、披风、裙子、围领、女袍、浴衣、衣架、袜子、护膝、鞋子、钉鞋、草鞋、履筐、暖帽、凉帽、睡帽(一名“小帽”)、毡帽、笠儿(一名“草帽”)、顶子、帽缨、纬帽、雪帽,等等。此外,还把日常交通工具大轿、小轿和车的图形也划入了此类。

卷四“饮食制”,选绘了藕粉糕、蓑衣饼、糖糕、雪粉糕、饺子,以及制作、盛放的器具,做馅器、锡匣、切片刀、擀棒、连环、擀皮棒、压子、点心盛器、像花生等。

《清俗纪闻》卷一《彩灯》图

《清俗纪闻》卷五《兴、拱手、跪、拜》图

卷五“闾学”，描绘了乡村市井及学馆的图景。其建筑如祠堂、石牌坊、下马碑、学馆、居宅。其行事，如贽修仪、贽仪束修包法、开馆票（开馆告示兼学规）、招饮先生图、书生礼拜之图、学馆诸生列位之图，拱手、跪、拜诸礼仪形式。学馆器物、用品，如书包蓝带、封筒、块头字、功课单、戒方、竹片、拜匣（放置“名帖”亦即“名片”的匣子）、拜匣盖、螺纹斗方纸、格纸、白地红格、谢帖等等。

“御帙”三卷。卷之六生诞，卷之七冠礼，卷之八婚礼，描述诞生礼、成年礼和婚礼事象与事物。

卷六“生诞”，描绘了婴儿诞生时的一应事务和器物。如接生时的产屋、草纸、胎衣器，育婴用的褓褓、肚带、衣服、肚兜、袜子、鞋子，产妇分娩之后吃的汤饼、鸡蛋等食品，小儿周岁时的拿周图，还有云髻、簪笄、包头、缠脚布等属于冠礼的内容误入此类。

卷七“冠礼”，绘制的是男女少年举行成年仪式的一应装束和物品。如辫子、花帽、总角，更多的则是误归入卷六的云髻、簪笄、包头、戴包头图、缠脚布、浩然巾等。相关的日用物品，则有剃头刀、木梳、竹篦、须（鬚）盘、斜掠、抿子、油刷等。

卷八“婚礼”。订婚礼帖、礼帖封筒、珠玉匣，女家帖式、女家送妆奁帖式、男家迎娶三帖式、男家回谢帖式等文书样式，同心钏、戒指、耳环、钮钩、手镯、拜盒、针线匣、镜子、镜台、香水瓶、粉盒、栉笥、衣箱、皮箱、纸狮子等新婚必备的物品，授茶、试才、吉期、亲迎花轿、媒人新郎进门之图、新人花轿、女妇送出内房之

《清俗纪闻》卷七《辫子、花帽、总角》图

图、亲迎归路行位、鼓乐待客、新人拜天地、合卺等，从订婚直至迎娶举行婚礼大典的过程，全都绘入了图中。

“书帙”三卷。卷之九宾客，卷之十羁旅行李，卷之十一丧礼。

卷九“宾客”。描绘的是请帖样式、封筒样式、邀请用的书函样式、结彩挂灯、门前迎客、宾客座位、桌子排设，乃至宴会用的酒瓶、爵杯、著包、箸子包式等事物。

卷十“羁旅行李”，描绘的是因公或因私与出行有关的一应事物，如驿站、车轿、骡轿；盔甲箱、搭连（褡裢）、被囊、食兜、马棚、槽、铃袢、常灯（常明灯）、起马牌式、银鞘、鞘盖、鞘身、鞘锁、鞘箍、公馆、官船、椗、通船人名册（关防）、粘线牌挂号、宪照等。个中，还特别摹绘了一幅当年的浙海关商船宪照样式。

卷十一“丧礼”，描绘了丧礼的情形和相关事物，如斩衰、七星板、棺材、盖棺、棺材架、帷，褥、灵柩、木主、出葬日柩前排式、鼓乐、铭旌、大金纸、冥衣纸、坟墓、权厝、銮驾（执事）等。

“数帙”两卷。卷之十二祭礼，卷之十三僧徒。

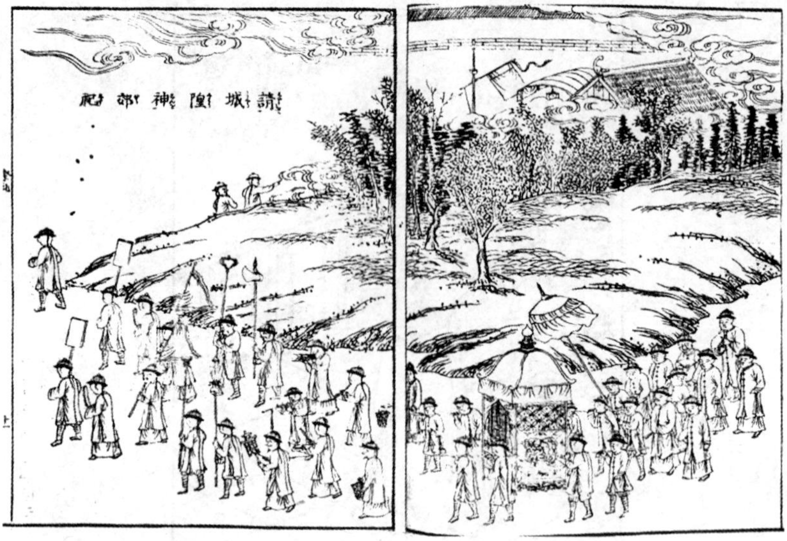

《清俗纪闻》卷一二《请城隍神郊祀》图

卷十二“祭礼”，描绘的是民间祭祀活动所涉事物，如城隍庙、土地宫、天后庙、关帝庙等庙宇，关帝神像、城隍神像、土地神像、天后圣母像等神像，神主列位、灵签、签诀牌和娱神的戏台等设施，以及反映祭祀活动情景，如家庙祭祀、坟墓祭祀、请城隍神郊祀等。

卷十三“僧徒”，以佛教为主描绘了寺院情景。如寺院布局位置图、禅堂之式、山门外石牌，僧人服饰的法衣、袈裟、僧帽、道冠、志公巾、僧鞋、毗卢帽、五佛冠；僧人常用的器物如禅杖、如意、铁钵、拂子、锡杖、柄香炉、法镜、法台、法尺、锡杖、宝错、金刚降魔杵、洒水器、甘露瓶、幡、禅堂前客板、座具、椅子，寺院常见的乐器小钟鼓、云板、铙钹、引磬、斋堂前饭梆、铜磬、中座铃、扶座铃等，小沙弥、游方僧、道士等的形象，以及焰口坛排式、水忏排式、斋堂吃斋等寺院举行法事活动和日常生活的情形。

三、《清俗纪闻》所录所绘是当时鲜活的民俗事象和名物

凡此可见，《清俗纪闻》所录所绘清代民俗事象和民俗名物，大者如婚礼仪式场景、福建端午龙舟竞渡、家庙祭祀之图、请城隍神郊祀、太岁春牛迎春、学馆诸生列位之图等诸项民俗活动场景；细微者如小户平房、门神、天花板、插屏、杌

子、磁鼓凳、手炉、脚炉、调羹、茶罐、煎药器、灯台、蜡剪、面盆、面盆架、葵扇、扇袋、扇坠、爬耳朵(掏耳勺儿)、镊子、剪刀、量尺、牙签儿、熨斗、衣箱、凉伞、雨伞、火把、簟枕、坐褥、被褥、溺瓶(一名“夜不收”)、马桶(一名“净桶”)、厨房、浴室、茅坑、柴仓、饭桶、饭斗、汁瓶、铜勺、木勺、铁勺、菜碗等民俗名物。据中川忠英于是书卷首的“附言”和散见于书中的记述文字得知,是书所描绘的,主要是他们亲眼看到的那些旅居长崎的闽浙客商例行的实际活动场景,辅之以通过翻译的访谈记录。其他未能亲见的事物情形,则是根据访谈由画师描绘出来,再请旅口华商们确认。因而,尽管《清俗纪闻》出自日本人的笔下,但所依据的却是当时编纂的“鲜活”资料。

《清俗纪闻》对于当时的一些民俗事象,有的部分还做了比较系统、全面和详尽的记录和描绘。如“婚礼”卷,婚礼过程所涉及的礼俗、器物,十分详尽。

中川忠英当年不惜费时费力费精神地访谈,请人翻译,请画匠绘图编纂这部《清俗纪闻》,初衷何在?这在他自撰的书跋里,并未言及。倒是他所邀人撰的三篇序文里面,透视出许多相关的信息。例如,“述斋林衡”序中写道:“我邦之于清国也,壤地不接,洋溟为阻,屹然相峙,不通使聘,各为区域;则其土风之异,俗尚之殊,何预我耶!然闽浙之民,航海抵崎,贸易交市,以彼不足资我有余,国家亦不禁焉。朱明以还,因仍已久。其间,不能黠贾奸商于纪之虞,则亦不可委之小吏也。于是,官特置司以治之,岂得已乎!是故,承斯任者,非知彼土风俗尚以洞晓利害情伪之所在,则无以宣我之政而服彼之心焉。此则其所当留意也。”而在另篇“蕉园处士津国中井曾弘序”中,认为中川忠英“其意有二。西陲之政,回易莫重焉。清之客,犹我之民矣。非审其风俗,明其好恶,察其情伪,不可得而治也。斯书而成,后之奉职者,长官小吏,咸将知所向焉。一也。诵法圣贤,究博致远。细大弗遗者,民俗名物,固不可以不参诸后世。而草野琐屑,罔有详载,不亦阙事乎!刊书而成,后之学者,其或捃什一知千百焉!二也”。

或言之,当年编纂《清俗纪闻》的功利性目的,首先在于更为有效地管理赴日经商的中国商人,从而更好地开展中日间的经济贸易。其次,则是为未到过中国的日本人了解中国社会风土人情提供一个便利。尽管他所采访的仅仅是闽浙一带的7位商人,口述的也仅仅是其故里的一方风土人情,但是,在他们看来,闽浙风俗较好地保持了中华传统文化,透过一方风土人情,亦可概观中华古俗,即如中井曾弘之序所言:"北京、盛京之间,民俗文物重为满也,纯矣。西南方,或大满而小汉矣。其小满而大汉,可以观唐宋遗风者,独有闽浙而已。"再如雪堂黑泽惟直的序中也这样认为:"斯编所载清国风俗,以夏变于夷者,十居二三,则似不足以贵重。然三代圣王之流风余泽,延及于汉唐宋明者,亦未可谓荡然扫地也。又清商志来琼浦者,多系三吴之人,则其所说亦多系三吴之风俗,乃六朝以来故家遗俗确守不变者,就斯编亦可以见其仿佛也。"凡此,可见其虽非出自专业学者之手,虽说不乏明确的现实功利性目的,却也立意深远,用心良苦。正因如此,也就可以作为后世研究中国清代社会世俗风情的较有价值的参考文献。

就目前所知,《清俗纪闻》在中国大陆尚流行未广。除少数几家图书馆藏有是书外,通常则很少见之。台北大立出版社曾于1983年5月所谓"清嘉庆五年刊本"出过影印本,然而,这个"影印本"在编目等项舛误纷出,如内封所属"景日本宽正十年刊本"就至少出现了两处错误。个中的"日本宽正十年",显系"日本宽政十年"之误,而"日本宽政十年",亦非清嘉庆五年1800年,而是清嘉庆三年1798年;另外,版权页称是"景清嘉庆五年刊本",亦即"日本宽政十年"刊本,但所影印是书之末却署"宽政十一年已未八月所镌",所据底本当系"宽政十一年"亦即清嘉庆四年(1799年)刊本,等等,皆常识性错误。看来,翻译、整理、印行新本《清俗纪闻》还是颇有必要的。①

① 2006年9月中华书局出版了方克、孙玄龄中译本。

晚清以来报刊图画的社会生活史意义[①]

一般说，画报是“以刊载摄影图片、绘画为主要内容的期刊，它用形象的直观的图像传播信息和知识”。[②] 画刊，即报纸中以绘画、摄影照片等图片为主的版面。画报，是以刊登图画和照片为主的期刊或报纸，或者是图画版面比例较高的期刊。也有人提出：“画报，是绘画、摄影和印刷三位一体的大众媒介。”[③] 本文所探讨的中国晚清以来的“报刊图画”文本所指，涵盖了这里所说的“画报”和“画刊”之类图文并茂的新闻时事媒介，两者兼而有之。

报刊图画这种图文并茂的媒介形式，是晚清以来的一个新生事物。一当其进入公众的社会生活，就“一发不可收拾”。尽管如今已不如其繁盛时期那样火爆，在“读图时代”却仍然不失其相当份额的读者群，不失其特有的阅读魅力。为什么？是其比单一的文字记述更为直观和形象地贴近和反映社会生活。换

---

① 本文曾刊于《图书馆理论与实践》2009 年第 12 期，署名：张强、曲哲、曲彦斌。执笔：曲彦斌。

② 《中国大百科全书 · 新闻出版卷》，中国大百科全书出版社 1990 年版，第 149 页。

③ 吴果中：《中国近代画报的历史考略——以上海为中心》，《新闻与传播研究》2007 年第 2 期。

以历史的视点观之,则在于其特有的社会生活史意义。

在中国美术史、新闻史、报刊史乃至文化史长河中,报刊图画的历史仅仅只有一个半世纪左右,但其所具有的中国近代和现代社会生活史意义,却是十分显著的。近年来出版的众多近现代社会生活史著作中大量选用、插配这些报刊图画的事实,足为显证。

随着研究的不断深入,人们发现晚清以来报刊图画多方面的历史文献价值。本文试图以全国图书馆文献缩微复制中心从国家图书馆收藏的清末民初画报类刊物中遴选、辑集而成的《清代报刊图画集成》《清末民初报刊图画集成》及其续编为主要文本,兼及笔者所见其他报刊图画文献,略论晚清以来报刊图画的社会生活史意义。

一、晚清以来报刊图画发生的源头和时代背景

中国美术史、书籍史和报刊史的发展轨迹显示,晚清以来报刊图画的发生和发展,有其深厚的历史渊源和深刻的时代背景。

注重图像的视觉效应,是中国史学的优良传统。就社会史意义的源头而言,其最直接的源头则在于中国史学的以图释文、释史、解史、注史的史学传统。在中国文献史上,插图本典籍层出不穷。明代王圻、王思义父子撰写的百科式图录类书《三才图会》,可谓一大典型。清代的《古今图书集成》更是打破类书不收绘图的常规,图文并录。南宋郑樵《通志·图谱略》云:“图,经也;书,纬也。一经一纬,相错而成文。图,植物也;书,动物也。一动一植,相须而成变化。见书不见图,闻其声不见其形;见图不见书,见其人不闻其语。图,至约也;书,至博也,即图而求易,即书而求难。古之学者,为学有要,置图于左,置书于右,索象于图,索理于书。故人亦易为学,学亦易为功。”一部《山海经》,若非图文并茂,后人特别是今人,很难从那些简略的文字记述中准确地认知所描述的具体事物。历史上的插图本《尔雅》《诗经》等,都在于帮助解决此类问题。显然,晚清以来报刊图画社会生活史意义的发生源头,就是“索象于图,索理于书”的以图释文、释史、解史、注史的史学传统。

就图画形式的基础而言,晚清以来报刊图画发生的基础在于源远流长的中

国绘画史。中国书籍文献插图的历史，可谓晚清以来报刊图画形式发生的源头。《中国古代插图史》的研究显示①，“古人以图、书并称，凡书皆有图”，图文并茂是中国书籍的优良传统。插图几乎与书籍同时出现，源远流长。图书起源于简帛。《说文》云：“箸于简帛，谓之书。”在最早的简帛上，人们可以看到最早、最原始的插图。在2000多年前的秦简《日书》上，就有一幅人形图，上面画着两个小人；另一幅是简单的方框图。在西汉和东汉出土的简上也有插图被发现。简非常狭小，不适宜画图，所以，画在简上的插图不多见。帛是绘制插图的很好的载体，所以在帛上的插图非常多，最著名的就是楚《帛书图像》。它比秦简《日书》的年代更久远。雕版印刷术的发明，使书籍插图从手绘插图进入到印制插图，新技术给书籍插图带来了发展机遇，尤其是明代的雕版插图，达到巅峰。书籍插图涉及的内容非常广泛：上自经史通鉴、治国要略，下至天文地理、百科常识，内容包罗万象，可以作为启蒙读物、教化图说、形象记录。

晚清以来报刊图画发生的时代背景，可以上溯至明清时期新的印刷插图技术的传入，促使了中国的书籍插图在绘制、内容和制作等方面都发生了新的变化。特别是晚清以来传统的木刻、石印等雕版插图逐渐走向式微，但也为书籍、报刊的插图技术革新与发展提供了新的发展机遇，进而促发了晚清以来报刊图画的出现与繁荣。1907年，《世界》画报作为在中国新闻摄影史上最早采用照相制版的铜锌版技术印制的画报的出现，与传统插画技术在报刊图画中合流，标志着中国晚清图画报刊的成熟，报刊图画进入了新的发展时期。这一点，《点石斋画报》发刊词曾有过一种来自海外视点的表述②：

> 画报盛行泰西，盖取各馆新闻事迹之颖异者，或新出一器，乍见一物，皆为绘图缀说，以征阅者之信，而中国则未之前闻。同治初，上海始有华字新闻纸，厥后《申报》继之，周谘博采，赏奇析疑，其体例乃渐备，而记载事实，必精必详。十余年来，海内知名，日售万纸，犹不暇给，而画独阙如，旁

① 徐小蛮、王福康：《中国古代插图史》，上海古籍出版社2007年版，引述者系该书的内容简介。

② 见《点石斋画报》1884年5月8日第1号。

询粤港各报馆亦然。于此见华人之好尚,皆喜因文见事,不必拘形迹以求之也。仆尝揣知其故。大抵泰西之画,不与中国同。盖西法娴绘事者,务使逼肖,且十九以药水照成,毫发之细,层叠之多,不少缺漏。以镜显微,能得远近深浅之致。其傅色之妙,虽云影水痕,烛光月魄,晴雨昼夜之殊,无不显豁呈露。故平视则模糊不可辨,窥以仪器,如身入其境中。而人物之生动,犹觉栩栩叫欲活。中国画家拘于成法,有一定之格局,先事布置,然后穿插以取势,而结构之疏密,气韵之厚薄,则视其人学力之高下,与胸次之宽狭,以判等差。要之,西画以能肖为上,中画以能工为贵,肖者真,工者不必真也,既不皆真,则记其事又胡取其有形乎哉?

形象、直观、一目了然的图像在报刊媒介的传播中体现出前所未有的优势。即如戈公振在1920年创刊的主要以市民阶层为读者对象的新闻图片刊物《时报图画周刊》的发刊词中明确指出的:“世界愈进步,事愈繁颐,有非言语所能形容者,必借图画以明之。”

显然,正是上述主要的历史渊源和现实的时代背景,孕育和促生了晚清以来报刊图画发生、发展和繁荣。

二、晚清以来报刊图画编目所见的社会生活史映像例析

对于《点石斋画报》,鲁迅在《二心集》的《上海文艺之一瞥》中曾有过大段的评论性言论:

在这之前,早已出现了一种画报,名目就叫《点石斋画报》,是吴友如主笔的,神仙人物,内外新闻,无所不画,但对于外国事情,他很不明白,例如画战舰罢,是一只商船,而舱面上摆着野战炮;画决斗则两个穿礼服的军人在客厅里拔长刀相击,至于将花瓶也打落跌碎。然而他画“老鸨虐妓”“流氓拆梢”之类,却实在画得很好的,我想,这是因为他看得太多了的缘故;就是在现在,我们在上海也常常看到和他所画一般的脸孔。这画报的势力,当时是很大的,流行各省,算是要知道“时务”——这名称在那时就如现在

之所谓“新学”——的人们的耳目。前几年又翻印了，叫作《吴友如墨宝》，而影响到后来也实在利害，小说上的绣像不必说了，就是在教科书的插画上，也常常看见所画的孩子大抵是歪戴帽，斜视眼，满脸横肉，一副流氓气。

鲁迅所谈，只是《点石斋画报》的一个侧面，可以视为对以《点石斋画报》为主的晚清以来报刊图画所产生的深远文化影响的评论。单就现存洋洋4000幅《点石斋画报》图像所见，就展示着非常丰富的各个社会层面的生活影像。且以后来汇辑的《点石斋画报》①第一集的部分画题为例：

三足蟾蜍　豕人异种　梨园先生
瞽者盛会　一骗再骗　贪小失大
演放气球　美人计　甬江战事
假武松　乞儿异相　剧盗就擒
黠贼有智　酒鬼该打　江豚为祟
误僧为尼　梦书祭春牛文　新人落水
煞神被弄　日有戴气　法兵叛
烟馆知几　别岁　骸垢想浴
大枣疗饥　镕金卜　采茶入贡
借书笑柄　青鸟衔书　猝遭剪径
龟鸨游湖　京师放灯　消受不起
山神灵异　天庆节　歌舞升平
以酒饵贼　御明堂　幸获生还
地下楼台　饯贺监　吞烟遇救
出尔反尔　因疑酿祸　卖野人头
良马通灵　邮政局肆筵速客　顽固党　财神被殴
武夫失色　放火戕官　拦舆申冤

① 此据上海文艺出版社1998年10月出版的汇集本。

秃奴狡狯　假传虎节召倭兵　威逼銮　小孩捕贼

财神降临　舆迁别院　觳觫可悯

耆英复会　中奸谋韩廷飞碧血　避乱　冰玉两伤

大放爆竹　党关庙泣青磷　走索翻身

放鸠示惠　云屯雾沛大帅鹰扬　海阔　愚人自愚

香闺韵事　天空藩王豹隐　擒象二法

海舶呈奇　奋天戈奸臣授首　投华寨　登高罹祸

鹿寨　弱主潜身　官体何在

古道犹存　犯众怒避祸走仁川　普皇　九华进香

拖钩雅戏　恩送孥归济浦　伪为贞木

白粥迎神　电报飞传求保卫　星轺移　邑宰仁厚

一本万利　指壮声威　洋枪自毙

骆驼临阵　霜雪　海上观兵　玉敦珠　挑选内使

铜街走马　盘城中立药　法人残暴

奇疾　良马抽角　贞节可贵

修德获报　新年团拜　好勇斗狠

馈贫粮　绅僧聚讼　服之不衷

树神显形　斗牛为乐　宜其毒死

鬻媳巧计　饱暖思淫　陈平再世

人立鸟笼　难裔飘零　入山遇蟒

枪炮致雨　枷犯互殴

案元被黜　醉汉殴尼

显然,仅此百余幅报刊图画内容所反映的当时社会事物和社会生活的各个层面,涉及官府、时政、道德、信仰、节日风俗、社会治安、国外时事、考古游记、探奇志异、奇闻怪事,以及官宦、平民、僧道等的市井生活故事和诸生相。正是这些鲜活的世俗生活情景画面,构成了中国近代社会生活史的映像集合。至今看来,似乎仍历历在目,鲜活如初。其之所以产生如此效果,便在于图文并茂的结果。

再如侯杰、王昆江编著的《醒俗画报精选》①,从1907年3月由著名社会活动家温世霖等人发起创办的《醒俗画报》各期中精选出的200多幅图片,按内容辑为10辑。其各辑编目即足以展现该画刊所保存的当时社会世俗生活诸生相。且移录如下:

逢年过节,人神同乐——年节习俗巡礼
父母之命,媒妁之言——婚姻习俗扫描
靡费三千,往者为重——丧葬习俗透析
消灾避祸,巫风盛行——信仰习俗解码
三年清知府,十万雪花银——官场现形记
五毒俱全,百弊丛生——病态众生相
社会人心,两有妨害——不良风习写真
强国保种,开启民智——文明风尚日兴
慈为予乐,悲为拔苦——慈善赈济真精神
小家庭,大天地——“围城”中的故事

全国图书馆文献缩微复制中心除辑集有《清代报刊图画集成》《清末民初报刊图画集成》及其续编,还另行辑集了《民国画报汇编》的上海卷、天津卷、北京卷、港粤卷和综合卷。这些,无疑将为研究中国近代社会生活史提供一个别有洞天而又十分珍贵的广阔视角和图像资料。

三、晚清以来报刊图画的立意和宗旨所展示的社会生活史意义

由于办刊时间早晚、停刊复刊时间地点复杂、海内外文博单位收藏有限而且分散,以及社会动荡的变数等缘故,晚清以来,以刊登图画和照片为主的报刊、画报等图画报刊虽曾如雨后春笋般地出现,火爆一时,但总计有过多少种,

① 天津人民出版社2005年1月出版。

目前存世有多少,有哪些,一向都是令许多专家、收藏家十分困惑的一件事情。

然而,有一个不争的事实,那就是,随着时间的推移,这类图画报刊及其刊载的大量图画的社会生活史意义越发显得重要、珍贵,历史与艺术的文化史价值、文献价值越发凸显出来。这一点,尤其体现在其办刊的立意和宗旨上。尊闻阁主人(美查)的《点石斋画报缘启》①,阐述了其最初的办刊宗旨:

然而如《图书集成》《三才图会》,与夫器用之制,名物之繁,凡诸书之以图传者,征之古今,不胜枚举。顾其用意所在,容虑夫见闻混淆,名称参错,抑仅以文字传之而不能曲达其委折纤悉之致,则有不得已于画者,而皆非可以列新闻也。虽然,世运所至,风会渐开,乃者泰西文字,中土人士颇有识其体例者,习处既久,好尚亦移。近以法越构仇,中朝决意用兵,敌忾之忱,薄海同具。其好事者绘为战捷之图,市井购观,恣为谈助,于以知风气使然,不仅新闻,即画报亦从此可类推矣。爰倩精于绘事者,择新奇可喜之事,摹而为图,月出三次,次凡八帧,俾乐观新闻者有以考证其事。而茗余酒后,展卷玩赏,亦足以增色舞眉飞之乐。倘为本馆利市计,必谓斯图一出,定将不翼而飞,不胫而走,则余岂敢。

因《点石斋画报》而画名大震的吴友如,于1890年11月另起炉灶自行创办了《飞影阁画报》(1893年春出至百期后易主改出《飞影阁画册》),但因其"着意刻画仕女人物,新闻则止于一般社会现象"②,淡化了读者所关注的现实社会生活,脱离了社会生活史的意义,也就不会有像《点石斋画报》那样的广泛读者群。

1912年6月5日创刊的《真相画报》旬刊(1913年3月出版第17期后停刊),发刊词性质的文字,开宗明义就是要关注社会各界所关注的社会生活,"监督共和政府、调查民生状态、奖进社会主义、输入世界知识"为宗旨。其所探讨

① 见《点石斋画报》1884年5月8日第1号。

② 阿英:《中国画报发展之经过》,《晚清文艺报刊述略》,(上海)古典文学出版社1958年版。

的"真相",即中华民国的真相;"舍实行监督之外,决难为功。然非洞明政府之真相,则监督亦无从措手。此本报之设所以真相名也";"以文学图画构成,或庄或谐,或图或说,社会状态时局变迁无微不显,无幽不著";"特集合躬亲患难,组织民国之知己相与讨论民国之真相,缅述既往,洞观现在,默测未来,以美术文学之精神为中华民国之前导,分类制图,按图作说",云云①。该刊还发表有《本报图画之特色》,用以专门说明该刊刊载的图画以历史画、美术画、地势写真画、滑稽画、时事写真画、名胜写真画和时事画七大类型图画为主,也从图画题材上反映了办刊的旨趣所在。因而,全刊以时事写真画、新闻摄影、时事评论为主,以历史画、美术画、滑稽画为辅,发表了一系列抨击时政的新闻图片和漫画,被誉为"我国近代史上著名的一份大型革命画刊"②。

刊物的征稿启事是最具体、最清晰、最直接体现刊物的立意、定位和旨趣的文本。再以曾经一时影响颇大的《良友画报》为例。《良友画报》是 1926 年 2 月 15 日创刊于上海的一份大型综合性画报,图文并茂,报道当时政治、经济、军事、社会和文化事业,在海内外华人世界产生了很大的影响。有研究发现,"《良友》刊载的照片类稿件主要有三类:(1)时事新闻报道;(2)娱乐休闲介绍;(3)科学文化解说。此三类题材的刊载量在各期《良友》中各不相同"。其据以分析的"重要参考本文",主要就是《良友》画报第 15 期稿约所言"图画适用的有中外最近时事摄影,美术作品,富有意义的各种零碎照片";以及 1934 年第 9 期的《征稿启事》所言:"凡时事摄影,美术作品,珍奇事物,风土人情,体育戏剧名人,妇女儿童生活,及一切能增人见识或美感之摄影,皆所欢迎投稿。"这一稿约涵盖了此前《良友》各类图片题材。③ 亦正如曾任《良友画报》主编的马国亮所言:"《良友》畅销的重要原因之一,是它对时事的重视,每月发生的重大新闻,几乎都可以从画报中找到如实报道的照片。"④这种旨趣取向,符合或说迎合了当时

① 分别见于胡汉民撰:《发刊祝词》《真相画报出世之缘起》,载《真相画报》1912 年 6 月 5 日第 1 期。

② 丁守和主编:《辛亥革命时期期刊介绍》第五集,人民出版社 1986 年版,第 159 页。

③ 李康化:《〈良友画报〉及其文化效用》,《上海交通大学学报》(社科版)2002 年第 2 期。

④ 马国亮:《良友忆旧录》,《良友》(香港)1987 年第 4 期。

读者普遍关心时事、关注社会发展的阅读需求,因而也就赢得了读者的青睐,为《良友画报》的生存与发展带来的自然是大好商机。

凡此种种,可以略窥晚清以来报刊图画之所以具有社会史意义的根本所在。

但是,也应该理性地看到,晚清以来报刊图画关注社会现实生活、新闻时事并以之为主要题材,当中也包含着迎合读者阅读口味需求而失度的一面,例如过度娱乐化甚至低俗化、庸俗化,乃至出现不少色情之类图画,曾在一些报刊图画中占有较大的篇幅,有伤风化。当然,时代的局限,不可苛求,但却不可不清醒地理性对待。历史所选择的,还是诸如《点石斋画报》《良友画报》等一大批具有积极意义的优秀报刊图画,这是中国文化史上不容埋没的一笔珍贵文化遗产。例如《上海画报》从 1925 年 6 月 6 日创刊一直出到 1933 年 2 月 26 日,8 年间共出版 858 期,若论其出版时间之长,发行期数之多,影响报坛之广,当时众多画报无出其右。它开创了一种新颖独特的画报形式,其发表的近 2 万篇文章、1 万余张照片,为那个时代留下了一部忠实的图文写真集。① 因而,研究、整理、重印晚清以来报刊图画,理应成为人文社会科学界、出版界十分关注的文化建设工程。

① 张伟:《上世纪二十年代的图像新闻战》,《新民晚报》2007 年 6 月 17 日。